红船文库

主　编　王国华
副主编　徐连林

"拼凑"社区

行动者、微观结构与运行逻辑

陈国强　著

ZHEJIANG UNIVERSITY PRESS
浙江大学出版社
·杭州·

图书在版编目(CIP)数据

　　"拼凑"社区 ： 行动者、微观结构与运行逻辑 / 陈
国强著. -- 杭州 ： 浙江大学出版社，2022.10
　　(红船文库 / 王国华，徐连林主编)
　　ISBN 978-7-308-23053-7

　　Ⅰ．①拼… Ⅱ．①陈… Ⅲ．①社区建设－研究－中
国 Ⅳ．①D669.3

中国版本图书馆CIP数据核字(2022)第170981号

"拼凑"社区：行动者、微观结构与运行逻辑

陈国强　著

责任编辑	蔡圆圆
责任校对	许艺涛
封面设计	雷建军
出版发行	浙江大学出版社
	（杭州市天目山路148号　　邮政编码　310007）
	（网址：http://www.zjupress.com）
排　　版	杭州林智广告有限公司
印　　刷	杭州钱江彩色印务有限公司
开　　本	710mm×1000mm　1/16
印　　张	14.75
字　　数	233千
版 印 次	2022年10月第1版　2022年10月第1次印刷
书　　号	ISBN 978-7-308-23053-7
定　　价	68.00元

　　2000 年，中共中央办公厅、国务院办公厅转发了民政部《关于在全国推进城市社区建设的意见》，由此全面开启了我国的城市社区建设。社区建设成为我国基层社会的新建构运动，社区研究也逐渐成为学界关注的热点。我于 2004 年就读于上海社科院社会学所，社区建设与研究浪潮也影响了我的研究志趣。虽然我是一个土生土长的农村人，并不太了解城里人的生活，但也许是因为不了解他者世界而产生的好奇，也许是出于"赶时髦"，也许是因为身处国际化大都市的便利，我就这样开始了城市社区的研究。十多年来，我从上海回到了嘉兴，对于社区的感受和思考也随着居住城市的改变而发生着改变。这本书或许正可以作为这些年来我心路历程的一个记录和证明。

　　本书由一系列研究论文构成，并在 10 年左右的时间内分步写成。为便于突出逻辑框架，书中将其分为六章，主要围绕社区中的各行动主体——党委政府、居民、居委会、社会组织、流动人口以及公共事务展开，力主从微观层面，展现各主体在社区建设与发展中的不同意识、主张与行为表现，以此拼凑出一个相对完整的社区面貌。本书名为"'拼凑'社区：行动者、微观结构与运行逻辑"，一则是因为当前对社区的理解更多是由诸如居委会、居民、小区、社会组织等一个个片段构成，具有拼凑的特点；二则是因为本书是由不同时期写作的不同主题文章所构成，也具有拼凑的含义。以此而论，本书"拼凑"的不仅是社区，还有这 10 年来我的社区研究历程。

　　本书得到了我的导师卢汉龙，及上海市委党校社会学教研部的马西恒、何海兵、潘鸿雁等老师的指导和帮助，其中大部分内容已和他们以合作的形式发表，在此向他们致以真挚的感谢。

陈国强

2020 年 3 月 26 日

于南湖畔

前　言

　　人们通常不从历史变迁和制度矛盾的角度出发，来界定自己所经历的困扰。他们只管享受安乐生活，一般不会将其归因于所处社会的大起大落。普通人很少会意识到，自己生活的模式与世界历史的进程之间，有着错综复杂的关联。他们通常并不知道，这种关联如何影响到自己会变成哪种人，如何影响到自己可能被怎样的历史塑造。要把握人与社会、人生与历史、自我与世界之间的相互作用，必须有特定的心智品质，而他们并不具备这样的品质。他们没有能力以特别的方式应对自己的私人困扰，以控制通常隐伏其后的那些结构转型。

——C. 赖特·米尔斯

　　社区（community）作为一个外来词，现今已被中国城市居民所广泛熟知。但在人们的日常生活和认知中，社区往往自成一体——更多被理解为一个外在于居民的组织或场所（居委会）。这一理解与社区的理论含义相去甚远。按照最早提出社区概念的滕尼斯的观点，社区是一个人们休戚与共、同甘共苦的亲密、秘密、单纯的共同体（1999：52）。这种差异正是当前我国社区建设的真实写照：社区究竟意味着什么？

　　从国家的层面看，引入社区建设的意图是显见的，就是为弥补由单位制和人民公社制解体而产生的管理空缺，在基层组织和协调好大量的"社会人"，形成一种适应市场化发展的针对个体的管理方式。但在后续的推进过程中，社区建设至少在四重向度上产生了分化：首先，随着市场化、全球化和计划生育等的交叠影响，中国基层社会的基本关系形态、交往形态和文化模式都发生了深刻的变革，基层社会的碎片化（李强、葛天任，2013）、个体化（文军，2012）都在极大程度上冲击、破坏着传统中国基层社会内在的自我调节能力。于是，利用社区建设重构基层社会关系结构被纳入了行动目标中，其中的关键在于恢复"社会生活共同体"，也即滕尼斯意义上的"社区"。因此，2000 年《民政部关于在全国推进城市社区建设的意见》

中，就把社区定义为"聚居在一定地域范围内的人们所组成的社会生活共同体"，其用意可见一斑。然而，从社会关系形态着手建设社区，需要的是"绣花功夫"，不仅要有耐心（立足长远），也要有技术（掌握内在规律）。这显然超出了现有社区建设的组织、运转系统，生活共同体与居民似乎渐行渐远。其次，在社会主义的意识形态要求下，国家需要将公平、正义，尤其是保护弱者的价值追求在社区中予以展现。这一点在党向人民兑现"共同富裕"允诺前变得尤为重要。而这也确实带来了国家社会建设的重心下移，投入社区的资源增加，在公共服务总量增加的同时也推动了公共服务的均等化发展。相比社会生活共同体，基于公平理念的改善居民生活行动，不仅更直观，也更受个体欢迎。与此相对，社会整体分化的趋势并未因国家对社区进行调节而明显转变，以住宅小区层次差异形成的社区区隔已经显现（张海东、杨城晨，2017）。但是，这一问题已跃出当前社区建设工作以外，成为"看得见、管不了"的新问题。再次，社区作为民主的生发地，客观上连接着国家政治及其实现。居民在社区建设中形成的权力观和相应的行动，是国家政治建设的重要组成部分。党的十九大报告中对我国政治体制作了新的表述，即"党的领导、人民当家作主、依法治国相结合"，其中社区的自我管理、自我服务、自我教育、自我监督即可视为"人民当家作主"在基层的一种最直接表现。然而，即使是最微观的民主，在没有被有效规范（党的领导、依法治国）前，都具有潜在的不安定性。正因此，社区建设在发展基层民主中始终显得小心翼翼而矛盾重重，一方面，党和政府希望通过社区民主化推动整个国家的民主化进程，并且依靠基层自治发挥个体作用、减轻国家负担；另一方面，党和政府始终保持在社区民主建设中的在场，调控着社区自治行动与自治内容，避免基层社会陷入无序。最后，社区作为最基本的治理单元，对于解决社会问题和化解社会矛盾具有重要意义。改革开放以来，中国的高速发展给社会造成了极大的冲击。然而，在谋求民族复兴的总体导向下，国家需要维持社会的总体稳定与步调一致。因此，社区成为解决这些问题的前沿阵地，这不仅符合中央提出的"小事不出村、大事不出镇、矛盾不上交"（中共中央文献研究室，2014：684）的目标导向，也符合奥尔森（1967）的"小团体治理"理论导向。总体而言，将工作重心指向社会问题与社会矛盾，使得国家的社区建设行为更具直观性和正当性，并在基层建立起了密集的治理网络结构（比如"网格"）。

　　与具有主观意图的国家不同，对于生活在社区中的居民而言，社区则显得微妙和含糊得多，它显得既熟悉又陌生、既近又远，总体呈现一种"若即若离"的状态。

从表面上看，社区与居民之间的现实关系（利益关系）是微弱而松散的，除了与其所居住的小区具有强有力的联系外，社区就是一个能为个体提供开具各项证明、开展一些非紧缺性活动的地方。因此，一些学者认为社区不应是地域性的，而应该是"脱域"的（王小章、王志强，2003），或只是"互不相关的邻里"（桂勇、黄荣贵，2006）。但事实上，社区是个体生活的主要场所，个体的大部分活动都与其发生着或多或少、或强或弱的关系，包括居住、环境、出行、购物、休闲、教育、医疗、养老等等。这就形成了一个奇特的现象，本应每个居民都极其关心的社区，却成了大部分人眼中无关紧要的对象。尤其是，在与国家的对比中，出现了"一头热一头冷"的局面。

此外，在国家与个体的两极中间，还充斥着诸如社区自治组织、服务组织、市场组织等诸多成员，他们在连接国家与个体中扮演着不同角色和作用。对于他们的角色和性质，无法简单给出判断。但是，正是由于他们的介入，共同构成了社区的关系结构。在这种结构内，国家、个体和各类组织相互塑造，最终成就了当前的社区样态。基于此，可以认为社区就是一个各种主体行动的场域，他们怀着不同目的、不同认识，甚至没有目的、没有认识，在社区内行动着，彼此互动并相互影响，最终共同构成了当前社区的真实样态。

从 2008 年以来，笔者对社区中各类对象（社区事务、居民、居委会、社会组织、流动人口和地方政府）进行了持续的研究，并形成了对社区微观结构与行动逻辑的总体考察。也正是这些议题"拼凑"在一起，才构成了对社区概貌的认识。当然，尽管这些文章围绕不同主体进行讨论，但集中窥探了国家与社会、组织与制度、个体与理性这样几组议题。

一、国家与社会

国家与社会是西方社会理论的重要议题，也是马克思对人类社会审视的重要分析视角（库诺，2018：251）。但无论是非马克思主义者还是马克思主义者，都基本认同国家与社会之间的区别，甚至存在的对抗与制衡（邓正来，2005：导论14）。这一认识是伴随着西方社会（主要是欧洲国家）的发展而逐渐形成的。在他们看来，掌握暴力机器的国家一旦形成，其就会产生某种主体性意识，并为一部分人利用。因此，在西方社会理论认识发展中，产生了"小国家、大社会"的追求。

而近代以来，将西方作为学习和追赶对象的中国，逐渐认同和接受了这一组织方式，并成为理论界的主流认识。在这一导向下，研究者从作为社会主要代表的社区研究中获得的洞察结果总体一致，市场经济发展并没有充分释放社会力量，而是被国家的多种建设行为所吸纳（康晓光、韩恒，2007）。这一判断使社区建设的争论始终不绝于耳，并在某种程度上影响着国家的建设努力。因此，对于作为社区自治组织的居委会的"减负"的主张一直存在。

本书在对不同社区主体的分析中，获得了与现有研究不同的发现，也即"国家与社会"在社区中并不是二分的。正如第四章第二节"国家建构、组织生态与'社会'状况"一节中所见，透过国家培育的服务社区的社会组织，国家与社会之间形成了一个社会自主性强弱不一的连续体，构成了社会总体面貌。这一状况的出现，一方面，或许与国家在社区建设中的态度不明有关，不同目标之间的内在差异甚至冲突，释放出了不同的信号。这一点在本书第五章中得到了进一步证实，国家在基层的面貌并非铁板一块，而是呈现上下分际与部门分化。各层次、各类型的国家代表，出于不同的目标，做出了不同的行为选择。另一方面，也与社会主体的主体性生成有关。在第四章第一节"政府培育与社会组织形态"中，社区社会组织在发展过程中拓展了国家给予其职能以外的功能（并成为主要功能），在组织主体性形成中产生了与环境相适应的行为逻辑，这成为社会组织在社区内存续的关键。同样的情况也出现在居委会中，第二章"居委会的主体意向"一节中，揭示了一个集行政性、自治性和自利性为一体的居委会形象，而非大多数研究所认为的仅是国家的一部分。

国家与社会在社区内的连续性而非二分性，使得对社区内不同主体的性质区分变得困难。他们没有在国家与社会的二维框架下形成清晰的边界，不仅减弱了不同主体间的对立、甚至对抗的可能性，而且也增加了社区内各种关系的复杂性。这客观上提出了构建新型国家社会观的必要性，也是对近些年国家与社会理论式微的一种回应。

二、组织与制度

与国家和社会理论的式微相对，组织与制度理论正成为当前我国学界主流研究视角，并已被广泛运用于国家治理体系的研究中（周雪光，2017；周黎安，2015）。尽管将这一理论运用于社区研究还并不多，却为审视社区建设提供了一个更符合国家意图的方向。事实上，从我国引入社区建设开始，首先实现了"街居制"向"社区制"的转变。而在后期解决"社区制"中的"议行错位"问题时，又探索了"议行分设"制度（姚华等，2010）、去街道制度（孙小林，2011）等。其间的每一项内容，无不贯穿着基层组织架构和制度设计的调整。但遗憾的是，社区组织与制度的理论研究总体滞后于实践。

本书并未对组织与制度问题做完整的回应，而只是在洞察社区各行动者的行动时触及了其中的部分问题。中国的社区体制，是在中央统一安排下形成的，客观上是国家治理的最小单元。在这个序列中，始终存在着一个深刻的矛盾——"一统体制与有效治理"难以统一的问题，即一统体制的集中程度越高，地方治理权就会越弱，治理有效性也就越弱；相反，有效治理水平提升，就需要扩大地方治理权，从而削弱中央的一统能力（周雪光，2017：12）。对此，研究者认为中央建立了一套独特的制度进行了应对，包括"项目制"（渠敬东，2012）、"官僚制度"和"观念制度"（周雪光，2017：20）、"锦标赛"制度（周黎安，2007；周飞舟，2009）、"行政发包制"（周黎安，2014）等。但这些研究着重讨论了中央政府与地方政府之间的关系，且总体上与传统中国存在的中央与地方之间的矛盾关系并不完全一致。传统中国的官僚组织至县一级就基本结束了，因此，"央地"矛盾不仅表现在官僚系统内，也表现在官僚系统以外，而社区恰恰就是现今可以被视为官僚系统以外的一个组织问题。

社区作为国家官僚系统以外的一部分，面临着两方面问题：

第一，社区在中央与地方的治理体系中，处于怎样的位置？秦晖（2004：62-125）从"中央—地方"关系相平衡的目标出发，指出西方历史决定了其根本上需谋求"公民与王权的联盟"，而中国历史决定了需以"公民与小共同体的联盟"作为国家治理的中介。这意味着，在调和我国"一统体制"与"有效治理"之间的矛盾时，社区是与地方一体的。但这仅是从应然而言，事实上中央政府对社区的调控主要是宏观性、指导性的，大部分的工作都是由地方政府完成的，这成为判断社区在国家治理组织体系中所处位置的基础。这种组织与制度设计，与传统中国的及西方之间的理论差异，还值得进一步研究。

第二，社区作为地方的一部分，地方政府是如何将其整合进治理体系中的？[①]

---

① 在大多数研究中，对两者的分析都以作为整体的"国家"替代了"地方政府"。

从组织体系上看，目前的"社区制"是从"单位制""街居制"转变而来（何海兵，2003）。尽管新的制度是为适应新的形势而建立，但"社区制"在某种程度上依然受到"路径依赖"的影响，其中最显著的特征是，社区"基本上还是通过行政体系组织起来的"（费孝通，2002）。而地方政府则主要通过社区的组织载体——居委会，在组织上实现了对基层社会的整合。这一局面的形成，集中体现在"社区行政建设"中（朱健刚，1997）。改革开放以来，以街道为重点的基层行政体系得到强化，包括组织、人员和职能范围等。这一变化的核心机制是街道权力的扩大，一方面依托上级政府权力的下放，另一方面则源于权力仍主要集中于政府。因此，地方政府对社区的吸纳与整合，乃是基于两者之间存在着权力的不对等关系，社区总体上是被动地作为行政触角的延伸。然而，此时的行政化已难以构成如改革前的全面控制（卢汉龙，1999），因为市场经济在某种程度上给予了社会主体一定的自主空间。因此，从社区本身看，社区事实上呈现为一个开放的系统，内部的权力关系和行动规则也变得多元化，而行政力量只是其中的一部分，难以完全将社区全面整合进治理体系中（李友梅，2002），出现了居委会的"选择性应付"（杨爱平、余雁鸿，2012）、业委会的"准派系政治"（石发勇，2010）、政府在社区内的"看得见"与"看不见"并存（王汉生、吴莹，2011）等现象。

本书第二章的"居委会的主体意向"与"居委会干部的'社区'认知"两节基本印证了以上观点，即使有行政力量强力介入，但作为其主要触角的居委会仍体现出多重面向，是行政、自利、自治的复合体。除此以外，在第三章的"居民对居委会的认知及其意义"一节中，从组织作为观念的角度提出，居委会的组织角色与性质也表现在"做事"与"拿钱"两种逻辑中。由此可以认为，地方政府对社区的整合并不是单向的，而是双向作用的结果。由于缺乏自治习惯，社区居民并没有建立起与自治组织相对应的观念体系，从而把社区的主要组织载体——居委会推向了地方政府治理框架中。

三、个体与理性

社区居民是社区的主体，社区的形成和形态与每个居民的行为都紧密相关，这就在社区内形成了一对核心关系：个体与群体。由于社区议题中内嵌着对个体的依赖与尊重，这就跳出了长期以来"集体淹没个体"的激进社会主义建设路向。但令人遗憾的是，我国社区建设自启动以来，个体的参与就很弱（王小章，2004）。为解释这一问题，现有研究给出了两种主要思路：其一，民主政治的视角（林尚立，2002）。社区参与作为最基层民主表现形式，受到基层民主政治建设架构的直接影响。而当前地方政府在指导基层民主建设过程中，运用"动员"技术（刘岩、刘威，2008）和"政府主导型自治"（徐勇，2001）等方式，在某种程度上形成了一个制约个体参与的行动结构，影响了个体的参与意愿和参与行为。其二，社会治理的视角。社区作为公共空间，需要每一个个体的投入与维护才能治理好公共事务，但社区发展所产生的公共利益对每个个体并不具有排斥性，这就容易造成个体的"搭便车"行为。这一解释也与现实中居民参与冷漠相互印证，并成为当前主要的社区分析视角。

事实上，以上两种视角都能够统合到理性人的框架内。在以理性为核心的现代发展史观影响下，理性人判断已成为主流分析的基础。在此预设下，无论是社区居民权力的表达，还是对公共利益的维护，都受到个体理性意识的驱使。所不同的是，前者受权力意识的驱使，后者受利益的驱使。并且，在当前阶段，权力意识尚未如利益一样在个体之间形成普遍影响。正因此，本书即为从利益驱动下的理性个体做出的分析。但与现有研究认为个体利益驱动容易被消解不同，本书认为只要利益足够充分，其对个体的驱动力量是较难阻挡的。而目前的问题恰恰在于，居民在社区内的利益并没有被清晰感知。因此，在第三章第一节"利益明晰与居民社区参与"中，笔者构筑了一个使利益明晰的解释框架，其中涉及公共事务的性质、社区内社会关系、以居委会干部为主的"关键人"等因素是如何起作用的。在这个框架内，本书还专题讨论了公共事务和社区精英的运作逻辑。其中，第六章第一节"社区公共事务及集体行动"，从理论上讨论了社区公共事务的特征，以及对个体行动的影响。第二节"城市动拆迁：作为公共事务的分析"则注重对与居民连接最紧密的房屋征迁事务作出分析，并揭示公共事务的边界深刻影响着事务的治理。第三章第二节"基层治理中的精英及其生产"是对社区内精英的分析，立足社区建设的需要，文中揭示了精英的产生具有一定规律性和结构性，而并非偶然。这些都为发挥个体理性，整合社区建设中的个体力量提供了注脚。但这种解释并不适用于作为外来者的流动人口。事实上，受我国土地制度、城乡分割历史等多重因素影响，流动人口在社区中的角色和地位仍处于重构中。换言之，流动人口要清晰意识到自身在流入地社区中的利益（尤其是权利），并激发形成参与行为，所要跨越的阻碍因素比本籍居民多得多。本书用一章探讨这一问题。在第五章第一节"流动人口社会权的结构性变动"中，对流动人口在流入地社区中的社会权状况进行了分析。社会权是居民权利中层次和水平最高的部分，也是居民社区利益的前提和基础。目前，流动人口在社区中的社会权状况受地方效率逻辑所决定，社会权并不稳定和有保障。在第二节"户籍制度改革与流动人口的权利塑造"中，进一步结合户籍制度改革，对流动人口在流入地社区中的权利状况，做了全景式的质性分析，揭示出后户籍制度时期，流动人口权利呈现碎片化现象，透露出权力部门目标导向的分化逻辑所产生的影响。但是，无论是地方服务效率逻辑还是权力部门目标导向的分化逻辑，都未给流动人口提供行动的动力，他们仍然是社区里的"外来者"。

以上三组关系分别对应于宏观、中观和微观不同理论层次，由此也可窥知社区在研究中的理论价值和实践价值。但是，要真正完整洞察这些价值依然充满着种种挑战。总体而言，中国的社区本就镌刻着中国社会发展变迁的印记，从20世纪初开始，大致经历了三次显而易见的重大转变。第一次变迁，从20世纪初到新中国成立，中国传统社会受到精神层面及组织形态上的巨大冲击。以五四新文化运动为代表，有识之士发起了对儒家伦理与礼治秩序的自我否定与改造运动。但这种改造远未及军阀割据混战与日本殖民侵略所构成的破坏之影响巨大而直接。因此，学者们习惯于用"冲击—回应"（金耀基，2016:20-21）来解释这种变迁的本质。第二次变迁，从新中国成立至改革开放前，中国开始了一次针对中华民族的社会大改造。有学者认为，这种改造本质上就是将个体从原来的小共同体中解脱出来，并重新嵌入于一个更大的共同体中（秦晖，2004:311-314）。因此，它改变了社会个体之间的关系，血缘联系、亲缘关系被削弱、甚至扭曲，而业缘关系被增强。第三次变迁，从改革开放之初至21世纪。受市场经济的巨大冲击，中国社会在前期发生了自由裂变。原依附于单位而形成的关系纽带、组织形态逐渐褪去，个体在适应市场经济过程中也展现了多重面向，一方面出现了向家庭回归的迹象，另一方面伴随"自利性"生长而产生了个体化倾向。在后期，国家与政府又进行了有意识的介入，并通过"行政吸纳"（康晓光、韩恒，2007）等多种方式主导建立了一个社会运转框架。因此，社会主义国家性质、市场经济、传统社会遗迹共同型塑了中国基层社会的形态。这一形态是一种新的发展产物，已远远超出了现有解释框架。正是在这样一个历史轨迹中，我国的社区及其内在行动者悄悄产生与兴起，它们也由此扮演着"回应变迁"与"再建构社会"的双重角色。而透过社区波澜不惊的表面，可见一幅历史与未来、理想与现实交相辉映的壮丽画卷。

CONTENTS

目　录

社区领导组织者：
党委政府

新中国成立 70 多年来，中国在社会主义建设中逐渐探索出了一条具有自身特色的发展道路，并且在制度上日益成熟定型。这意味着，中国共产党全面领导下的建设方式已得到了实践确证，也将继续框定我国未来的发展方向。在党的十七大报告中，首次提出了"党委领导、政府负责、社会协同、公众参与"的社会建设总格局，并在党的十九大报告中，调整为"党委领导、政府负责、社会协同、公众参与和法治保障"的社会治理体制。尽管表述略有不同，但进一步明确了党委和政府在社会建设中的重要作用。在这一背景下，党委政府在社区建设中的作用需要进行深入分析。本章无意讨论国家和政府应该在社区的建设和发展中扮演何种角色，而仅仅是为呈现国家与政府在推进社区发展中的行为机制及产生的影响。

在论述这一主题时，存在两方面取舍：一方面，按照研究惯例，党委和政府的行为和角色一般被统合为"国家"的行为和角色；另一方面，由于党委和政府是社区发展中最大的影响因素，它们的作用难以孤立看待。因此，在后几章的论述中依然会涉及这一问题。本章仅以当前党委政府推动社区建设的一项应用最广泛、最有影响的工作——"三社联动"作为个案进行分析讨论。

一、"三社联动"的建设缘起及其问题

中国的改革具有两个鲜明的特点：一是打破僵化体制对经济社会造成的桎梏，以释放经济社会发展活力，其中的核心在于对政府与市场、政府与社会关系的调整；二是在其他社会主义国家改革教训，以及国内改革受挫经历中所形成的"维稳意识"，其中重点在于对社会管控体系的依赖与掌握。这两个特点，使得中国的社会体制在维持稳定与释放活力之间小心翼翼地做着探索，而党政部门则始终作为主导力量承担着组织社会生产、管理社会生活的主要功能。

然而，中国在深化市场经济改革的过程中，社会内在的一部分力量已逐渐形成，并与党政力量之间产生了某种紧张关系。与此同时，个体生活水平的日益改善，使得社会服务需求不断增长。在党政单一的服务供给体系中，这一切又都最终传向党政机构，使得党政部门面临着巨大的负担与压力。种种迹象表明，动员社会力量参与社会治理、充分利用各种资源满足不同利益群体的需要，成为社会建设（包括社区建设）的基本导向。

从社区建设看，我国逐步确认了社区建设的三种主要力量，即社区（自治组织及居民）、社会组织和社会工作专业人才（也称社工）。但是，这三者在我国启动时间都较短（基本都在 2000 年以后），且其发展和作用发挥又主要以它们相互之间的支持、合作为基础。因此，以寻求这三者之间相互协作、力量整合的"三社联动"发展模式逐渐在地方政府的摸索中产生。2004 年，上海市率先提出和实践了社区、社会组织和社工互联合作的"三社互动"，随后各地在认同这一建设思路的基础上，又结合地方实际探索形成了北京、上海、南京、广州、嘉兴等多种做法（《中国民政》编辑部，2015）。2013 年，民政部、财政部联合下发了《关于加快推进社区社会工作服务的意见》，要求建立健全社区、

社会组织和社工联动服务机制。2015年民政部又进一步要求在全国加快推广"三社联动"。由此可知，"三社联动"尽管是一项指向独立于党政之外的社区建设活动，但其推动者与建构者都是党政部门。正因此，叶南客、陈金城（2010）将"三社联动"界定为"通过社区建设、社会组织培育和社会工作现代化体制，形成'三社'资源共享、优势互补、相互促进的政府与社会之间互联、互动、互补的社会治理新格局"，表明政府的不可或缺性。

因为这项工作是党政部门建构基层社会的一种构想，因此其从一开始就潜藏着一种对于发展社区的"嵌入性"要求。这种"嵌入性"要求主要表现在：（1）作为一种外来建构力量，国家意志如何嵌入社区建设。（2）社区的建设与发展，如何嵌入国家的治理结构中，或者重构国家的治理结构。本部分将结合 J 市党政推动下的"三社联动"实践，对此进行分析。

二、J 市"三社联动"的实践

J 市，位于浙江省东北部、长江三角洲杭嘉湖平原腹心地带，与上海、杭州、苏州、湖州等城市相距均不到百公里。陆地面积 3915 平方千米，下辖 2 个区、5 个县（市），共有 42 个镇、30 个街道（涉农街道 22 个）、246 个城市社区、115 个城镇社区、809 个行政村。全市有常住人口约 480 万人，其中户籍人口350 万人。2020 年全市地区生产总值 5509 亿元，常住人口人均 GDP 达到 11 万元以上。从 2008 年起，J 市为进一步加强基层社会治理，基于对协同推进社会力量的发育、整合社会服务资源、提高社会自我管理与服务能力的构想，开始探索加强社区、社会组织和社工的联动发展。

（一）"三社联动"的发展方式

在实践过程中，J 市逐渐形成了由政府主导推动"三社联动"发展的方式，即由政府全面主导社区、社会组织和社工建设，从宏观设计到微观落实，进行了较为全面的探索。

1. 建设意图

2010 年，J 市委出台的《中共 J 市委 J 市人民政府关于加强社区、社团、

社工建设 进一步完善社会管理体制的意见》中确立了四项目标："1. 健全社会管理体制。在各县（市、区）建立社会工作委员会及办公室的基础上，2012 年前全市各镇（街道）依托社会事业服务中心（社会事业所）建立社会工作机构，积极开展城乡社区社会工作专业岗位试点工作，推进扁平式网络化社会管理。2. 提升社区服务水平。按照'居民自治、管理有序、服务完善、治安良好、环境优美、文明祥和'的要求，深入推进和谐社区创建，不断提升社区服务和管理水平。到 2011 年，90% 以上城市社区达到市级和谐社区标准，2~3 个县（市、区）、4~5 个街道、10~15 个社区成为省级以上和谐社区建设示范县（市、区）、街道、社区。3. 创新社团管理模式。进一步创新社团管理机制和社团党建工作体制，完善培育和扶持政策，培育一批能够承接政府转移职能的公益性社团，不断扩大党组织在社团的覆盖面，充分发挥社团在提供服务、反映诉求、规范行为等方面的积极作用。4. 构建社工建设体系。大力推进社会工作专业化和职业化建设，建立以培养、使用、评价和激励为主要内容的政策制度，完善社会工作岗位设置和社会工作人才配备机制，多渠道吸纳社会工作人才，充实到公共服务和社会管理部门，建立初具规模、结构合理、素质优良的社会工作人才队伍。"因此，这一社会实践是以发挥社区、社会组织以及社会工作者等社会力量的公益服务功能、社会组织功能、利益表达功能为主要目的，通过支持三者之间的互动、互联、互补，而形成的一种引导社会自我管理、自我服务、自我教育的社会管理方式。具体而言，主要体现在三个方面。

（1）**协同推进社会力量的发育**。创新社区治理，首先需要充分调动广大社会力量的投入，发挥各个主体的积极性，形成全社会共建共享、达成共识的局面。因此，推动并引导社会力量的发育与发展，是社区治理有效发展和可持续的前提和基础。促进社会发育，就是要加强基层自治、培育和发展社会组织、壮大社会工作人才和志愿者队伍。但是，这三者之间并不是孤立的，它们之间存在相互依存、相互促进的关系，单方面发展往往难以取得良好的效果。从理论上看，社区是社会组织、社工的主要工作载体，社区居民的大量社会需求为他们提供了存在空间，社区自治组织在其中发挥衔接、引导作用；社会组织是专业化的社会服务机构，能够承接政府转移的相关职能，吸纳、调配社会资源，为居民提供多元化的社会服务，推动社区和谐、有序发展；社工是进行社会服务的专业人才，他们掌握社会服务技能，是满足居民实际需要、促进社区发展的主要力量。

（2）**整合社会中的服务资源**。社区组织、社会组织和社工是社会服务的三支主要力量，它们各自具有不同的功能和优势，且处于交错运转中，未能形成服务社会的合力，"三社联动"为三者搭建起服务框架，在相互协作中扩大社会服务资源的效用。"党委领导、政府负责、社会协同、公众参与、法治保障"是社会管理体制的总体要求，"三社联动"进一步发挥了"党委领导、政府负责"的作用，将对社会的直接服务与管理的职能，转化为基于合作、指导基础上的间接职能，增强党委政府与社会之间的资源整合；同时，"三社联动"也是实现"社会协同和公众参与"的重要载体，致力于通过各类社会组织将专业社工和广大人民群众组织起来，积极参与和支持社会管理和社区建设，因此它整合了社会中零散个体的力量。

（3）**提高社会自我管理与自我服务能力**。社会自主运转与自我有序管理是社会管理的最终方向，也是一个较为漫长的过程，它以一套社会规范为基础，各个社会组成部分进行互动、互助与合作，从而获得和谐、幸福的生活。这个过程相对独立于政府，必须在社会内部实现，也依赖于社会各成员之间的互动。因此，"三社联动"事实上在于通过围绕社会服务，调动社会各组成部分的积极性，培养成员的社会意识、公民意识，并在彼此交往中形成自我服务、自我管理的社会规范，激发社会活力。

2. 组织框架

2008 年 7 月，J 市委专门成立了社会工作委员会（以下简称社工委）①，作为市委领导社会建设和管理工作的议事协调机构，由市委分管领导兼任书记、市政府分管领导兼任副书记，下设办公室（以下简称社工办）。根据 2010 年市委《中共 J 市委 J 市人民政府关于加强社区、社团、社工建设 进一步完善社会管理体制的意见》规定，社工办设在市民政局，具体负责协调和指导社会管理工作，研究提出社会管理工作规划、政策措施和实施方案，承担全市城乡社区

---

① 这项工作早于全省，在全国也属于领先。2019 年党和国家机构改革后，社会工作委员会虽然被保留了下来，但未再开展过工作，而社会工作委员会办公室则已撤销。

建设、社会组织建设和社会工作人才队伍建设的指导、协调、督促和综合管理工作，办公室主任由市民政局局长兼任，另设专职副主任 1 名。2011 年，中央和省综治委更名和职能调整后①，市委社工委又对工作职能进行了调整，更加注重抓社区、社会组织和社会工作人才队伍建设，更加注重推进社会服务（见图 1–1）。在市委社工委的安排和部署下，2009 年，各县（市、区）全部成立了社会工作管理机构，并将组织机构延伸至镇（街道）和城乡社区。

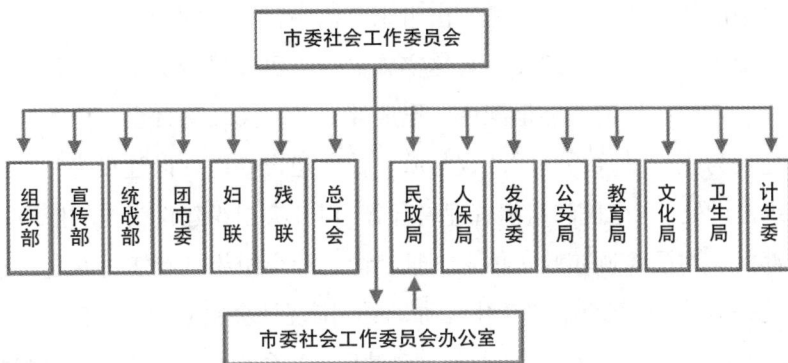

图 1–1　J 市委社会工作委员会组织架构

这一组织架构总体较为松散，只有社工办设有专职副主任，其他都是兼任。因此，实际上只有社工办能围绕社工委的目标开展一些经常性工作。并且，如财政局、城市综合治理办公室、城市管理大队等涉及财力保障、社会管理等的重要部门并未列入社工委的成员单位中，显示出社工委在整合相关行政力量与"三社联动"目标定位之间存在的落差。其中，隐藏的财力保障不足、社会管理功能缺失等问题也在后续的实践中进一步暴露出来。

3. 政策体系

为了保障"三社联动"开展，市委、市政府出台了一系列加强"三社"建设、城乡一体新社区建设，扶持和促进社会组织发展及社会工作人才发展等文件。市级具体职能部门也先后制定了多个配套政策，率先在全省范围内形成了

---

① 1991 年，中共中央成立中央社会治安综合治理委员会，作为协助党中央、国务院领导全国社会治安综合治理工作的常设机构。2011 年，中办、国办下发通知，将中央社会治安综合治理委员会更名为中央社会管理综合治理委员会，赋予了协调和指导社会管理工作的重要职能。2014 年，中共中央将中央社会管理综合治理委员会恢复为中央社会治安综合治理委员会，以集中精力抓好平安建设。

较为完善、富有特色的"三社联动"发展政策制度体系，为"三社联动"发展、推动社会建设与创新管理提供了良好的政策环境。

如表1-1所示，这些政策文件在指导推进"三社联动"中，突出了以下一些内容：第一，"三社联动"在市委、市政府层面获得整体部署，推动了这项工作的开展与落实，特别是社会服务与管理的综合组织架构功能得到初步体现，改变了以往社会服务与管理的零散局面。第二，社会工作委员会在综合推进"三社"建设中的作用并不显著，暴露出组织架构中存在的问题。在社工办设于民政局的情况下，"三社"建设的具体实施更多由民政局牵头组织，社工办的作用也逐渐嵌入民政局的职能框架中，形成社工办与民政局社会工作综合处共同以社工建设为主、民政局基层政权与城乡社区建设处以社区建设为主、民政局社会组织建设处（与市民间组织管理局合署）以社会组织建设为主的格局。因此，出现多部门、多层面颁布政策体系，且社区、社会组织与社工仍在各自独立的框架内发展的局面。第三，"三社联动"注重围绕社会服务加强三大主体建设。因此，在实践中逐渐形成了两重目标：对社区、社会组织和社工的增量与增能，让各主体得以发展；发挥各主体作用，提升社会服务的供给。这与原初的"三社"构想有一定差距，但也反映出社会管理的现实问题：社会主体缺失与"需求—服务供给"的管理定势。

表1-1 2008—2017年J市出台的关于"三社联动"建设的相关文件和主要内容

年份	相关文件	发布单位	主要内容
2008	J市民政局关于开展市本级民办非企业单位评估工作的通知	市民政局社会组织管理处	社会组织建设
2008	J市社会组织评估暂行办法	市民政局社会组织管理处	社会组织建设
2008	中共J市委办公室J市人民政府办公室关于扶持和促进社会组织发展的若干意见	市委办	社会组织建设
2008	关于开展行业协会等社会团体会费收支专项检查工作的通知	市民政局社会组织管理处	社会组织建设
2009	J市社会工作专业不具备规定学历人员基础理论及专业知识培训考试实施办法（试行）	市社工办	社会工作建设
2009	J市社会工作者中、初级专业技术资格评价办法（试行）	市社工办	社会工作建设

年份	相关文件	发布单位	主要内容
2009	中共J市委J市人民政府关于推进农房改造集聚加快现代新市镇和城乡一体新社区建设的意见	市委	社区建设
2009	J市城乡社区建设领导小组关于推进农村村级社区服务中心建设的通知	市城乡建设领导小组	社区建设
2009	中共J市委J市人民政府关于推进农村社区建设的意见	市委	社区建设
2009	J市农村社区建设指导标准	市城乡建设领导小组	社区建设
2010	中共J市委J市人民政府关于加强社区、社团、社工建设进一步完善社会管理体制的意见	市委	三社建设
2010	关于进一步落实社会组织有关税收管理和税收优惠政策的通知	市民政局社会组织管理处	社会组织建设
2010	J市社会工作岗位设置办法（试行）	市社工办	社会工作建设
2010	J市社会工作人才专业技术岗位设置及薪酬待遇办法（试行）	市社工办	社会工作建设
2010	J市社会工作及社会工作人才教育培训办法（试行）	市社工办	社会工作建设
2010	J市"社工和志愿者"联动工作办法（试行）	市社工办	社会工作建设
2010	中共J市委办公室J市人民政府办公室关于加强城乡一体新社区建设管理服务的意见（试行）	市委办	社区建设
2010	J市民政局关于福利彩票公益金资助社会组织创办公益性项目实施暂行办法	市民政局社会组织管理处	社会组织建设
2011	J市民办非企业单位直接登记试点工作方案	市民政局社会组织管理处	社会组织建设
2011	J市中长期社会工作人才队伍建设发展专项规划（2011—2020年）	市委办	社会工作建设
2011	中共J市纪委 J市监察局关于加快城乡社区服务中心办事大厅建设的指导意见	市纪委	社区建设
2011	加强和创新社会管理服务"六大专项工作"实施方案——"社区社团社工建设专项工作"方案	市委办	三社建设
2012	J市社会组织评估办法（试行）	市民政局社会组织管理处	社会组织建设
2013	J市社会工作管理与服务标准（试行）	市社工办	社会工作建设
2014	关于进一步加强城乡社区社会组织培育发展工作的实施意见	市民政局	社区社会组织建设
2014	关于推进社区志愿服务的实施意见	市文明办	社区建设
2014	关于落实好加强社区矫正相关工作的通知	市委办	社区建设

续表

年份	相关文件	发布单位	主要内容
2014	J市社会工作管理与服务标准（试行）	市民政局	社会工作
2015	关于深化"三清理四规范一提升"行动切实增强村（社区）服务能力的意见	市委办	社区建设
2015	J市政府向社会力量购买服务管理办法（暂行）	市政办	社会组织
2015	关于J市本级具备承接政府职能转移和购买服务资质的社会组织目录编制管理的实施意见	市民政局社会组织管理处	社会组织
2016	关于做好全市机关事业单位参加2016年度全国社会工作职业水平考试的通知	市社工办	社会工作
2016	关于推进城市社区文化家园建设的实施意见	市委办	社区建设
2016	关于加强社区、社会组织、社会工作专业人才建设与联动发展促进基层社会治理创新的意见	市委办	三社联动
2017	关于做好行业协会商会与行政机关脱钩工作的通知	市委办	社会组织
2017	关于做好全市机关事业单位组织参加2017年度全国社会工作者职业水平考试工作的通知	市社工办	社会工作

4. 评估体系

为了保障"三社联动"的成效，J市逐渐建立了"三社联动"的评估体系，包括两方面内容：一方面完善对三大主体，尤其是社会组织和社工的发展评估，以加强对其的引导、监督及作用发挥；研究制定了《J市社会组织评估办法》，组建社会组织评估专家库，并扩大了对社会组织的评估覆盖面（评估面达到30%以上）。同时，J市也建立了表彰奖励制度，将社会工作人才列入J市优秀人才表彰范畴，每年对先进社区和社会组织予以表彰奖励。

另一方面加强对政府工作落实的考核，建立起"三社"发展考核体系，把"三社"建设工作纳入县（市、区）目标责任制和市级部门综合考核范围，并结合实际设置考核内容，试图通过增强考核的针对性，提升"三社联动"发展在社会治理创新中的地位和作用。与整个政策导向一致，考核以突出社会主体的培育和社会服务的供给为目的。2011年J市市委办颁布的"社区社团社工建设专项工作"方案（J委办70号文），首次对"三社"发展的任务进行全面部署（见表1-2）。

表1-2　2011年J市"社区、社会组织、社工建设专项工作"任务分解

序号	任务	牵头部门	配合部门	完成年份
1	加强社区党的建设，扩大社区党组织覆盖面，优化社区党组织设置，建立社区楼院党组织等	市委组织部	市纪委、市民政局（市委社工办）	2013
2	推进社区民主自治进程，100%的城市社区居委会换届选举实行"自荐直选"	市民政局（市委社工办）	市委组织部	2014
3	加快社区居务（党务）公开民主管理工作进程，100%的社区达到规范化建设标准	市民政局（市委社工办）	市纪委、市委组织部	2013
4	城市社区每300户配备1名专职工作者	各县（市、区），J经济技术开发区、J港区	市委组织部、市委社工办、市人力社保局、市民政局	2013
5	建立社区网格化管理、组团式服务模式，城市社区全面完成管理网格化的划定	市民政局（市委社工办）	市城乡社区建设领导小组各成员单位	2013
6	开展全市城乡社区结对共建工作	市民政局（市委社工办）	各县（市、区）J经济技术开发区，J港区	2012
7	大力发展社区自愿互助服务，社区志愿者人数达到社区户籍人口10%以上	团市委	市委组织部、市民政局（市委社工办）	2014
8	运用社会工作方法和技巧提升社区服务，城市社区专职工作者持证社工超过40%，35%农村社区至少配备1名持证社工	市民政局（市委社工办）	市委组织部，市人力社保局，各县（市、区），J经济技术开发区，J港区	2014
9	制定社区公共服务设施专项规划	市民政局（市委社工办）	市财政局、市发改委、市建委	2013
10	加快推进城乡社区信息化建设，建立社区行政事务综合信息网络平台	市经信委	市民政局（市委社工办）、市财政局、市行政审批中心、市社会保障事务局	2014
11	推进社区文化工程建设	市委宣传部	市文化局、市体育局、市民政局（市委社工办）	2014
12	制定扶持培育社团发展政策	市民政局（市委社工办）	市财政局	2011—2014

续表

序号	任务	牵头部门	配合部门	完成年份
13	每个社区拥有社区社团8家以上	市民政局（市委社工办）	各县（市、区），J经济技术开发区，J港区	2014
14	制定政府向社团转移职能的政策措施	市发改委	市经信委、市财政局、市民政局（市委社工办）	2012
15	制定政府购买社团服务政策	市财政局	市发改委、市民政局（市委社工办）	2012
16	建立重大行业决策征询行业协会商会制度	市工商联	市发改委、市经信委、市民政局（市委社工办）	2014
17	扩大社团评估工作覆盖面，参评率达到40%以上	市民政局（市委社工办）	市财政局	2014
18	加强县（市、区）社团登记管理机构并配备专职人员、落实工作经费	市编办	市民政局（市委社工办）、市财政局	2012
19	开展各级领导干部和社会工作从业人员社工专业知识普及培训	市民政局（市委社工办）	市委组织部，市人力社保局，各县（市、区），J经济技术开发区，J港区	每年进行
20	社工人才总量达到9000人，其中持国家和J市社工证书、具有社会工作专业学历教育1400人	市民政局（市委社工办）	市委组织部、市人力社保局、市教育局	2014
21	招聘引进一批专业社工人才	市民政局（市委社工办）	市人力社保局，各县（市、区），J经济技术开发区，J港区	两年一次
22	明确开发设置一批社工岗位，城乡社区实行岗位准入，推行社会工作者专业技术职务聘任制度	市人力社保局	市民政局（市委社工办），各县（市、区），J经济技术开发区，J港区	2012
23	培育民办专业社工服务机构和单位体制内专业社工机构各20家	市民政局（市委社工办）	市财政局、社工委成员单位，各县（市、区），J经济技术开发区，J港区	2012
24	以"购买社工服务项目化"方式扩大实务领域试点	市财政局	市民政局（市委社工办），各县（市、区），J经济技术开发区，J港区	每年进行

序号	任务	牵头部门	配合部门	完成年份
25	全市建立社工督导制度	各县（市、区），J经济技术开发区，J港区	—	2011
26	建立"三社"建设考核督察制度	市民政局（市委社工办）	市委直属机关党工委	每年进行

从表1-2的内容看，在对"三社联动"构想的操作过程中，J市对目标与具体任务之间的关联进行了具有行政逻辑的认知和解读。这种认知延续了政府落实工作中注重量化和标准化的特点，并进一步明确了各部门的职能，但忽视了各项工作关联的紧密性和一致性。一方面，各项任务基本在"三社"各自的框架内被部门所分解，联动性和整体性减弱。社区建设主要延续原有框架，进一步强调基础设施和组织队伍建设，如基层政权建设处突出社区党组织建设、社会工作人才队伍建设、社区志愿者建设、社区公共服务（社区文化、信息化）建设等；社会组织管理局以强调培育发展和规范化为主，包括政府购买服务、政府职能转移、培育目标向基层分解、提高社会组织参评等；社会工作处着重加强社工队伍建设，包括社工岗位开发、社工能力提升、社工专业组织培育、政府购买服务等内容。这些内容促使对部门的评估更加具体，"三社联动"的现实布局更为清晰。因此，笔者在对主要负责社会组织培育和建设的领导访谈中，自始至终都未曾听到其将社会组织建设与"三社联动"构想相衔接的表述。该负责人主要关心的仍然是如何规范好现有社会组织，以及如何让更多的草根社会组织得到培育和发展。虽然发展社会组织是"三社联动"的内在要求，但其仅仅是"三社联动"的基础，并不能替代"三社联动"本身。另一方面，依循政策体系的特点，社会服务和三大主体的培育在评估考核中进一步被凸显，而社会治理的意图则在从"需求—服务供给"的逻辑中淡出。换言之，社会服务以外的问题受到忽视，比如对社会有序发展的促进等。

5. 社会主体发展平台的搭建

在"三社"建设中，由于相关主体（社会组织和社工）的缺乏，致使社会建设与管理工作无法有效展开，因此搭建有利于这些主体发展的平台，是"三社联动"必不可少的基础性工作。J市在学习借鉴国内先进地区培育发展社会组织和发展社工的经验做法的基础上，结合当地实际，建立"三社"发展孵化平台，包括社会组织培育发展中心、公益服务促进中心和社工之家，着力打造社会组织、专业社工发展成长、参与社会服务和开展公益活动的平台。依靠政策支持，社会组织和社工得以借助这些平台发展。

以社会组织培育中心为例。在"三社联动"框架下，社会组织培育中心得以于 2012 年 10 月正式成立启用。中心由原 J 市老年活动中心改建而成，总面积 730 多平方米，内设多功能会议室、展示厅、培训室、孵化区、个案室、公益创意区及社工之家等一系列办公设施，其目的在于扶持 J 市市区内的草根社会组织，使其成为能提供公益性社会服务的正式、合法的社会组织。中心成立后，首先在市域范围内招募到第一批、9 家萌芽型草根公益机构和 3 家枢纽型草根社会组织，涵盖文化、救援、教育、家庭、心理、就业、青少年和儿童等领域的社会服务。入驻的社会组织都能得到中心的一个独立办公区域和相关的办公设施，并可以获得中心提供的包括孵化培育、能力建设、财务托管、信息交流、成果展示、政策咨询、公益项目运作、社工人才实践等一站式便捷化服务。为帮助这些社会组织快速提高能力，向专业化方向发展，中心还和上海恩派(NPI)[①]进行合作，由后者派专人到中心进行指导。在为这些社会组织提供服务的同时，中心还对他们进行一定程度的管理，包括规定一个星期中抽出时间到中心办公、参加每个月的中心例会并汇报月度总结及下月计划、参加中心组织的相关培训等，但是由于缺乏约束措施，这些规定相对宽松。在中心的扶持下，少数几个社会组织获得较快的发展，并产生了一定的社会影响。但另一些已出壳的社会组织始终面临着生存的问题，由于自身建设不足以及市域范围内提供的项目较少，一些社会组织能够获得的资源很少，较难保证正常运转。

尽管 J 市建立社会组织培育中心的行为在地级市中是比较早的（2012 年），且在成立不到一年后基本实现正常运作，发挥了培育扶持社会组织的功能，但是，社会组织培育中心也面临着较多的难题。社会组织培育中心作为一家民办非企业单位，自身运作并未真正走向社会化，无法得到除民政局以外的组织或个人的支持，甚至中心成立初期确立的、由市财政保障的运营资金都难以落实，

———————————
① 上海恩派 (NPI) 成立于 2006 年，是一个拥有悠久历史、发展成熟、能提供社会组织发展专业指导的社会组织。一年合作结束后，由中心自行组织孵化社会组织。

最终还是在市民政局的多次争取和协调之后，以市福利彩票资金予以填补。在持续努力之下，2014 年的运营资金虽然得到市财政承诺保障，但资金也从原先的一年 60 万元下降至一年 30 万元。中心负责人表示，这点资金无法保障中心一年的运作。

（二）"三社联动"的实践样本

J 市"三社联动"的实践命题建立在社区组织、社会组织、社工三大主体建设的基础上，以社会服务为核心实现各主体功能整合，形成以满足居民需求为导向的基层社会治理。但是，在社会组织与社工发展相对滞后的基层社会，各个部门都力图在这一框架内拓展其自身功能与内容，成为首要实践选择。J 市的 96345 市民社区服务求助中心，透露出了这种诉求，并被 J 市作为"三社联动"最具代表性的案例。①

J 市 96345 社区服务求助中心是 2003 年 J 市 N 区政府为民办的九件实事工程之一，于 2003 年 9 月 6 日起正式运行。由于 N 区政府的重视与支持，其很快取得了成功，并进一步得到了市委、市政府的大力支持，在全市范围内推开。最终由 N 区人民政府主办，市民政局、X 区（J 市另一个下辖区）人民政府和经济开发区管委会联办，中心负责人也由 N 区民政局副局长担任。前期，中心每年运行的费用约 100 多万元，由 J 市、N 区、X 区和经济技术开发区政府财政共同承担。中心以求助电话 96345、网站、短信为载体，依托 405 家加盟企业、205 名社区具一技之长服务者和 5500 多名党员志愿者队伍，构建起一个覆盖整个市区的信息平台，24 小时全天候受理市民生活类、咨询类、事务类、电子商务类、企业服务类五大类 120 多项服务。到 2012 年，市民通过 96345 热线和网站向中心求助的已有 200 多万人次，其中热线电话累计接听求助 157 万多人次，回访满意率 99.95%，办结率 100%，有 42 万多人次点击专题网站，最多一天的电话量达 2088 件次。中心先后荣获"全国五一劳动奖状"等 70 多项荣誉，96345 热线实绩分别得到新华社、《人民日报》、中央电视台、中央人民广播电台等专题报道。

---

① 这种情况大约持续到 2012 年。2012 年 J 市文明委依托 96345 市民社区服务求助中心成立市 96345 志愿者联盟，此后，中心的工作主要受市文明委的指导和影响。

至 2012 年，96345 社区服务求助中心在 J 市几乎家喻户晓。它能取得这样的成效，除了其运作资金获得了保障，与突出抓好两项工作是分不开的：第一，前期的全面宣传。主办方十分注重全方位的宣传工作，利用各种载体将社区服务宣传到千家万户，被国家、省、市新闻媒体进行过多次专题报道。一方面，利用电视、广播栏目，多角度宣传报道中心工作。中心组织的各种服务活动通过电视新闻予以经常性宣传，J 市电视台、省卫视新闻等进行过系列专题报道。同时，在 J 市广播电台开播"96345 生活好帮手"栏目，让越来越多的市民对96345 有了了解，从陌生到熟悉、直到成为生活的好助手。另一方面，发挥报刊的优势并进行广泛宣传，在省级日报、市级日报和晚报等刊登求助中心的宣传文章，帮助市民深入了解 96345。第二，运作过程中对资源的整合与调配。中心立足于信息服务，对社会和市场资源进行整合，发挥社会协同参与社区服务的作用，并抓住互利共赢的运作基点，一方面，树立服务品牌，扩大宣传影响，吸纳信誉良好、服务规范、收费合理的企业和社区服务者加盟[1]，帮助企业和个体扩大市场、拓展业务、增加收益。另一方面，通过建立能快速反应的服务网络、及时完善的服务反馈纠偏机制、畅通有效的社会监督渠道等内容，为居民减少风险、得到便利与实惠，切实满足居民多样化的需求，真正发挥 96345的求助作用。这一互惠互利服务网络的形成，有赖于中心日益规范化的管理，包括对内的建章立制和评定考核[2]，对外的培训、规范和奖惩[3]。

由于前期中心工作人员的努力和正确运作及其"需求—服务供给"的社会治理取向，中心的作用和价值引起了市委、市政府的关注和重视。在市委、市政府逐渐确立"三社联动"推进社会管理的整体框架后，96345 社区服务求助中心的服务功能获得进一步扩展。中心在吸纳市场力量配置社区服务资源的同时，积极探索成立了 96345 党员志愿者总站，下设 25 个分站、65 个站点，按

---

[1] 2012 年有加盟企业 405 家、社区服务者 205 名。

[2] 先后建立了考勤制度、奖惩制度、岗位责任制等规章制度，经常组织对全体员工的职业道德教育和岗位培训，加强绩效考核。

[3] 根据求助者的反馈意见和建议，及时与加盟企业、社区有一技之长服务者进行沟通，经常召开座谈会，并聘请专业人员为加盟企业和服务者进行职业道德、礼仪知识、品牌意识的培训。为了规范加盟者的服务行为，通过建立加盟准入、强化社会监督、细化服务流程、确立收费标准、严格日常管理，不断提高服务质量。对收费或服务不规范的加盟者，一次警告、二次黄牌、三次清除出加盟队伍。此外，中心还制定了 96345 加盟企业、社区有一技之长服务者"星级服务"评定办法，已连续评定星级加盟企业和社区有一技之长服务者，并组建了"两代表一委员"的社会信息员队伍，及时倾听市民呼声。中心在 2008 年通过了 ISO9001-2000 质量体系认证，并在 2010 年通过 ISO9001-2008 转版认证。

照服务技能，成立了 15 支专业服务队，提供 31 项面向弱势群体的志愿服务，发挥了党员资源的作用。同时，96345 拓展了牵线搭桥的功能，中心加强与110、120、12345 等特服号码的对接，并先后与残联、民政局、老干部局、妇联、工会、团委、文明委等合作，开辟了针对残疾人、老年人、妇女、职工、青少年、单身人士以及退役军人等的专项服务，以满足不同群体的需求。在 96345 的穿针引线下，社区服务逐步从单体型、零散型向群体型、集团型转变。

96345 社区服务求助中心的发展总体上体现了政府在实践中对"三社联动"的理解，即主体成长、资源集聚、服务扩大。在一个互惠互助不足的社会中，中心能利用政府的行政资源有效转化市场资源为居民提供社会服务，已具有重要的突破意义。特别是比较于全国其他一些地方为市民开通的同类社会服务热线，96345 社区服务求助中心所取得的成效是比较好的[①]，具有了"三社联动"构想的一些意图。但是，如果将此作为对""三社联动"设想的替代，仍然存在简化目标的倾向。这种局面的形成，与 J 市在层层部署该项工作时所暴露的问题是一脉相承的，即强调围绕居民的服务需求进行"供给式"治理。所不同的是，96345 社区服务求助中心受到政府的大力扶持，甚至使其出现行政化的趋势。中心相关人员也表示："居民如果对中心提供的服务存在不满，往往容易理解成是政府的责任，所以中心事实上已经具有'政府对居民提供服务的窗口'的功能。"

（三）J 市"三社"的发展状况

为夯实社会管理与服务的基础，J 市着力推进社区建设，促进社会组织健康有序发展，强化社会工作专业人才队伍支撑，初步搭建起"三社"互动建设的发展框架，取得了一定成效。

1. 以社区服务和小区自治的社区建设路径基本形成

一方面，强化社区服务功能。率先在全省实现了农村社区建设、以 96345社区服务求助中心为龙头的社区服务网络、农村社区服务中心和"一站式"服务大厅、村务公开民主管理规范化建设四个"全覆盖"，初步形成城市"十分

---

① 笔者未曾做过深入比较，根据的只是在上海 Y 区、浙江 N 市的生活经历以及与该地区的其他居民的交谈中所获得的认知。

钟社区生活服务圈"和农村"二十分钟社区生活服务圈",打造了社区公共服务、市场服务和志愿互助服务互促共进的"三位一体"社区服务体系。社区服务功能的强调,理论上为社会组织和社工的发展和进入提供了机遇。但事实上,这种服务体系仍然以延续部门"条线"方式下沉为主,并继续围绕居委会及其办公场所扩大其作用。因此,大部分资源都流向了传统体制内组织,并未给社会组织和社工提供发展空间。

另一方面,强化小区自治。尽管在市级层面出台的各类政策文件、任务责任中都未将小区自治作为社区自治建设的导向,但事实上,在"三社联动"的整体框架下,基层对其中社区建设的探索主要是围绕小区自治所展开,即在社区范围内,以小区为单位,强化区域内的自治作用,尤其是围绕老旧小区物业管理难题,有针对性地提高小区自治能力。比如 N 区制定了小区自治达标标准,要求实施自治的小区,一般不少于 100 户,必须通过业主大会选举产生小区居民自治小组、财务管理小组、监督小组,并建立重大事项集体审议制度,决定小区服务管理费用收取标准、重大维修等事务,管理服务费用收取使用情况及时向全体居民公示。与此同时,自治小区的服务费用收缴率不低于 80%,小区居民满意度不低于 80% 等。对于达标自治小区,N 区还以户为单位,以实有户数为基数,区财政对每户居民每月补助 3 元。与通过整合并扩大社区辖区范围的现象不同,这种将社区"简化""小化"的治理策略和治理逻辑,不仅规定了"三社联动"的行动范围,也使得党政部门可以保有更多领域的治理权。

2. 社会组织获得了一定程度的发展

2016 年,全市已有 1678 家社会组织登记在册。为促进社会组织的健康有序发展,相继开展了创先争优和"百家新社会组织服务新社区"等主题实践活动。同时,J 市社会组织的党组织覆盖率达 25%,党建工作覆盖率达 100%。此外,J 市还加大了体制内外专业社工服务机构培育扶持力度。 2016 年,全市有专业社工服务机构 634 家,数量在全省地级市中居于首位,其中 3 家入选全国百强社会工作服务机构,也为省内最多。这些社会组织运用专业社会工作方法,在老年人、青少年、社会福利、教育、医疗等领域内开展了大量专业社会服务。为加强社会组织监督管理,J 市积极开展社会组织评估工作,社会组织规范化水平得到进一步提升。

尽管市委对"三社联动"工作给予重视，社会组织也获得较快发展，但是社会组织的结构并不合理，其中以协会类或依附于体制的组织居多，真正体现政社分离、权责明确、依法自治的社会组织仍然偏少。市委及相关部门出台的对社会组织的扶持政策并未得到有效落实，社会组织的发展环境仍不乐观。市民政局相关负责人也直接表示了对社会组织发展的担忧："发展社会组织仍然遇到一些困难。首先，缺少资金扶持，尽管市委市政府都高度重视，对扶持资金做过多次批示，但是我们到财政去要钱的时候，财政总是不给。我们做好的预算，市财政都把它拿掉了。另外一个就是政府职能转移的问题。发展社会组织是和政府职能转移紧密相连的。但是，目前的社会组织大多都是官办性质的，如果这一性质不改变，而一味强调把政府的职能转移给社会组织，那么社会组织就会成为'二政府'。当这些社会组织拥有了这些职能，一样会遇到'门难进、脸难看、事难办'的问题。"他认为已有的大部分社会组织独立性较弱，与政府的关系过于紧密，甚至很大一部分与政府之间形成了利益同盟，不能真正地代表社会发挥作用。而草根性的社会组织受到的支持仍然太少，发展环境仍然较差，短期内难以较快成长。比如社会组织培育中心所培育的社会组织在获取项目和资金时，都面临发展空间的难题。一方面，制度性资源的获取进展缓慢，因为这类资源有赖于政府职能转变，以退让政府行为空间为社会组织发展创造条件，但是，政府职能转变困难重重；另一方面，资源的获取较不稳定，中心负责人[①]更多利用自身的关系网为社会组织争取项目。

3. 社工队伍逐步壮大

J市围绕培养、评价、使用、激励等重点，积极开展全国第二批社工人才队伍建设综合试点工作。一方面，抓好领导干部社会工作知识的培训普及，每年开展干部培训进修；另一方面，实施"社会工作人才培育工程"，与复旦大学、浙江工商大学、浦东社会工作协会等合作，建立社会工作研究中心、实习站和实践基地，组织开展课题合作、跟班学习、教育培训和项目策划等活动，有效提升了社会工作的专业化水平。截至2016年初，全市持证社工总数达4062人，

---

① 社会组织培育中心负责人为J市某国有企业退休的党委书记。

其中"全国证"1298人、"J市证"2764人，持证社工总数、万人持证率等指标名列全省前茅，其中，8位社工还入选"中国百名社工人物"（Z省一共9位入选）。

以依托原社区干部、通过专业培训的方式提高社会工作水平，是J市社会工作人才队伍建设的主要手段，这一方式能将具体实践与专业化较好结合，但也增加了社区工作者的工作量与负担。因此，社区无法吸引专业社工进入，整体上限制了社工队伍的专业化水平。

三、J市"三社联动"的实践反思

经过几年的探索，J市社区、社会组织、社工"三社联动"的实践取得了一定的成效，为进一步加强社会建设、创新社会管理积累了经验。但同时，也呈现出一些问题，需要继续发展完善。

（一）党政社会体制改革的路径与问题

从社会建设议题形成以来，分部门、分领域的各种探索已形成多种经验。然而，社会建设的推进也进入瓶颈期，即制度性的问题越来越制约社会建设的深入。基于此，J市从社会体制改革开始，成立市委社会工作委员会，将社会建设的力量进行整合，并围绕"三社联动"工作，试图通盘谋划区域内的社会建设。这一思路具有突破性意义，为全面推进社会建设工作创造了制度基础与组织基础。

但是，这一体制在向下延伸时，一方面，重新回归到原有的制度框架内，将社会工作委员会办公室设于民政局内，逐渐混合在民政局原有的工作格局里，尤其是社会工作委员会目标定位调整后，社会工作委员会办公室的职能重点转向了社会工作，未能体现统合社会建设工作的作用；另一方面，将制度效力的重心下移，由社会工作委员会办公室承担主要的推进工作，且受制于办公室之与民政局的组织架构关系，未能充分表现市委对社会建设的意志和意见。

因此，J市"三社联动"以社会体制改革作为突破的思路具有前瞻性，但是在实践中未能充分予以体现，降低了制度设计的效力，难以在实践中使基层形成一种新的治理框架。与广东省在省级层面成立社会工作委员会，并在省级层面发挥统筹推进社会建设的作用[①]相比，J市需要提高社会体制改革对社会建设的统筹和综合协调作用，进一步发挥市委社会工作委员会的作用。[②]

（二）政府力量与资源的投入与平衡

在主要建设资源仍集中于政府的情况下，由政府主导社会建设工作成为一条主要途径。J市政府也从自身的调整开始，充分发挥政府的引领作用。依靠传统的行政路径，通过立规建制、会议动员部署、细化任务与落实责任主体、强化评估考核等方式，加强行政力量投入、财力投入以及人力资源投入。尽管对各个环节的力量投入还存在不平衡、保障能力有差异，但这初步构成了政府对社会建设的自我调动与调整，在政府行政框架内强调城乡一体社区的建设、社会组织和社工队伍的培育与发展。

但是，政府的资源和力量投入仍然面临两方面的问题：或者投入不足，或者在投入过程中介入较深。要平衡这两者之间的关系，需要进一步明确"三社联动"目标的不同内涵和要求（见表1-3），并以此确立相应的工作内容。总体上看，由于J市将"三社联动"的目标聚焦于扩大公共服务内容和提高公共服务效率上，因此在发展社会力量的同时，对其提出了较高的公益性要求。这就构成了社会力量生存发展与政府期望之间的矛盾。这种局面的出现，正是政府忽视了"三社联动"的另一项目标，即提高社会自我服务的能力和意识，这本质上也是"政社分开"的内在要求。在追求这一目标的过程中，适当放宽对服务内容和效率的要求，理应被纳入"三社联动"成效的衡量范围内。

表1-3 "三社联动"构想中的目标内涵、本质和要点

目标	本质	要点
扩大公共服务内容	在现有的公共服务以外拓展服务	1. 增加财政投入、动员社会资源 2. 发展社会服务力量
提高公共服务效率	转移政府现承担的公共服务，提高效率	1. 政府机构改革，转移政府职能 2. 发展专业社会服务力量

[①] 广东省社会工作委员会全面负责社会体制改革、社会建设规划等具有全局性工作，具体参见广东省社会工作委员会网站 http://www.gdshjs.org/。

[②] 2019年机构改革后，市委社会工作委员会的工作已基本停止。

续表

目标	本质	要点
提高社会自我服务的能力和意识	划清政府与社会之间的行为边界	1. 发展独立的社会服务力量 2. 提高社会组织组织社会的能力

（三）社会服务供给与社会管理的目标实现

在进行社会建设过程中，社会服务供给一直是政府极力强调的一项核心目标。J市在以"三社联动"构设社会建设任务时，也始终紧密围绕这一目标展开。一方面，社会服务是"三社"构想的出发点。在对这一任务的落实中，"三社联动"所呈现的思路表现为：通过社会组织与社工为社区居民提供专业化社会服务，以此安定社会、促进和谐。因此，这种目标的简化也使"三社"的联动效应未能充分展现，最终演变为结合三大主体的单向式发展。另一方面，社区建设、社会组织建设和社工队伍建设，都是紧紧依托社会服务而展开。在《关于加强社区、社会组织、社工建设进一步完善社会管理体制的意见》（J委〔2010〕5号）中，确立了社区建设的主要任务是"提升社区服务水平"。在社会组织培育和社工队伍建设过程中，社会服务供给的需要是这两者获得发展的契机，对社会组织和社工发展扶持的资源主要来自社会服务项目。

尽管社会服务是社会建设的重要内容，但并不是唯一内容。特别是在中央提出创新社会管理的要求下，社会建设需要同时抓好服务与管理。但是，J市"三社联动"的实践对社会管理的推动不足，至少未将这一目标充分纳入工作中，包括社会组织或社工在引导或规范社会行为中的作用，社区组织与社会组织在协调社会关系中的作用等等。因此，将社会管理的目标纳入"三社联动"建设中具有重要的意义。需要将社会管理目标操作化为具体内容，并在制定相应政策、评估"三社联动"成效、落实相关责任中，作为一项重要的目标进行引导。

（四）社会主体的培育发展及困境

社会服务和社会管理，都依赖于较为成熟的社会主体。但是，自改革开放以来，社会中有独立的个体，但缺乏成熟的主体，尤其是能真正体现政社分离的社会主体。因此，J市在"三社联动"中将社会主体建设作为重点进行发展，体现了对社会建设重心的把握。尽管与上海、北京、广州等一些大城市相比，J

市对社会组织培育、对社工队伍建设的投入并不算大，但能在较短时间里，从市级层面到街道层面搭建平台、组织力量，也已具有突破性意义。

但是，由于受社会体制改革不到位、"三社联动"目标导向不全面等的影响，各类社会主体的发展仍然呈现不稳定状况，尤其是支持它们发展的项目、资金未能获得有效保障。这与表 1-3 显示的问题具有一致性，因此，通过社会体制改革以强化对社会主体建设的力度，以及改变社会主体与政府部门博弈的局面，努力发展社会建设的增量投入，以此加强社会主体建设，成为一个重要的课题。

社区自治组织：
居委会

CHAPTER 2

新中国成立以后，我国基层社会的组织体制经历了从单位制、街居制到社区制的转变（何海兵，2003）。因此，从"社区建设"提出伊始，对"社区"的定位并不仅仅局限于社会形态，同时也着眼于基层社会的组织方式，贯彻了国家的意志。作为这一定位的具体组织主体，居委会也从"街居制"延续到了"社区制"。2000 年，中央办公厅、国务院办公厅转发的《民政部关于在全国推进城市社区建设的意见》，明确了社区"一般是经过社区体制改革后作了规模调整的居民委员会辖区"，这使得居委会也成为社区的代名词。然而，1989 年通过的《中华人民共和国城市居民委员会组织法》规定，"居民委员会是居民自我管理、自我教育、自我服务的基层群众性自治组织"。这意味着，作为社区最主要的组织，居委会一直内嵌着国家意志与基层社会自主之间的张力。这也成为研究者们关注的焦点。与现有众多研究注重从行为和结构对此进行探讨不同，本章的分析侧重于围绕居委会的主体认知，以及居民对居委会的认识展开。

第一节　居委会的主体意向 [①]

一、问题的提出

社区是一个特殊的场域，包容和杂糅了各种关系。正如费孝通（2009:122）先生所言："这个如同小社会的社区由于更注重自下而上的运行逻辑，因此它提出的日常问题往往会超出街道组织管辖的范围。"因此，社区成为多个学科、各种理论聚焦的领域（肖林，2011）。

从 20 世纪末正式启动社区建设以来，我国已经形成了一个独特的社区运转体系。这种独特性突出体现在居民委员会（简称居委会）上，它不仅需要完成自上而下布置的众多行政性事务，同时需要应对社区内不断涌现的各类民间甚至私人事务，还要保持组织自身的效率和合法性。

在众多错综复杂的关系中，居委会与政府组织的关系最为紧密，表现出较强的"准行政组织"（陈伟东，2000）的特点。这与《城市居民委员会组织法》所规定的"居民委员会是居民自我管理、自我教育、自我服务的基层群众性自治组织"相矛盾，因此受到学界的广泛批评（桂勇等，2000；何艳玲等，2005；耿曙等，2007）。研究者普遍认为，居委会的角色和行为表现主要是由国家自上而下的意志表达所造成的，这种表达包括对社区体制变革的变通（郭伟和，2010）、对居委会选举的主导（刘春荣，2007、2010），以及对居委会日常行为的影响（刘威，2010a）等，因此本质上是国家控制社会的一种方式或

[①] 本节已发表于《岭南学刊》2016 年第 5 期，原文题目为"居委会的体制内表达与主体意向——以一次街道规划编制中对居委会的意见征询为例"，此处略作修改。

表现。在这一力量的作用下，居委会成为被动的塑造对象。然而，尽管国家对居委会的影响是最主要的，但组织的最终性质仍是由其所处场域中的各项要素共同决定的（斯科特，2010:189-190）。这意味着国家意志可能并不能完全标示居委会的真实意图，居委会也仍然可能利用各种契机展现自身的逻辑。这一判断不仅被当前的一些研究结果所证实（陈伟东，2005；杨爱平等，2012），也与居委会干部利用各种场合抱怨社区事务过于繁重的现象相一致。

因此，本节试图探讨的问题是：在现有体制空间内，居委会是如何在与对其影响最大的政府互动中表达自身的诉求的？并且在这些诉求背后，居委会展现了怎样的主体意向？[①] 对这一问题讨论的意义在于，经过 20 年左右的社区建设努力，基层自治组织对于自治的主体意向是否得到了贯彻？也是否为进一步推进基层民主建设留有空间？

二、主体意向及其表现

组织是寻求利益的个体所形成的集合体或互动关系（斯科特，2002: 22-26），也即一般观念中的组织都是基于个体的主动参与而产生的，并且组织的行为基本代表了组织的自觉意识，与其主体意向是相一致的。而我国 20 世纪末出现的居委会形成于国家自上而下的建构行为中，因此其更容易成为国家意志的体现，也是大多数学者所发现的。然而，组织一旦形成就具有了一种主体性[②]，会形成某种立足于自身需求的主体意向，也即组织会自觉地倾向于向某种目标发展。这一特点集中通过组织成员——居委会干部的选择予以表现。在日常生活中，由于居委会的被动意向和主体意向往往较难区分，因此这一问题也较少受到关注。

从现有相关研究看，居委会的主体意向可能存在四种情况：（1）行政型主体意向，即居委会以行政逻辑行为、以完成行政目标为追求的倾向。现有研究普遍指出居委会的行政性特征，这种性质源自居委会需要完成政府交办的各类

---

① 此处借鉴了语言哲学中的"意向性理论"（涂纪亮，1991），认为"主体意向"是指居委会作为自主的主体所具有的行动和目标倾向。

② 主体性是现代哲学的核心问题，它所标示的是人与对象世界的关系是一种主体与客体的关系，对象世界的规定性由人的思维法则给出（元永浩，2006）。本节将这种主客体关系延伸至组织中，组织对其外部世界而言是具有主体性的。

事务，居委会干部大多在党政部门的有意安排下形成，居委会的各项资源受到政府的控制，制度法规对居委会角色定位不清晰（石发勇，2005；何艳玲等，2005；向德平，2006）等等。在这些因素的共同影响下，居委会可能已与党政部门结合成为"政绩共同体"（于建嵘，2011），使其不自主地将自己以行政组织进行定位，并按照行政组织的方式行事。因此，行政型的主体意向表明，居委会的"主体意向"与被普遍观察到的行为特点是相一致的。（2）自利型主体意向，即居委会以实现自身利益最大化为目标的倾向。陈伟东（2005）发现，居委会在应对繁重的行政事务时，会采取一种"转代理"的方式为自己"减负"。杨爱萍等（2012）则发现了居委会的另一种策略——"选择性应付"，展现了居委会作为一个自利的理性组织的行为表现。事实上这种情况不仅出现于居委会与党政组织之间，同时也出现于党政组织内部的层级之间（周雪光，2008），以及农村组织（干部）中（Kevin J. O'Brien & Lianjiang Li，1999）。因此，从这个意义看，居委会在完成大量行政事务的过程中，很可能具有自己的"小算盘"。（3）自治型主体意向，即居委会以实现组织居民对社区事务管理为目标的倾向。这种主体意向与法律赋予居委会的性质是一致的。尽管现有研究对当前以居委会组织为核心的基层自治建设批评较多，但也存在不同的观点。林尚立（2003：1-39）对上海基层群众自治现状的分析认为，居委会建设已拥有了较好的法律基础，并且在实践上也通过选举方式的调整有效推动了群众自治，这体现了中国特色的民主发展方式。另一些研究发现，诸如"议事会""选聘分离"等自治平台和方式正在充实和扩大居委会的自治性质，因此使其呈现出一定的"向民性"和"社会自主性"（陈伟东等，2008；徐琴等，2013）。（4）无意识型，即居委会没有任何自主性行为或目标倾向。尽管主体性应该是伴随组织成立就形成的，但是由于我国居委会形成过程的特殊性，并不排除在行政强力控制之下的组织主体性丧失。在这种情况下，居委会事实上已成为党政组织的一部分。

以上对居委会可能表现出的主体意向进行了设想，但是要对主体意向进行具体评估却存在较大难度，因为在主体意识流露和被动表达之间并不存在清晰可辨的标准。本书的做法是通过体制内主动向居委会敞开表达的机会进行考察。体制内表达是基层党政部门在推进基层治理中向居委会敞开的非正式反馈机制，比如专题调研、会议交流、意见征询等，一般都是通过了解基层治理中存在的问题，以帮助党政部门更好地决策。因此，体制内表达并不是一项任务，为居委会提供了一个无压力情境下的自主表达契机，同时居委会所关注和反映的问题和事务、所寻求的支持，又在一定程度上透露了他们的意向。此外，在居委会进行体制内表达时，其主体意向往往表现在其所关心的事务中，因此事务类型是区分主体意向的重要依据。根据研究目的，此处将事务主要区分为三类：（1）行政事务。居委会对行政事务的关心，并力图从更好完成行政事务的角度进行表达，即意味着其形成了一种行政型的主体意向。我国各地做法并不一致，使居委会所涉及的行政事务存在一些差异。但以笔者近些年的调查看，大致在100项左右，这与已有的研究也一致，包括党建党务、检查评比、各类慰问、学习教育、群团工作、社区福利、社会治安、计划生育、社区消防、社区文化、老年工作、社区科普、社区卫生、社区环境、开具证明等（杨爱萍等，2012）。（2）居民事务。居民事务是与社区自治紧密相关的，其涉及的范围很广，小到邻里矛盾、大到社区发展规划都可以作为居民事务（谢芳，2004）。然而，从笔者以往的调查来看，居委会干部对"哪些事务属于自治""自治该做些什么"的认识是模糊的。因此，这里的居民事务主要指居民反映的事务或在居民内产生反应的事务，比如邻里矛盾、停车问题等，这是居委会容易感受和表达的内容，并且也是其试图帮助居民克服困难的表现。（3）居委会事务。居委会事务是一项较难定义的类型，其往往与其他类型的事务交叉结合在一起。本书为了突出自利性倾向，遂采用狭义的理解，即居委会总是试图让自身能尽可能少接受工作、多获取资源。因此，居委会事务主要指居委会人手、资金、工作量等问题。以上三类事务根据表达中是否有相应问题或诉求，区分如表2-1中的四种类型。

表2-1　居委会的主体意向类型

类别	行政事务	居民事务	居委会事务
有问题或诉求	行政型	自治型	自利型
无问题或诉求	无意识型		

三、居委会在 W 街道编制社区规划中的表达

前文提出党政组织为居委会提供了体制内表达的一些途径，比如专题调研、会议交流、意见征询等。本书以 W 街道编制社区规划过程中向居委会的意见征询为案例进行分析。

W 街道位于 S 市的城市副中心地区，是一个商业设施、高校和部队集中的区域。W 街道辖区面积 7.66 平方千米，常住人口近 14 万人（其中户籍人口近 12 万人），居民小区 144 个，居委会 32 个。2009 年，W 街道为了更科学地推进辖区经济社会建设，委托第三方（高校）对街道今后三年（2010—2012 年）进行规划。规划在政府工作中是具有一定规范效力的，尤其是从国家到地方每五年的综合性规划。规划一旦正式形成，若没有出现特殊情况（如地方、部门规划与上级要求出现冲突），将成为政府今后工作的重要指南。并且，此次规划是一次涉及街道全方位发展的综合性规划，包含了各方面的问题。因此，规划编制前对居委会的意见征询环节，是一次居委会改变处境、推动向主体意向发展的契机。

在对居委会进行意见征询的过程中，研究人员根据地域分布、文化特征、住房性质、人口特征等情况，选取了其中的 7 个居委会，对居委会书记 / 主任[①]进行半结构性访谈。在实施访谈前，研究人员会先联系居委会书记 / 主任表明意图，并约定访谈时间和地点。访谈的主要内容包括：社区的基本情况；老年人、学龄前儿童、青年、残疾人、刑满释放和劳教人员等人群的情况和存在的问题；物业公司、业主委员会以及在小区管理中的情况和存在的问题；社区文化、社会组织、社区治安、群租等情况和问题；其他居委会想要反映的问题和需求。访谈内容主要是引导性的，以帮助居委会书记 / 主任思考问题、表达需求。

访谈都由高校老师(问)和学生(记录)完成，且没有街道相关工作人员参加。访谈结果整理在表 2-2 中。但在对事务进行归类时，发现一些事务仅按表面类型归类是存在问题的，比如 HYF 书记所提及的业委会改选中的人选问题。书记表述这一事务的目的是，其物色的人如果当选，那么居委会的工作可以轻松很多，所以根本上是为了减少今后的工作量，属于"居委会事务"。因此，笔者在对

---

① 在我国居委会中，书记或主任对居委会的发展和行为具有主导作用，因此以书记或主任的表达作为居委会的表达。

事务进行归类时，以书记／主任表述时的目的为依据，如果基于帮助居民解决问题则列为"居民事务"，基于政府管理需要则列为"行政事务"，基于居委会工作减少或资源增加则列为"居委会事务"。

表 2-2　居委会书记／主任在 W 街道规划中的表达

居委会	被访对象	问题或诉求			
		内容	类型	内容	类型
BCY	书记、主任	社区内老年人多，老年人的心理问题比较突出	居民事务	希望能给予居民开展文化活动以经费支持	居民事务
		流动摊贩问题，方便的是居民，不满的也是居民	居民事务	社区内的健身点只有 4 个，希望能增加	居民事务
		政府在道路拓宽工程中影响小区环境，居委会已做出安抚业主措施，但问题仍存在，可能出现维权	行政事务	希望市里研究老旧小区房屋的维修问题	居民事务
		业委会主任常不听从居委会意见，需要在人选上进行干预	居委会事务	降低无证狗的上证门槛	居民事务
		医保卡未联网，社区老年人取药不方便	居民事务	有个小区车多、车位少，停车成问题	居民事务
		政府办的社区助餐点功效比较差，没必要每个社区都设	行政事务		
GQB	书记、主任	小区停车难是目前需要解决的最大难题	居民事务	社区里参加文娱活动的越来越多，当前的老年活动室太小了	居民事务
		10 弄小区物业欠费严重，物业公司要撤离，难处理	居民事务		
HYF	书记、主任	900 弄外来人口素质比较差，乱扔东西什么的，不好管理	行政事务	主任主管民政这条线，书记要负责党内工作，要做精神文明、老干部和统战工作，书记事情太多了	居委会事务
		街道把各种党员都放到社区，使社区党员构成大乱，对开展组织活动不利；在职党员最好放到街道	居委会事务	老年活动室太小、缺设备，目前暂时由 D 公司提供了一个大点的场地，但没电梯，老人不方便	居民事务

居委会	被访对象	问题或诉求			
		内容	类型	内容	类型
HYF	书记、主任	对于在低保边缘的人要给予关心，不要一切政策都向低保户倾斜	行政事务	即将进行的业委会选举中存在业委会成员是否可以拿补贴的争议，希望上面出一个合理的标准，否则居委会物色的业主不愿意当委员了	居委会事务
		街道里搞活动，要求居委会找人前去参加，这事很困难，人不好找	居委会事务	居委会现在的工作太多了，做起来很吃力	居委会事务
		书记表示居委会主任和物业公司关系不好，平时做事情不注意，容易得罪人	居委会事务	小区环境和治安是社区工作的重点，街道应该对这方面多指导，花点时间	居民事务
WHHY	书记、主任	由于目前管理的范围太大，提议增加一个居委会	居委会事务	X街存在扰民问题，居民反应大，希望街道能对该街的业态进行调整	居民事务
		居委会在统筹指导业委会、物业公司时有压力，希望街道能对业委会委员进行培训，让他们按规则维权	居委会事务	是否可以将业委会作为居委会的一个内设条线，直接由居委会管理	居委会事务
		社区内存在居民房改商用房现象，对居民产生影响，居民意见大	居民事务	社区内违章建筑难以拆除，居民中出现效仿的现象	行政事务
		一些退休后到这里的老干部在医疗、养老方面存在比较大差距，希望能考虑这一问题	行政事务	居委会的活动经费太少，其他居委会内的居民比本居委会内的少，拿的经费却多，希望能按照户数和人数拨付经费	居委会事务
FD	书记	5、6、7号里住的小贩比较多，乱摆摊，环境差，管理起来困难	行政事务	6号小区地势低洼，下雨天居民房子经常进水，居民反应大	居民事务
		社区里老年人比较多，他们希望能在这里建一个老年人日托中心	居民事务	社区里的外来人口流动性太大，最好有一个专门的机构来管理	居委会事务
GS	书记	社区外来人口生活习惯不好，影响社区环境	行政事务	社区里有两户在小区里设流动摊位卖菜，几次执法，始终难以取缔	行政事务
		社区里党员素质都比较高，书记需要多参加一些培训以进一步提高能力	居委会事务		

续表

居委会	被访对象	问题或诉求			
		内容	类型	内容	类型
JX	书记、主任	社区里老人比较多，老年人的需求多样化，心理精神需求很大	居民事务	在养老方面，要树立好的导向，不能在规划里写政府要在养老方面怎样怎样	行政事务
		社区里有两排房子，在政府的旧房改造（"平顶改坡顶"）中没有列入，居民意见很大	居民事务	政府的事实项目（装楼梯扶手）只惠及社区一部分居民，未惠及的居民有意见	居民事务
		街道应该对社区里的文体社团多一些关心和支持，应适当提供一些费用	居民事务	社区的矛盾主要集中在家庭矛盾，需要提前做好矛盾化解	居民事务

四、讨论与分析

（一）多元化的主体意向

从表 2-2 中可以发现，居委会书记／主任在表达居委会工作中所面临的问题或诉求时，都涉及了各类事务，包括行政事务、居民事务和居委会事务。他们时而以政府的身份和立场看问题，时而以居民的立场反映问题，时而又以居委会自身的立场表达诉求，意味着居委会主体意向可能是多元的，也即一种行政型、自治型和自利型相混合的意识倾向。这一结果与当前从居委会行动和现象层面获得的多种研究结果相一致（向德平，2006；杨爱萍等，2012；林尚立，2003），表明可能正是居委会自我定位的多元性造成了其行动上的多元表现。因此，已有研究者所得出的不同研究结论之间可能并不一定冲突。从主体意向看，居委会已将这些矛盾的角色认知融合在一起，并在不同的情境下予以呈现。

组织社会学认为，组织的主体认识和行为选择与其所处的环境具有紧密相关性（斯科特，2002: 19-21）。因此，考察组织所处的环境对了解组织具有重要的意义。我国《组织法》确立了居委会的自治组织性质，并明确了其组织居民进行"自我管理、自我教育、自我服务"的目标。但在运作中，组织需要面对党政组织、居民、业主委员会、物业公司、社会组织等不同的对象，使其面临着不同的要求和期望。党和政府希望居委会能完成行政任务并提供社会服务，以保持社会稳定和谐；居民们希望自身的一些需求能得到满足，并且在遇到困难或矛盾时居委会能出面帮助解决；其他一些组织也希望自己在社区内遇到困难时居委会能进行协调等等。与此同时，居委会本身是一个不生产资源的组织，其行动所需资源皆依赖于外部环境的共同支持——在访谈中，居委会干部经常提及他们如何利用各种资源为不同的对象服务。因此，居委会需要适应不同环境所塑造的角色期望——公共服务供给者、居民权利代言人和政府社区事务助手（陈天祥等，2011），同时在平衡各种环境关系时又形成了一种自利的倾向。然而，组织主体意向的具体形成是一个复杂的过程，我们所能看到的是，居委会所处的多重环境是独特的、也是有影响力的，而这种多元化也已不知不觉中成为居委会的一种自觉。

（二）自治性的呈现与局限

对案例分析的一个重要发现是，居委会仍然保留着较为明显的自治意向。在居委会书记／主任讨论和涉及的所有 45 项具体问题和需求中，"居民事务"占了最多的 22 项，也即居委会对居民自下而上反映的问题、表达的需求是最为关心和关注的，并且也希望借助街道规划能够获得解决，至少是重视。尽管《组织法》在保障居民自治上存在争议（陈天祥等，2011），但第三条中提出的居委会要"向人民政府或者它的派出机关反映居民的意见、要求和提出建议"，根本上与"自治"的基本内涵是一致的（赫尔德，2008: 299–300）。从这一点看，居委会较好地行使了向政府部门提出建议、进行协商的权力。并且，居委会对社区内居民事务关切并不仅是被动反应的结果，比如 WHHY 居委会书记对于 X街道存在的商家"油污直排""窗门直接往小区开"等问题进行描述时表示，"现在这个问题还没有显现……如果时间长了，肯定会越来越多"，"对于老百姓的意见，政府不能听过算数"，等等，都是居委会立足于居民事务的预期性考虑。因此，居委会行为上的"行政化"现象并不是根深蒂固的，自治倾向正被居委会接受和内化，并在一定程度上出现生长（徐琴等，2013）。

但与此同时，居委会的自治型意向又是狭隘的。尽管书记／主任提及的居民事务有 22 项，但这些事务大多是资源需求性的，也即希望街道对社区内的居民提供更多的养老、文化活动、旧房改造等外部资源投入。这类事务风险小（不会对政府构成威胁，也不容易造成内部矛盾）、收益高（有利于居委会开展工作，也容易得到居民的感激），是履行自治职能中较低层次的表达。相反，当涉及居民内部矛盾、居民的行为与政府之间构成紧张关系时，居委会或者推托事务，比如 FD 居委会在流动人口管理中建议由街道成立专门的部门来管理；或者由自己全权管控，比如由于业主委员会的"不可控性"，WHHY 居委会希望能将其作为居委会的一个内设条线，BCY 居委会则希望对委员的人选进行干预。这些都表明，居委会在"议事""自我管理"等方面的意向仍不明显。

（三）主体意向间的转换逻辑

居委会的主体意向是多元性的，但是居委会是如何对这些身份进行取舍的，也即居委会确立不同主体意向的逻辑是什么。现有一些研究认为，由于居委会的主要资源都来自行政部门，基于对资源的依赖使其做出了这一理性选择（何艳玲等，2005）。但也有研究认为，由于近年来政府角色的转变、基层社会的发育和扎根社区的参与平台形成，促使居委会出现了向"自治"的转向（徐琴等，2013）。然而，这些研究基本只对单一情况进行了分析，而未考虑居委会多元主体意向间的平衡问题。

从本书案例看，居委会对问题和诉求的表达立场是有限度的，正如前文对自治意向的讨论可以发现，一旦社区内的事务或问题跃出了资源获取范围而进入争议领域，居委会就会转换立场，采取更契合行政意向和自利意向的表达。由此我们可以认为，居委会主体意向的流露是总体基于对"道义"和"稳定"的把握。居委会干部长期与居民相处在一起，对居民的急、难、苦、愁有最深切的体会，在他们表述居民事务时，总是试图对问题进行形象描绘并表达他们的感受和认识，FD 书记和主任在谈到 6 号小区下雨天居民家进水时表示，居民"真的在水深火热中，真的很苦"；在表述老年人精神文化需求时表示，老人"很孤独""很可怜"；JX 书记和主任说到政府实事项目时又表示，"要么整个小区都弄，要么都不弄，弄一个半个，让没弄的人怎么接受啊？"；等等。这种融合同情和朴素道理的"道义"逻辑，是居委会选择是否为居民"代言"的依据。但是，这一切又都以不超越"稳定"、不给自己带来大麻烦为前提。针对业委会的问题，尽管其往往代表了公民权利，但居委会也普遍采取一种态度——约束，因为他们常"弄出矛盾""很难弄"等等。因此，即使居民的事务是有道理的，但出于"稳定"的考虑，他们也不会逾越。从这一意义看，居委会的政治敏锐性是比较高的，在长期的基层工作中形成了他们对于"稳定"底线的认知能力。与此同时，笔者认为居委会的行政意向可能也止于"稳定"。居委会在现实中承接了众多的行政事务，但在街道未来三年的发展中，他们并未就做好这些事务提出多少问题或意见，访谈中涉及的行政事务也多是与居民相交错、居民有反响的事务，比如流动人口、流动摊贩、违章建筑、低保等。而居委会的自利意向只是在对"道义"和"稳定"的平衡中适时插入的，比如以减少"矛盾"为由强化居委会对业委会的控制——减少工作负担，或以更好开展工作为由增加活动经费——增加自身资源，因此居委会的自利意向总体是节制而隐蔽的。

（四）能人治理与主体意向

尽管 W 街道 7 个居委会在表达中整体呈现了多元化的主体意向，但他们相互之间仍然存在一些差异，主要表现在：一些居委会相比另一些居委会反映的问题多、诉求具体，一些居委会相比另一些居委会更倾向于表达某一类事务。虽然社区之间的差异造成了一定的影响，但不可否认的是，居委会负责人对居委会的主体意向是具有决定性作用的。这种个人能力对社区发展的影响研究，是社区权力研究中的一个重要观点。亨特（Floyd Hunter，1969）在对美国社区事务的决定权归属的研究中发现，社区权力主要由少数精英掌握着，他们决定着社区的发展。国内的一些研究也认为，尽管近些年来社区内部结构出现了一些变化，但是并不如一些研究者所认为的出现了多元化趋势（李友梅，2002），居委会书记／主任仍然是社区权力的核心（郭圣莉，2013）。本书无意于争论社区权力归属问题，但从居委会的主体意向看，居委会书记／主任的个人能力与关系直接影响着居委会的认识。总体来看，当居委会书记／主任所关注的问题或诉求表达少时，他们更容易关心居委会自身的发展和行政任务，而较少关心居民的事务。尤其是在居委会内部关系存在矛盾时，这种情况尤为如此（比如 HYF）。事实上，研究人员与每个居委会的访谈时间都在 2 个小时左右。在这么长的时间里，居委会书记／主任的体制内表达却出现了较大的差异。这些现象也印证了当前基层社区建设中"能人"的作用与影响，一个"好"的居委会书记／主任对社区今后的自治发展是极其有利的。而从本节看，这种"好"的标准至少包括善于体制内表达、能协调处理好内外部关系。

五、小　结

主体意向是一个难以准确获得的内容，因为主体有隐藏、歪曲的能力与故意。这造成当前对居委会性质的判断主要基于对其行为的分析获得，并且大多数的研究基本认为居委会就是一个"准行政组织"，这种性质在各种制度改革中也未获得太大突破（郭伟和，2010；姚华等，2010）。在这种背景下，了解居委会自身的意向就变得更有意义。换句话说，如果居委会在主体意向上仍然保持着自治倾向，则仍然为推进社区自治发展保留着一定空间，否则，各项自治努力将变得更为困难。

本书设定了一项考察居委会主体意向的方法，即认为在无压力的情况下，居委会对社区内所关心的问题是其主体意向的一种体现。在当前条件下，可以认为体制内表达具有这种效果。因此，本节以 W 街道编制发展规划前对居委会的意见征询为契机，对居委会的主体意向进行了考察。研究发现，居委会的主体意向是多元的，其中保留了较高的自治意向。但是也必须看到的是，居委会的主体意向是在"道义"与"稳定"的权衡中形成的，无论是自治、行政还是自利，都是有限度的。这说明居委会长期在基层复杂的环境中，形成了一种自我识别的机制，并利用外部对其多元化的角色定位转换于各种意向之间。这种局面造成对居委会负责人能力的进一步依赖，使基层社会的"能人治理"特点愈发突出和重要。从以上这些结果来看，社区体制变革可能需要同时考虑以往已形成的制度化环境所造成的影响。

本书只是一项对居委会主体意向的尝试性研究，其间仍然存在着一些问题，比如是否可以将体制内表达的结果作为判断主体意向的依据，如何对居委会书记／主任表达的问题和诉求进行分类，等等，都还有待进一步研究、完善。

第二节　居委会干部的"社区"认知

一、问题的提出

从 1999 年民政部启动社区建设以来，社区已逐步成为基层社会治理的重要平台和载体，并引发了大量的"社区研究"和"社区"研究（肖林，2011：185-208）。其中，对社区形态的认识与争论仍然是我国社区建设与发展中难以回避的核心问题。现有研究从多维度对这一问题进行了讨论。较多研究者坚持从古典意义上理解社区，认为我国的社区应该是基于人们邻里守望相助、关系密切而形成的一种地域性共同体（卢汉龙等，2005）。另一些研究者基于发展基层民主政治的需要，尤其结合《中华人民共和国城市居民委员会组织法》中对社区主体组织——居民委员会作为"自治组织"的定位，将"社区"作为基层自治发展的重要空间，立足于推进社区居民的政治参与热情与参与行为（王颖，2003、2004）。还有研究者从社区建设的中国道路出发（陈伟东，2013），提出社区是一个包括政府、市场、社会组织、居民等多方互动、相互塑造的公共空间，是国家和个体之间的一种整合路径（黎熙元等，2008）。

综观这些观点，其形成主要来源于两方面：一是基于研究者对社区居民的调查研究，或对社区事件的分析，在对这些现象的研究中判断我国社区的发展方向（王小章，2004；卢汉龙等，2005）；二是基于研究者对西方社区理论的反思，在理论上为我国的社区建设与发展做出定位（陈伟东，2013）。因此，这些认识主要是研究者通过直接对被研究对象（社区居民、社区事件）的考察与分析而形成，是研究者对社区现象或主体行为（主要体现国家意图与居民意识）的直接体悟。然而，与西方国家的社区发展路径不同，我国的社区建设是由国家主导推动的自上而下的过程（托马斯·海贝勒等，2009：205），其中代表社区的"嵌入型"自治组织——居委会成为事实上进行社区建设的首要主体，并也具有了政府的"脚"（肖艳，2007）和国家的"治理单元"（杨敏，2007）的特性。但是，居委会在发展过程中并不仅仅是国家意志的简单展现，尤其在平衡自治身份与国家身份的矛盾中，其逐渐呈现出一种代表自身利益的行为取向（杨爱萍等，2012）。因此，这不仅使居委会干部对社区的认识具有独立性，同时也成为影响社区真实走向的关键因素。本书在此处试图讨论的问题是，居委会干部是如何认知社区及其事务的？有何意义？

二、社区类型：情感共同体、政治共同体与利益共同体

社区，即"共同体"，其具体含义一直未取得一致认可（李慧凤等，2010：20）。但回顾社区理论的形成与发展，总体上表现为因研究者关注的内容不同而形成了对社区的不同理解（夏建中，2000）。并且，这些理解呈现出两个特征：（1）社区被视为由各种关系联结起来的人群体，这是共同体的本质（滕尼斯，1999：52）。不同的关系联结形成了不同的"共同体"特质，比如"社群主义者"关注邻里关系，而"权力论者"关注社区权力关系。（2）承认社区是一个囊括多种社会关系的综合系统，因此不同视角下产生的共同体特征并不冲突，它们之间是共存的，而非排他的。本书为便于理解居委会认知中的具体社区形态，将首先从类型学角度廓清共同体的不同内涵。

既然社区是由各种关系联结起来的人群体，因此，结合研究者们的分析，大致可以将城市社区分为由情感关系、权力关系、利益关系等所凝结形成的不同共同体形式。

（一）情感共同体

情感共同体是由共同情感纽带维系所形成的人群体，是共同体的核心要义。滕尼斯在《共同体与社会》一书中对共同体的描述主要指向基于地缘关系基础上发展起来的情感相依、邻里互助、温情脉脉的群体形态。他认为亲子关系、夫妻关系和兄弟姐妹关系是发展共同体的最强有力的关系（1999：60），是了解共同体的基础。这些关系正是在血缘基础上发展起来的自然情感，他们连同其他基于地缘基础形成的关系代表了社区关系中的全部（帕克，2012：25）。然而，在现代化的过程中，传统社区不断遭遇城市化（Louis Wirth，1938）、"机器时代"（Francis L. K. Hsu，1944）、"全球时代"（阿尔布劳，2001）等的冲击，尽

管个体仍然居住于某一空间，但这个空间之内的成员之间的情感却日益疏远，或者成为"素不相识"的人（帕克，2012: 25），或者成为"互不相关的邻里"（阿尔布劳，2001: 249；桂勇等，2006）。在这一思维逻辑下，形成了包括"社区失落论""社区继存论""社区解放论"等多种理论观点（夏建中，2000），其争论的焦点正在于共同情感纽带是否得以在社会发展的不同阶段存续。从更广意义上看，情感共同体关乎社会学理论中的一项核心议题——社会整合的实现。因此，这就大大激发了社会学研究者对于社会整合问题的关注热情（黄玉捷，1997；沈毅，2007），并试图通过强调情感共同体的衰落警示社会变迁对个体生活所造成的冲击及带来的问题。

回顾情感共同体相关理论的发展变迁，研究者主要从两个维度来描述和分析这一共同体特质。（1）亲属关系。这种由血缘关系形成的人群体是情感共同体最原初的表现形式，受到了早期社区研究者的特别关注。但是，随着后期城市化和工业化的发展，人口流动加快、生育率下降，亲属之间的共同体形态因亲属规模缩减和居住空间疏远而衰弱。因此，当前对共同体情感特质的讨论已基本不涉及这一关系。（2）邻里关系。这种由居住地域相近而在社会成员之间萌生的情感关系，并具有一定的互惠功能。对邻里关系的研究从社区研究早期一直延续至今，当前更多体现于社区社会资本（Robert D. Putnam，1993；潘泽泉，2008）。邻里之间情感的形成是一个"不自觉"的过程，因此很难用理性的思维进行理解（帕克，2012: 18）。但这并不意味着，空间相邻的居民之间一定会形成良好的邻里关系。帕特南（2011）就注意到，20世纪后半期美国的社区社会资本走向了衰落，这大大影响了美国民主的发展。

（二）政治共同体

政治共同体是由某种共同权力关系指向所连接形成的群体、组织。从这一意义看，政治共同体与空间范围大小并无直接关系，因权力内容的不同，可以形成大的国际政治共同体、小的人际政治共同体。因此，社区作为政治共同体的特征是，社区居民基于社区区域性权力而形成的关系形态。在这种认知中，社区成为基层社会民主发展的单元，居民通过社区获取、表达、运用权力，从而形成民主精神、推动政治发展（托克维尔，1991: 66-67；帕特南，2001、

2011）。但是，社区内的权力关系并不是和谐、有序的。根据社区研究者的观点，由于社区内人群存在分化，决定着社区的发展形态（Barry Checkoway，2007），也即由这种分化而形成了社区权力的分配与分化，包括：谁能决定社区事务？哪些社区事务由谁决定？（Floyd Hunter，1969；Terry N. Clark，1973）这是社区作为政治共同体的典型表现。从 20 世纪 60 年代开始，社区权力分配问题甚至引起了一场新都市社会运动，促使"都市社会从研究社会整合的学科转向对后工业主义新社会冲突的研究"（曼纽尔·卡斯特，2000）。

社区作为政治共同体的核心是社区内的权力关系，也即社区内的各项事务都是由谁所决定的，其中包括社区事务和决定权分配。（1）社区事务。在理论上，社区事务是只在社区内产生的事务。但是，大多数情况下，社区事务的边界并不容易理清，很多事务都与外部有着千丝万缕的关系（汪大海等，2005）。现有研究主要是单事单议或列举式讨论，较少梳理社区事务的明确内容和表现形式。因此，在借鉴相关研究成果和讨论议题的基础上，大致可以整理出以下一些事项：社区道路景观、社区规划、社区公共绿地、社区交通、社区商业设施经营范围、社区教育、社区治安、社区环境卫生（谢芳，2004；邱莉莉，2004；张喧，2007）。（2）决定权的归属。亨特（Floyd Hunter，1969）首先提出了社区事务决定权归属问题，并以亚特兰大市为案例进行了实证研究，结果发现社区事务主要是由社区内的一些精英（主要供职于共同团体和商业组织）所决定的。而达尔（Robert A. Dahl，1961）通过对纽黑文市的研究认为，社区事务的决策权归属因事务不同而不同，表明社区权力是多元的。而 20 世纪 60年代后期，学界开始将从集权到分权的连续统作为社区权力的归属表现（Robert S. Magill etc.，1975: 35）。尽管研究者对社区事务决定权的归属存在不同的看法，但总体表现出这种决定权与全体居民之间是存在背离的。

（三）利益共同体

利益共同体是由共同利益关系而连接形成的群体形态。利益是人们的物质需要和精神需要及其满足，是个体直接与物之间形成的一种关系。由于利益不论及人的独立性问题（赵修义等，2004: 3），因此，其能回避政治敏锐性而获得广泛表达的可能，并与政治共同体相区分。这一情况在当前我国表现尤为明显，利益成为国家对个体需求的主要定义方式[①]，同时也事实上成为广大个体获取诉求的主要表达形式。也正因此，关于社区利益的讨论成为我国社区研究中较为常见的一种维度，这在国外的社区研究中较少出现。不同居民因对相同事务存在利益而被连接在一起的群体形态，即可以称为利益共同体。从这一理解看，利益共同体的出现是建立在当前社区内居民对社区内的事务具有共同利益指向的基础上的。其中涉及的一个核心因素是"共同的社区事务"。这就与政治共同体中未涉及"决定权"的"社区事务"具有了同一性，这些"共同的事务"因此也主要针对前述的8项内容（即社区道路景观、社区规划、社区公共绿地、社区交通、社区商业设施经营范围、社区教育、社区治安、社区环境卫生）。所以可以认为，"利益共同体"是"政治共同体"的前期形态。

以当前讨论社区最多的三个维度——情感共同体、政治共同体和利益共同体为参照，形成了考察我国居委会认知的3个主要方面，即邻里关系、社区事务范围、社区决定权归属。下面将围绕这三个方面考察居委会干部对此的认识及其产生的意义。

三、居委会干部对社区的认识—— 一项 J 市的调查

2015 年，为了了解居委会干部对社区及其工作的主观感受和判断，笔者在 J 市 C 街道组织了一次针对该辖区内居委会干部的调查。J 市是我国东部沿海地区一个发达城市。C 街道地处 J 市市区西南部，建成面积 38.5 平方千米，常住人口约 10 万人，辖区内有大剧院、会展中心、高教园区及六大专业市场等，属于后发展的新城。C 街道下辖 6 个社区，其中 1 个社区为 2014 年农村拆迁安置新社区。截至 2015 年 5 月，6 个社区共有社区居委会干部 50 人，其中有 20 人为村干部转变而来。本次调查共涉及该辖区居委会干部 36 人，其基本情况构成见表 2-3。该街道中，居委会干部男女比例并非极其悬殊，除书记、主任和委员以外的成员也占有一定比例（主要为大学生村官、流动人口管理员等），居委会干部趋于年轻化（主要集中于 31~45 岁）和拥有一定经验（社区工作年限主要在 1~10 年间）。

---

① 以中共十八大报告为例，报告共提及"利益"23 处。

表 2-3　受调查居委会干部的基本情况

性别	男性	13	36.1%
	女性	23	63.9%
职务	书记 / 主任	5	13.9%
	委员	18	50.0%
	其他	13	36.1%
年龄	31 岁以下	8	22.2%
	31~45 岁	16	44.5%
	46~60 岁	12	33.3%
	60 岁以上	0	0%
社区工作年限	1 年以下	3	8.3%
	1~5 年	17	50.0%
	6~10 年	10	27.7%
	10 年以上	6	16.7%

（一）对社区范围的理解

随着城市区位学的形成，社区的地域空间成为社区研究中的一个焦点。其中，一些研究者将社区作为个体行动和成员互动的"场域"（布迪厄，2004: 133），在增加空间维度后，社区内部的关系结构、权力结构呈现出一些新的特点（李骏，2006: 36-41）——政治共同体意义。另一些研究者从社区的基本含义出发，讨论基于文化共同性或相近性的空间范围，也即情感共同体意义。后者的认识反映在了《民政部关于在全国推进城市社区建设的意见》（中办发〔2000〕23 号）中对社区的划分上。然而，只从空间意义看（见表 2-4），居委会干部比较认可两个区域范围，一是小区范围（占 41.7%），二是步行半小时 [1] 区域（占 30.6%）。这与当前法规意义上的社区范围存在较大差距。总体而言，居委会干部更偏向于认同空间范围更小的区域范围作为社区。

---

[1]　一般情况下，步行半小时的区域是个体经常可能活动的范围，由此产生的与个体关系紧密的公共性事务也较多。因此，笔者构筑了这一选项。而当前的大多数社区都大于这一范围。

表 2-4　居委会干部对社区范围的理解

内容	频率	百分比 /%
小区范围	15	41.7
步行半小时	11	30.6
当前范围	8	22.2
街道辖区	1	2.8

（二）对社区自治的理解

我国的社区自治主要是社区居民针对社区内公共事务的自我管理、自我教育、自我服务、自我监督的过程。其中在《中华人民共和国城市居民委员会组织法》（主席令 7 届第 21 号）中，提及了以下一些社区自治事务：办理本居住地区居民的公共事务和公益事业、调解民间纠纷、兴办服务事业、居民之间相互帮助、反映居民意见和要求等。这些事务较为模糊和宽泛，为居委会干部的理解提供了空间。根据前文所论及的主要社区事务，研究者向社区居委会干部询问了下列 11 项事务（见表 2-5）。结果发现，居委会干部认为属于社区自治事务占比最高的前三类事务分别是：邻里互助（75.0%）、邻里纠纷（75.0%）和环境卫生（69.4%），占比最低的三项事务分别是：商业经营内容（19.4%）、公交线路（11.1%）和商业经营内容（8.3%）。总体显示，居委会干部对社区自治事务内容的认识较为集中，使情感共同体的意义更为突出。

表 2-5　居委会干部对社区自治内容的认识

内容	频率	百分比 /%	内容	频率	百分比 /%
邻里互助	27	75.0	小区规划	12	33.3
邻里纠纷	27	75.0	居民就业	9	25.0
环境卫生	25	69.4	商业设施布局	7	19.4
社区治安	18	50.0	公交线路	4	11.1
公共设施布局	16	44.4	商业经营内容	3	8.3
社区内道路景观	14	38.9			

社区自治途径也即社区居民通过何种方式对社区事务进行管理，其体现社

区事务决定权的归属，是社区权力资源的重要来源之一（张民巍，2004: 67）。社区中较为常见的居民表达意见、管理社区事务的途径，有社区听证会、议事会、评议会① 和小区自治小组等。尽管从实践效果看，这些自治途径仍然面临着较多问题（潘鸿雁，2011: 139–144），但在理论上（主要通过制度的形式）他们都赋予了社区居民表达意见、管理社区事务的可能。从 J 市的调查情况看（见表 2–6），居委会干部对社区自治途径的认知程度较高，基本认可议事会（88.9%）、评议会（80.6%）、小区自治小组（75%）、听证会（58.3%）等是社区自治的主要途径。在访谈中居委会干部进一步指出，这些自治平台在社区中已都基本建立，并认为都发挥了较好的功能。因此，从决定权归属的意义上，居委会干部对当前社区自治的成效比较乐观。这与学者的观察存在差异(姚华等，2010）。

表 2–6　居委会干部对社区自治途径的认识

内容	频率	百分比 /%
听证会	21	58.3
议事会	32	88.9
评议会	29	80.6
小区自治小组	29	75.0
其他自治平台	3	8.3

（三）对社区问题的认识

一方面，社区问题是一项存在地区差异的内容，受客观环境影响；另一方面，对于问题的界定又离不开主体的判断和认识，因此，从中也能反映主体的认知偏好和视野聚焦，并且成为居委会干部在实际工作中可能的重点解决内容，也即对自治内容的现实转换与实践认识。从对 J 市的调查看（见表 2–7），居委会干部选取的社区内前三类问题主要集中于环境卫生（29.5%）、养老（22.9%）、

---

① 社区听证会、协调会和评议会合称"三会制度"，是社区自治中普遍采用的一种自治措施，但在地区之间存在着一些差异，比如 S 市 L 区分为评议会、协调会和听证会［《关于建立评议会、协调会、听证会制度的指导意见》（L 民发〔2001〕12 号）］。

停车（16.2%）和治安（14.3%）①，其余几项占比均较低（低于6.0%）。因此，居委会干部对社区问题的判断与对社区自治内容的认识是存在差异的，也即尽管他们认为社区自治应围绕"邻里互助""邻里纠纷"进行，但在实践中往往可能受解决问题逻辑的影响而围绕"环境卫生""养老""停车"等内容实施。

表 2-7　居委会干部对社区内前三类问题的认识

内容	频率	百分比 /%	内容	频率	百分比 /%
环境卫生	31	29.5	教育	5	4.8
养老	24	22.9	邻里关系	4	3.8
停车	17	16.2	交通出行	2	1.9
治安	15	14.3	购物买菜	1	0.9
文化活动	6	5.7	其他	0	0

四、居委会干部视野中的社区：另一种形态

从 J 市的调查看，居委会干部对社区的认知不具有情感共同体、政治共同体或利益共同体的理想类型特征。换句话说，居委会干部对社区的认知并不如学者们的观察那样单一，而是呈现出一种混合形态。

（一）居民自主的情感共同体

尽管居委会本身是一个居民实现自主管理的平台，但是居委会干部还是认为社区自治应该通过更多元化、更直接的居民参与形式（听证会、议事会、评议会、自治小组等）予以实现。这从某种程度上反映居委会干部对居委会履行"自治"职能信心不足，或者认为居民无法仅仅依靠居委会组织而获得、表达自治权。与此同时，在自治权的指向上，居委会干部更认可邻里情感作为自治的主要内容，从而越过事实上承载社区自治权的社区事务，将自治权限定在情感共同体的框架内。以此视之，居委会干部视野中的社区更多表现为一个"居民自主的情感共同体"，也即社区是一个居民主要围绕邻里情感进行自治的共同体。这种混杂着情感因素和自治形式的共同体形态事实上已超越了理论和实践的可能。

---

① 此处的百分比为选项频率占所有选项频率的比例，而表 2-5 和表 2-6 中的百分比为选项频率占样本总数的比例。

一般意义而言，社区内的权力关系是针对社区公共事务而形成的。因此，社区权力是一种公共权力，是社区中由居民所赋予和认同，并能够给居民带来保护和幸福的集体性权力（刘圣中，2003：70）。与此相对，情感无论作为一种生理行为、认知行为还是文化行为，都依赖于个体的感受（Turner, 2007：2），因此邻里情感具有很强的私人性特征。长久以来，"公共"与"私人"之间的关系问题一直是学术研究及争论的焦点，一些学者主张公共领域的健全是现代社会发展的必须，另一些学者则不断提醒要提防国家借公共名义侵入私人生活（相关论述参见阿伦特、哈贝马斯，1998：57–170）。这预示着社区权力与邻里情感之间存在着难以调和的矛盾。因此，很少有研究认为两者可以并置在一起构成一种社会组织方式。①

与此同时，"居民自主的情感共同体"内嵌的矛盾也反衬出当前居委会干部对社区认知的模糊性和矛盾性。尽管居委会干部能识别社区作为某种单一性质共同体的某些特质，但这些特质并不完整，难以构成完整的组织形态观念，比如缺失了真实指向的决定权。进一步而言，居委会干部认知的矛盾性也暴露出居委会干部在社区多元理念渗透与实践中的焦虑。

正如社区难以准确释义，社区发展的理念也为数众多，前文梳理了当前较常论及的三种类型。然而在将这些理念转译为实践要求时，通常以《中华人民共和国城市居民委员会组织法》和《民政部关于在全国推进社区建设的实施意见》为最主要的文本依据。《中华人民共和国城市居民委员会组织法》（以下简称《组织法》）是1989年经第七届全国人民代表大会常务委员会审议通过的法律。《组织法》明确城市居委会的目的是"城市居民群众依法办理群众自己的事情"，是"居民自我管理、自我教育、自我服务的基层群众性组织"，这些都表明居委会辖区是一个自治单元，自治权归属于居民、由居委会代为执行。但在自治权的内容上，《组织法》只提及"本居住地区居民的公共事务和公益事业""民间纠纷"，指向并不明确。因此，《组织法》事实上呈现了一个不完整的政治共同体形态。《民政部关于在全国推进城市社区建设的实施意见》（以下简称《意见》）中提出，社区是"聚居于一定地域范围内的人们所组成的社会生活共同体"，要

---

① 尽管现有研究（主要是家庭研究）中也同时涉及权力与情感这两个议题的，但是这些研究更多讨论的是私人权力与情感的关系（郑丹丹等，2003；徐安琪，2005）。

"不断满足社区居民的社会需求"，"扩大民主、居民自治"，"建设管理有序、服务完善、环境优美、治安良好、生活便利、人际关系和谐的新型现代化社区"。这一系列表述中，同时包含着情感共同体、政治共同体和利益共同体建设的要求，显示国家试图将多种理念融入社区建设中，全面塑造基层的社会生活和组织方式。然而，《意见》对三重理念的阐述交叉重叠在一起，未进行区分与梳理，通过悬置条线相衔接的块状叙述方式（围绕目标、内容与实施方式等进行叙述），各项理念从内涵到执行的对应性并不明确。因此，因理念的文本表述不清晰造成了居委会干部识别混乱的可能。除此以外，两个文本共同构筑了居委会组织与社区建设之间的微妙关系。《组织法》明确居委会为居民的自治组织，对居委会辖内公共事务进行自治管理，显示居委会辖区的政治共同体性质。但《意见》在空间上统一了居委会辖区与社区，提出社区范围同"社区体制改革后做了规模调整的居民委员会辖区"，借此实现社区理念（情感共同体、利益共同体）与建设主体（社区党组织、社区工作者、各级党委政府）向居民自治共同体和居委会渗透，使居委会干部面临理念、工作和资源整合的问题，并进而影响了其不完整、复合的社区观念的形成。

"居民自主的情感共同体"尽管暴露出社区建设中的一些问题，但是与居委会表现出来的"国家"特质（刘威，2010a）或自利倾向（杨爱萍等，2012）存在差异。这种主观认知和实践表现之间的分异在某种程度上预示社区建设中"居委会干部"因素的可变性，而尚未构成从认识到行为的稳固形态。并且，国家长久以来对社区建设理念的传输（尽管不完整）存在一定效果。

（二）以住房为中心的居住共同体

我国的社区建设从 20 世纪末启动以来，形成了两条发展逻辑：一方面，试图通过在宏观上构设完整的框架而践行一条理想主义路线（陈伟东，2013）；另一方面，则围绕改革发展需要形成了一套以解决各类"问题"为中心的实用主义路线（丁元竹，2007: 21–22）。"居民自主的情感共同体"体现了前者，相比之下，后一维度显现了另一种面貌。

居委会干部对社区问题的识别反映其对社区专注的维度及可能的行动领域。J街道调查所呈现的问题主要集中于环境卫生、养老、停车和治安等几个方面。

这些问题总体在《意见》的框架内，但也有一些特殊性，主要表现为问题在空间上更为集中。在访谈中，居委会干部对以上问题进一步阐述为小区卫生、小区停车、小区治安（主要是盗窃）以及养老，认为小区问题（尤其是老旧小区）是当前最突出的社区问题。因此，居委会干部对社区问题的认识在空间上与居委会辖区是存在偏离的，但与他们对社区范围的认知具有共通性。在问题层面上，这一认识又呈现了一个围绕住房关系而形成的居住者共同体。居民作为业主购下某一住房时，同时拥有了住房连带的公共部分——小区。[①] 因此，由住房所产生的利益关系将相关业主凝结为一个整体，并不断在现实中显现出集体行动力（朱健刚，2011）。

以住房为中心的居住共同体不仅是居委会干部对"社区问题"认识的体现，同时也被不断兴起的业主运动所证实。它反映出国家基于文化相近、居民认同而建立的社区或许已不适应当前基层社会的变化，一个以住房为核心的利益整体或成为居民生活的中心（王颖，2012: 58-65），从而实现了范围（从居委会辖区向小区）与内容（从情感或权力向利益）的双重转变。这一结果从某种程度上印证了"社区继存论"的观点（夏建中，2000），同时也预示国家的多元社区建设理念正在基层遭遇瓶颈。因此，是顺应新形势，抑或扭转基层社会的发展态势，依然是社区建设中的一个重要问题。

五、小 结

当法律赋权下的自治组织嵌入我国现有的基层体制和文化中时，存在着一个外部主体性带入的现象，也即自治组织（居委会）在根据基层社会状况传递国家意志时，受居委会干部对各种信息的综合和理解的影响。其中，居委会干部对社区的认知是这种综合和理解的有力表现。本节的分析基本证实了这一观点，居委会干部对社区的理解呈现出一种对各种理念的不完整混合：在观念层面表现为"居民自主的情感共同体"、在问题层面表现为"以住房为中心的居住共同体"，与当前主要存在的理想形态——情感共同体、政治共同体和利益

---

① 参见《中华人民共和国城市房地产管理法》（主席令第29号）、《城市房地产开发经营管理条例》（国务院令第248号）、《商品房销售管理办法》（建设部令第88号）、《中华人民共和国物权法》（主席令第62号）、《物业管理条例》（国务院令第379号）。

共同体并不一致。这种认知的转向不仅意味着国家推行社区建设过程中存在着问题——意图的不连贯和含糊，同时也意味着基层社会空间出现了变化——居民生活出现"内敛"[①]，或者至少也存在于居委会干部的认识中。因此，要继续通过居委会（干部）塑造基层社会、调整国家与个体之间的关系，显然首先需要针对这两方面的问题重塑社区建设方式和居委会干部的意识。

第三节　居民对居委会的认知及其意义

一、问题的提出

从 20 世纪末 90 年代开始，社区伴随着基层社会生活的变迁、调整而出现，并在学者倡导与国家行动的建构中发展，成为我国独特的"社区现象"（李友梅，2002）——不仅杂糅着各个主体的多种意图，也受行动者认知、反应以及实践情境的形塑（肖林，2011）。作为这一现象的重要组成部分，城市基层自治组织[②]的角色与作用、它们与国家和居民的关系、它们的行动逻辑与特点等等都是难以绕开的内容。因此，围绕基层自治组织的讨论从多维度展开。然而，随着研究的深入，基层自治组织建设的困境越来越突出：居委会的自治角色如何实现？

对此，尽管存在一些争议，但研究者们基本认同这是一个涉及国家、基层政府、居委会和居民等多主体角力的过程。众多研究认为，尽管国家通过多种途径强调基层民主建设、实现居委会自治功能，但其在意志上并没有真正放弃从基层社会撤离，而是自觉、不自觉地通过多种方式进行介入（张赛林，2009；王汉生等，2011；耿敬等，2011）。这一现象的最直接影响是，它改变

---

① 居民生活内敛是指居民关注的主要生活空间和内容都在缩小，其中生活空间以小区为主，生活内容以住房相关的利益为主。

② 国内基层自治组织有多种类型，其中城市社区居民委员会是城市基层最主要的自治组织，受到《中华人民共和国居民委员会组织法》的保护。

了居委会作为居民自治组织的角色，使其成为政府的"脚"、国家的"治理单元"。与此同时，另一些研究指出，居委会并不是完全被动的被形塑对象，但也不是按照追求自治目标而自觉的主体，他们会综合各种情境采取契合自身理性的行动（陈伟东，2005；杨爱平等，2012；金桥，2010），从而使自身的形象呈现多面性。

相比之下，在这些塑造居委会"自治角色"的力量中，作为首要主体的居民①的态度显得多变而模糊。他们大多能判断居委会成员的身份来源于居民选举赋予（程伟，2010），但又往往用"基层干部"（何艳玲等，2005）称呼标识其"国家"特质；他们对居委会的成员构成和日常事务不感兴趣，但在需要其为自身代言时又经常主张其"自治角色"；他们在日常生活中"象征性认可"居委会的存在（桂勇，2007：108），但与之产生矛盾时又经常质疑其身份。这些现象都表明，居民对居委会角色的形塑，在日常情境中往往缺席，而在问题和矛盾中又复归（刘威，2010b）。然而，正是前者制约了居委会"自治角色"的形成②，同时又为他们在日后工作中带来合法性困局。因此，其中值得探讨的问题是：居民在日常情境中究竟是如何认知居委会的？是何种判断影响了他们的日常自治行为？这些逻辑背后所指向的问题也是反观居委会建设的重要途径。本部分将通过S市W社区的一次"议行分设"实践探讨这一问题。

二、居民对居委会认知的生产：已有的解释

关于"日常情境"的研究较多出现于对"日常政治"或"日常生活"的研究中。比如以斯科特（2007）为代表的研究者发现弱者对统治秩序存在日常形式的反抗，从而显示个体在日常情境中具有特殊的行为和态度。而以符号互动论、现象学和常人方法论为代表的相关理论，将日常生活作为揭示、窥探真实社会面貌的根本时空（张学东，2014：133-138）。在社区研究中，研究者对"日常情境中

---

① 各项研究都指出，居民在与居委会的互动中是存在分化的。其中一些与居委会构成了紧密的关系——主要是"社区积极分子"（Read，2003；桂勇，2007），他们能积极参与、配合居委会完成各项任务，是居委会的有力助手。对于这一类人，他们较少出现前文提出的"日常情境"和"焦点事件"之间的态度分化，总体与居委会的立场保持一致。因此，本节所讨论的居民主要是指除去这些"社区积极分子"以外的大量普通居民。

② 事实上，韦伯在讨论统治的合法性来源时，也提到在非日常情境下，起决定作用的是在日常中形成的情绪或价值理性动机（1997：238）。

居民认知居委会"这一议题还较少涉及。所谓日常情境是相对于"事件"（孙立平，2001: 7）或"焦点事件"（金登，2004: 95）而言的，也即除社区内发生需要通过居委会处理的突发公共事件以外的时间。在这些时间内，居民一般会参与居委会选举、对居委会工作监督和评议、为社区内事务向居委会提供建议、参与由居委会组织的各类活动、与居委会的日常接触和交往等等。这些行为生成背后必然都蕴含着居民对居委会的某种感知。

作为基层最重要的组织，针对居委会的讨论经常见于各类研究中。这些研究认为"人情""面子"是当前我国居委会与居民之间互动的主要方式。如桂勇（2007）认为城市邻里间的权力操作主要是依靠人情与面子而得以实现，居委会干部以及社区积极分子通过平时的人情"投资"以及需要时的"投资回报"，将政治行为化约为邻里之间的日常行为。这种人情和面子的运作是具有本土性特征的，它区别于西方国家意义中的"志愿主义"或"工具性交换"，而同时兼具"互惠交换"和"庇护—支持"的特征（桂勇，2007: 115）。因此，在实践中它至少具有三个显著的特点：

第一，情感意义。单位制取消后，尽管国家在社区中的投入不断增强（James Derleth & Daniel R. Koldyk，2004: 747–777），但作为主要承接者的居委会所掌握的资源并未获得相应增长。因此，居委会无法通过利用各种资源吸纳居民，并构建起一种"依附—庇护"关系（华尔德，1996: 1–29）。为完成各项任务，居委会唯有通过个体力量寻找方法拓宽资源，而建基于私人基础上且具有传统特色的情感便成为居委会干部的首要选择。与此同时，笔者在对上海、浙江J市等地的实地调研中都发现，基层政府往往要求居委会干部每月走访一定量的居民家庭，以了解民情、民意。这一自上而下的制度安排为推动居委会干部与居民之间建立情感关系注入了力量。但在具体交往中，这种情感关系的建立变得更为日常化，它可能就隐藏在各种交谈、问候、关心中。因此，在社区内经常可以看到的一幕是，居委会干部能在与各类居民偶遇中熟悉地谈论对方的家庭、生活等。值得注意的是，此时居委会作为组织与居民之间的关系已演变为居委会干部作为私人与居民之间的关系。在这一过程中，居委会干部的身份意义和符号意义被淡化，居民更多是在朋友、亲人的意义上对他们进行认知，居委会则变得模糊。

第二，交换意义。情感作为居委会干部与居民之间的纽带而存在，但在现实的维系过程中，一些物质性、利益性的因素往往会被注入其中。居委会干部碍于面子或为了更好地维持这种关系，也总是试图用各种恩惠施与居民。这一特点与中国传统文化中的"人情伦理"是一致的，在人们的人情往来中，理性计算是无法忽视的重要维度（阎云翔，2000：142）。当前，居委会干部所能调配的资源是有限的，这些资源可能只是一些简单的小礼品（比如毛巾、肥皂、食用油等），也可能是一次参与活动的机会（比如旅游、参观、看表演等）但却能较好起到吸纳、动员居民的作用。更甚者，陈伟东等（2005）对武汉市 C 社区居委会的一次直选观察进一步显示，小恩惠能直接推动居民对居委会相关行动的反应。并且，这种行为具有塑造居民类似心理期望的作用。但遗憾的是，前者的"浅互惠"关系主要出现于居委会干部与社区积极分子之间（Read，2003），而陈伟东等所观察到的现象也较为偶然。这也表明，居民是否会将居委会作为一个获取利益的交易对象是值得探讨的。

第三，居民与居委会之间的联系更多是通过"社区积极分子"这一中间环节得以实现。这也意味着，无论是基于情感意义还是交换意义，人情因素更多是间接作用于居委会干部与居民之间的。对"人情"的塑造是沿着"居委会干部—社区积极分子""社区积极分子—居民"这一层级或类别产生的（桂勇，2007：111-115）。并且，从现有研究以及笔者的观察来看，前者的关系更为紧密，而后者的关系更为松散。因此，这一现象致使居委会干部与居民之间的"人情"运作效果会相应减弱，"情感"和"交换"逻辑对居民日常判断居委会的作用也会有所影响。

在以上的一些研究背景下，此处试图讨论的问题逐渐清晰：在日常情境中，居民是否只将居委会作为"亲人""朋友"看待？或者将其作为获取物质利益的经济对象，抑或两者兼而有之，还是遵循其他关于组织认知逻辑而另有看法？

三、"议行分设"：一项对居委会身份的重置努力

（一）议行分设：一项构想

从 20 世纪 90 年代我国推进社区建设以来，调整社区居委会兼具行政性和自治性功能的问题成为社区建设中的核心问题。1999 年，《全国社区建设实验区工作方案》首次提出了"议行分设"①的设想，强调要"逐步完成城市基层管理体制由行政化管理体制向法制保障下的社区自治体制的转变"，试图用重构社区管理制度的方式，理顺居委会自治、政府管理与服务的关系。这一要求的设想是，社区设立议事层和执行层。其中，议事层（即居委会）由社区成员选举产生，实行兼职制，其作用是在居民代表大会闭会期间代表居民行使针对社区事务议事、管理的作用，从而恢复居委会的自治功能。执行层（一般设立"社工站"）由议事层和政府共同组建，实行聘任制，其作用是执行政府委托、交办的事务和议事层讨论决定的事务，从而保证行政事务及社区事务的开展与执行。从理论上分析，这一设想直指社区建设、居委会发展中的核心问题，其变革思路是清晰且恰当的。但是，从实践结果看，"议行分设"并未取得预计的效果，许多曾经进行探索的地区（比如上海、J 市）都放弃了这一变革，默认其"流产"。

"议行分设"的实践对居委会的作用、实践定位进行了调整，且这些调整是向着有利于实现居民"当家做主"的方向发展的。在这一背景下，居民对居委会的态度和认知具有了比较的基础，成为观察日常情境中居民认知居委会的良好契机，甚至也成为探讨这一实践失败原因的一个视角。

（二）W 社区的实践：理想与现实之间的差异

笔者于 2011 年在 S 市 W 社区（街道）Z 居委会辖区进行蹲点调研，对该辖区内的"议行分设"实践进行了观察，并与居民区党支部书记、社区居委会干部、社工及居民就这一内容进行了访谈。

L 区位于东部发达城市 S 市中心，全区面积 8.05 平方千米，人口约 31 万人，

---

① "议行分设"也被称为"一站一居"（吴永红，2010: 217）或"居站分离"（王星，2012: 31）。

下辖 4 个街道 74 个居委会。并且，与全国大多数地区不同，S 市以街道辖区作为社区范围，因此一个社区包括多个居委会。从 2003 年起，L 区开始实行"议行分设"[①] 的社区自治管理方式。"议"由居委会担当[②]，而"行"则由社工服务站实行。社工由社工服务站统一管理，通过进驻居委会办公室进行"办公"。社工的具体工作则由街道办事处和社区居委会指派，政府通过购买服务的形式，并结合居委会和街道办事处的共同评估支付社工劳务费，具体费用由社工服务站统一给付。从制度设计上看，社工服务站其实是一个社会组织，它和政府之间的关系是交易关系。而社工和社工服务站的关系也是通过交换相连接的。因此，社工基本都不是所服务居委会辖区的居民（偶尔也有例外，本调查的 Z 居委会办公室中 5 名社工中只有一名是该居委会辖区内的）。政府购买社工的服务后，需要他们一方面完成街道各条线的工作——具有行政性；另一方面他们也需要根据居委会自治的需要完成居委会所讨论决定之事——具有自治性。另外，根据我国的政治模式，共产党组织对各层次部门（组织）的工作具有指导作用，并一直延伸至居民区（居委会辖区）。因此，居民区党支部书记领导居委会的各项工作。按照惯例，居民区党支部书记是由街道党工委指派的，其不能是本居民区内的居民。因此，这构成了"议行分设"的总体框架（见图 2-1）。在这一框架中，实线箭头表示在理论上具有直接指导或上下级关系，虚线箭头表示在理论上具有间接指导、监督等关系。由这一框架也可以发现，"议行分设"主要是在原有的行政框架下将居委会"议"的作用提升了，达到了与行政工作并行的层次。

笔者所调查的 Z 居委会辖区是 W 社区（街道）11 个居委会中的一个纯商品房辖区，共有居民 4794 人，由三个小区组成。最早的小区是第一批住房改革时所建，于 1988 年入住，Z 居委会也是在那时建立的。最新的小区于 2002 年入住。根据居委会办公室墙上悬挂的 Z 居委会工作规定，Z 居委会辖区的组织模式按照 L 区"议行分设"的总体要求设置，形成三个层级（见图 2-1）：（1）居民代表大会，它是辖区内最高自治组织，对辖区内的公共事务进行自

---

① S 市 L 区的"议行分设"主要采用"一站多居"的形式，即一个社工服务站为多个居委会辖区提供"行"的功能。
② 对于居委会所承担的"议"的职责和范围，S 市 L 区民政局所编写的《社区居委会工作简明手册》第 34 页，针对"居民委员会议事规则"有明确规定。

治管理；（2）居民委员会，它对居民代表大会负责，并代表居民对辖区事务进行日常管理[①]；（3）居民委员会办公室，它负责执行居民委员会和 W 街道讨论决定的相关工作和要求。

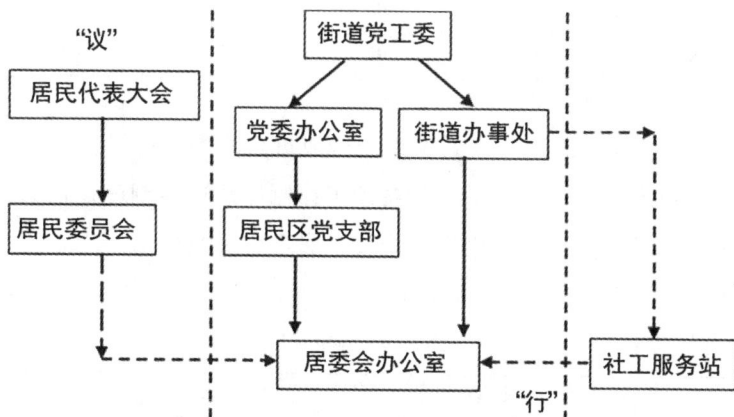

图 2-1 L 区"议行分设"的设想框架

根据 L 区的要求，Z 居民委员会辖区实行居民区党支部领导下的居民委员会负责制。居民委员会由 1 名主任和 8 名委员组成（见表 2-8）。8 名委员 2 人一组分为 4 个专业条线，分别为社区精神文明、社区管理、社区综合管理和社区服务。但是，根据 L 区已有的文件，Z 居委会每一条线中的具体工作内容并未获得明确。居民区党支部的各项工作主要体现为书记负责制，由书记一人主持居民区的各项事务和工作。

表 2-8 Z 居民委员会委员构成

姓名	性别	职务
李 X X	男	居委会主任
陈 X X	女	社区精神文明
陈 X X	女	社区精神文明
望 X X	男	社区管理
姜 X	男	社区管理

[①] 居委会的具体职能包括：宣传宪法、法律、法规和国家的政策，维护居民的合法权益，教育居民履行依法应尽的义务，爱护公共财产，开展多种形式的社会主义精神文明建设活动；办理本居民区居民的公共事务和公益事业；调节居民间纠纷；协助维护社会治安；协助人民政府或者它的派出机关，做好与居民利益有关的公共卫生、计划生育、优抚救济、青少年教育等工作；向人民政府或者它的派出机关，反映居民的意见、要求和提出建议。

续表

姓名	性别	职务
张ＸＸ	男	社区综合管理
王 Ｘ	男	社区综合管理
王ＸＸ	男	社区服务
赵ＸＸ	男	社区服务

L区除了对居委会的运作模式、组织构成进行明确，还设立了居委会工作制度。表2-9列出了Z居民委员会的各项工作制度。这些制度包括居民会议、居委会会议、条线工作会议、楼组长会议、居委会民主生活等内容，并对各会议的召开频率、讨论内容做出了要求。

表2-9　Z居民委员会工作制度

名称	日程	内容
居民会议	1次/年	工作报告，涉及居民利益的重大问题讨论，审议决议
居委会会议	1次/月	学习党的方针政策，提高理论水平，落实居民会议决策，讨论居民提出的问题，传达街道各项工作，检查汇报条线工作
条线工作会议	1次/季	贯彻居委会各项工作，提出下阶段目标
楼组长会议	1次/月	汇报和通报工作，听取意见及建议，对楼组长进行各项政策宣传及教育
居委会民主生活	1次/半年	回顾检查工作，开展批评自我批评，接受群众监督，提高工作水平

从以上内容看，L区对"议行分设"做了较为精心的设置和部署，从形式上构筑了摆脱社区及居委会发展困境的框架。但是在具体实践中，"议行分设"却显现出了另一种样态。一方面，居委会边缘化，其"议"的功能弱化。Z居委会委员是兼任的，不需要坐班。他们没有固定、独立的办公场所。因此，笔者在蹲点的一个月内，只在居委会办公室遇到居委会主任一次，且他只是匆匆前去给社工一个月的工作进行评估（其实只是在社工工作考核表上敲一个Z居委会的章而已，他甚至未认真看社工考核表上的工作小结）。笔者从书记和社工那得知："居委会委员们没什么事的，他们基本不来的……一个月一次的居委会会议也基本不召开的。"另一方面，居民区书记领导下的居委会办公室负责制。伴随着居委会的边缘化，Z居委会辖区内事实上由居民区书记及其领导下的居委会办公室管理着辖区内的各项事务。书记和社工之间关系密切，他们

都领薪，且在同一场所（位于 Z 小区内一楼的一套三室一厅商品房）内办公。因此，居委会办公室事实上由书记和社工所组成。同时，他们与居委会委员之间很少往来，也很少沟通。与此相反，街道办事处各条线工作却直接与居委会办公室相对接，社工站也仅仅起到从街道办事处领取社工工资，并分发给他们的作用。因此，现实中的"议行分设"运作呈现出图 2-2 的样态。图中，居民代表大会和居委会"议"的作用和社工服务站在"行"中的统筹作用都弱化了，而居委会办公室作为"行"的主体重新成为党政系统的末梢。

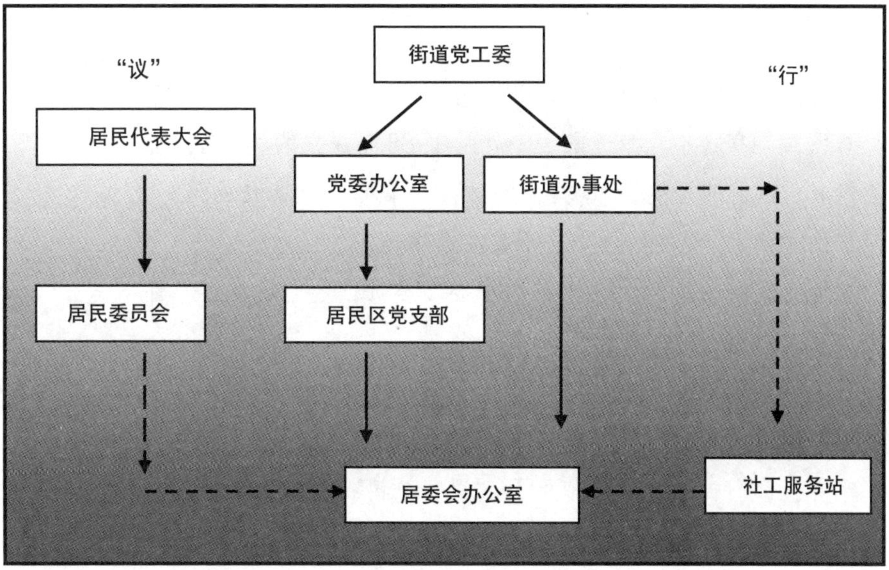

图 2-2　实际运作中的"议行分设"

Z 居委会辖区内"议行分设"实践将居委会的身份问题重置于居民的视野中。他为居民重新认识居委会创造了条件。

然而，令人诧异的是，居民们对这种自上而下的努力无动于衷，放任辖区内的组织运作方式悄然回复到原有路径。一个值得注意的问题是：在制度容许和保障的情况下，居民为什么接受已实现身份转换且具有居民代表功能的居委会被边缘化？他们是如何认知和区分居委会和居委会办公室的？或者换句话说，"议行分设"从理想形态向现实样态转变中，居民在认知和态度上的默许是如何产生的？

四、"日常情境"中居民对居委会的认知及其意义

（一）居民对居委会的认知

在调查中，笔者发现居民们（甚至包括书记和社工）在表述中经常将"居委会办公室"与"居委会"相混淆，他们往往将"居委会办公室"指代"居委会"，将"社工"指代"居委会委员"。这也造成笔者在与他们的沟通讨论中需要经常予以说明强调，比如笔者与居民 A 的一段对话极具代表性（访谈编号：ZJ111212）。

笔者：你们的居委会是什么时候成立的？

居民 A：1988 年我搬进来……就是 1988 年成立的。当时就我们一个小区。

笔者：以前的居委会和现在的一样都不怎么开展工作的吗？

居民 A：啊？现在的居委会不是在做事吗？

笔者：我指的是你们选出来的居委会委员，他们现在好像都不怎么来居委会办公室，那他们的工作怎么做呢？

居民 A：啊？哦！对的啊。他们是义务的嘛！又不拿钱的，总不能和拿钱的一样。那你知道他们居委会现在是怎么做的吗？

笔者：你们社区现在采取的是"议行分离"的方式。所以，居委会委员主要是讨论问题，由社工具体执行。

居民 A：社工？你指的是现在居委会里的人吗？

笔者：是的！

在对话中，居民 A 两次提到的"居委会"都是指"居委会办公室"。显然，在其认知框架中，已将"居委会办公室"作为"居委会"接受，且标示在"议行分设"实践中，居民接受了"居委会办公室"对"居委会"角色的取代。尽管在深入讨论中，A 也能模糊感受到存在两个主体（居委会办公室和居委会）。但她对居委会的认识是不清晰的，只知道他们是义务的，而不知道他们在做什么。同时，她对居委会办公室成员的认知建立在以往的认识基础上，"社工"这一角色和称呼尚未进入她对基层自治组织的认知框架中。居民 A 的反应只是 Z 居

委会辖区内居民们的一个缩影，这也是 Z 居委会辖区内居民的一种总体反应。这种现象是如何形成的？或许与 A 表达中呈现的两种逻辑相关。

（二）两种逻辑

1. "做事"的逻辑

"做事"是居民的一种日常口语表达，主要意指实施工作。让居民 A 对居委会和居委会办公室认识出现偏差的其中一个要素是"是否在做事"。在居民 A 看来，居委会办公室在"做事"，而居委会没在"做事"，或没看到居委会在做事。这一逻辑与日常所说的"有作为才有地位"是一致的。它体现在居民对居委会的认知框架中，需要通过对方的具体行动予以确认，"做事"是表明组织存在的一种方式。这也是当前基层居民认识居委会的一种主要方式，他们往往容易看到坐在办公室里办公的"居委会"（居委会办公室），而忽略没有实体形态和作为的"居委会"。然而，"做事"逻辑的呈现，包含着三个维度：第一，有事可做，对于组织而言，现实中有明确、充分的事情存在，组织能围绕这些内容有目的、持续地开展工作；第二，有事要做，也即存在一套措施、举措，以保障组织能针对现实存在的各类事务做出积极行动、落实各项工作；第三，有事能做，组织针对各类事务所试图采取的行动不受外在因素的制约，也即事务具有可行性。这三个维度中，"有事可做"是必要条件，后两者是充分条件。

以此视之，居民用"做事"的逻辑衡量居委会组织，居委会和居委会办公室之间的分化主要体现在第一维度。尽管在 L 区"议行分设"的要求中，对居委会的工作内容做出了要求（见表 2-8 和表 2-9），但这些内容并不明确。比如，居委会会议的内容是"学习党的方针政策，提高理论水平，落实居民会议决策，讨论居民提出的问题，传达街道各项工作，检查汇报条线工作"，都是原则性的规定，所"议"之事不甚明了。由此带来居委会各委员所负责的四个条线也没有具体的工作指向。相反，作为执行层的居委会办公室的事务清晰、明确，这与基层行政事务延伸是密切相关的，街道办下设的司法科、综治办、城管科、人口与计生科、劳动科、民政科、财务科、妇联、宣教科、组织科和武装科等基本都有具体的事务下沉至居委会办公室，并且与书记和各社工建立了对应关系（见表 2-10），这些也构成了日益突出的居委会办公室负担过重的问题（于乐锋等，2007: 61）。从作用上看，居委会办公室只是扮演了原居委会的角色，而现居委会则连同居民代表大会成为虚设的组织。

在传统框架中，居委会所暴露的问题是其作为自治组织却从事着行政化工作的困境。因此，恢复居委会自治性的途径是去行政化。姚华等（2010: 193）认为"议行分设"实践中"议事层"被悬置的原因是行政事务过重，使"执行层"没有时间和精力从事自治事务。但居民对居委会的"做事"认知逻辑提示，行政性和自治性都需要具备相应的、具体的事务支撑。因此，与去行政化相应的问题则变成转移行政化事务、并组织开展自治性事务，这两者是相辅相成的。Z 居委会"议行分设"的实践只注意到了前者，而忽视了后者。事实上，行政事务难以转移可能不仅仅是因为行政事务过于繁重，还包括居委会无事可"议"的状况。

表 2-10　Z 居委会办公室中各成员与街道各条线的关系

区部门	街道办事处科室		Z 居委会办公室
综治委	司法科		钱＊＊
	综治办		钱＊＊
城管委	城管科		钱＊＊
	人口、计生办		于＊＊
社发委	劳动科		陈＊＊
	民政科		周＊＊
财经委	经济科		
	财务科		于＊＊
党委部门	妇联		陈＊＊
	宣教科	精神文明办	许＊＊
		科普办	
		团委	
		青保	
		文化中心	
		档案管理	
	组织科		顾＊＊

区部门	街道办事处科室	Z 居委会办公室
党委部门	武装科	钱 ★★
	综合党委	
党办	党办	顾 ★★

2. "拿钱" 的逻辑

"拿钱" 是针对社工和居民区党支部书记而言的，是对他们付出劳动的一种回报。从理论上看，作为 "议事层" 的居委会是居民的自治组织，是居民进行自我管理和服务的组织。组织成员是全体居民选举出来代表他们行使对日常事务的组织和管理的，一般都兼职且义务。因此，判断居委会存在价值的依据是其是否代表居民的集体意志、维护集体利益。但居民 A 以是否 "拿钱" 为依据，认为居委会办公室应该开展工作，而居委会可以不开展工作。这种交换思维背后，体现了居民将居委会作为 "他者" 进行认知。它既不是居民的亲人、朋友，也不是自身获取经济利益的对象，而是类似于公益性的社会组织。① 一方面，组织成员只是组织的雇员，而非组织的主人。组织成员与组织之间是一种交换关系，即成员付出劳动，组织给付劳动报酬。一旦这种等价交换的平衡关系被打破，双方都可以停止劳动付出或报酬支付。因此，当作为 "议事层" 的居委会委员没有任何报酬时，他们可以不做出任何行动。另一方面，组织对居民进行相关服务和管理，居民只是作为组织以外的个体接受这些服务和管理，并且一般不需要向组织支付费用。组织对居民的服务与管理不是强制性的，可以根据居民的实际需要进行选择。同时，居民对组织的要求也不具有约束性，如果组织成员是义务的，居民是认可由组织成员不作为带来组织的不作为的。

"拿钱" 的逻辑暴露出当前社区居民对社区自治组织的认同问题。居民并没有将居委会作为自身的 "代言人"，而仍只是作为一个为自己提供免费服务与管理的组织看待。现有研究认为，造成居民对居委会认同度低的原因是现实中居委会的官方特征（李友梅，2002）。但是本节研究发现，在通过制度重置恢复居委会的自治性质后，并没有随之提高居民对其的认同。居民自始至终都

---

① 在国内大多数居民的观念中，公益性社会组织往往被理解为免费为居民提供社会服务的组织。

在用"他者"的眼光衡量着社区内的自治组织。这一结果与居民思维中的"路径依赖"（David, 1985: 332），以及居民民主意识或民主精神的缺乏等在解释上具有潜在契合性，并意味居民离懂得利用居委会进行基层自治还有一段距离。

简言之，无论是"做事"的逻辑还是"拿钱"的逻辑，都标示在日常情境中，居民将居委会作为"他者"看待。在居民的描述中，居委会做不做事、做什么事，居委会委员拿不拿钱等与他们无多大关系，他们对 Z 居委会辖区内的"议行分设"如何组织、如何运作也并不在意。这与当前研究中显示的社区特殊成员（积极分子）与居委会之间形成的利益—互惠关系不同。这一现象背后的问题是，居委会及其从事或代表管理的公共事务与大多数居民之间不存在紧密的关系。换句话说，居民与社区①之间的利益关系比较弱，社区在居民生活中的重要性比较低。国内众多的研究者已经论及社区"衰落"和社区自治事务减少问题。比如王小章（2004）认为随着通信技术、大众传播、交通手段、标准化的公共教育以及市场的不断发展，居民的主要利益关系在社区以外，社区成为一个"脱域的共同体"。这为居民在日常情境中放任居委会的发展提供了依据和支撑。但是，这种观点无法解释各种社区事件中居民的抗争行为和权利主张。笔者认为，与国外将社区内城市规划、居民就业、商业设施布局及经营内容、街道景观、邻里纠纷等纳入自治范围相比（谢芳，2004: 69-82），我国大部分的社区自治事务被行政化，致使居民的社区利益碎片化。②因此可以认为，与居民利益相关的事务是大量存在于社区内的，但这些事务并不在居委会的工作范围内，也即不在居民自治范围内，造成社区事务治理中的"脱嵌"状态。由此产生的潜在矛盾和张力都聚焦于居委会的身份：一方面，在日常情境中，居委会所管理的事务许多都未触及居民的直接、重要利益，居民对此往往采取放任的态度；另一方面，在各类事件中，居民在社区内的各种利益被触及、激活，容易促使他们借助重申居委会自治身份，以起到利用这一自治组织维护自身权利的作用。

居民对居委会的日常认知及其结果从一个微观维度探究基层治理中存在的问题。由于居委会当前可治理的社区事务不足，制约了其"议"的功能和居民

———————————

① S 市的居委会辖区与国内其他地区的社区是一致的。

② 与李强等（2013: 40-50）提出的"社区碎片化"不同，本节是指对社区事务的管理被不同行政部门分解，广大居民往往难以参与。

的参与热情，因此，重新审视基层自治范围、明确自治内容，将居民与社区之间存在的紧密关系投射于居委会的日常自治中，是当前基层治理改革的重要内容。

五、小　结

当前众多的研究或描述中都能发现，居民对居委会的认识是多元的。且这些认识主要表现为日常情境与焦点事件之间的矛盾和冲突。本节力图从日常情境中考察居民的认知生产及其意义。通过对 Z 居委会"议行分设"实践的描述，本节提供了分析日常情境中居民对居委会认知变化的契机。从各种接触、交谈中发现，居民在日常情境中只是将居委会作为一个公益性社会组织看待，这与大多数社区积极分子—居委会之间的关系不同。并且，从他们判断居委会的两种逻辑——"做事"和"拿钱"来看，一方面，当前基层自治过程中自治事务的空心化是制约自治组织"存在"的重要因素；另一方面，自治组织的"行政"特质并不是阻碍居民认同、并寻求利用它们进行集体事务管理的根本原因。对于居民而言，无论居委会的性质怎样调整，它都只是一个他者。这些问题共同提出当前基层自治建设中的一个重要问题：要在居民的认知中将居委会从"他者"转换为"我者"，在居委会的去行政化过程中，需要同步推进居委会自治内容的厘清与扩充。

第三章

CHAPTER 3

社区主体：
居民

　　毫无疑问，无论如何定义社区，居民始终是其中最为核心的要素。因此，社区建设过程中对于社区寄予的各种期望，客观上都源自对居民获得民主、平等、自由、富裕等的想象和目标追求。与学者较为一致的意见不同，国家对于居民在社区建设中的作用定位显得矛盾与模糊。按照《中华人民共和国城市居民委员会组织法》的规定，居民被定位为自我管理、自我教育、自我服务的自主性角色。但是在党和国家对于社会建设格局、体制和制度等的架构中，居民主要被要求扮演"参与"角色。本章无意于对这一问题进行讨论，而是侧重于探讨居民社区行动的发生逻辑和社区精英的产生逻辑，以此观察当前社区中居民及其行为的特点。

第一节　利益明晰与居民社区参与 [①]

一、问题的提出

当前，一项有中国特色的"社会管理"运动正在国内基层社区蓬勃开展。与政府的众多实践不同的是，学界倡导以"治理"为导向的运作途径。但是，无论是"自治""多元治理""协商治理"还是"共同治理"，个体的社区参与 [②] 都是其中不可或缺的一项重要内容，决定着社区自治的效果（王思斌，2000）。

然而，国内社区参与行为却呈现出多重面向。较多的研究显示，居民对社区事务是冷漠的，表现出较少的参与行为和参与意愿。马卫红等（2000）对上海 1199 位居民的调查结果显示，具有较强参与意愿的居民只占 15.7%。王小章等（2004）对 H 市的抽样调查也显示，居民中表示"非常愿意"和"比较愿意"参与社区事务的人数占比也未超过一半（45.8%）。程伟（2010）基于广州 1582 份问卷调查统计进一步反映有 60% 以上的居民没有参加过社区组织的各种活动，约 80% 的居民没有参加过社区的各种选举活动，约 88% 的居民没有参与过居民自治规则的制定。即使存在一些高参与率的现象，也主要是居民在被广泛动员下的"仪式性参与"（杨敏，2005）。

[①]　本节已发表于《二十一世纪》2014 年 8 月号，原文题目为"利益明晰与社区参与——两个案例的比较分析"，此处略做修改。

[②]　社区参与是指个体对社区内公共事务的参与管理。但大多数研究对社区参与和业主参与的使用都较混乱，一些人将两者区别，一些人则将两者相等同。本书认为小区事务是社区事务的组成部分，并且小区的一些事务与整个社区相关，因此两者都能视为社区参与。但是为了比较两种情况形成的原因，此处使用"居民参与"和"业主参与"予以区别。

与此同时，另一些关于社区内业主维权的研究却又显示，业主对小区事务表现出较为强烈的参与意愿和参与行为（陈鹏，2016）。晁流（2004）较早详细记述了南京一小区业主维权的经过，居民在自身权益受到侵害的时候，能积极主动地参与到维护共同利益的行动中。邹树彬（2005: 4–7）对 2003—2004 年间北京、上海、广州、深圳等多地发生的业主参与维护权益的事件进行了全面梳理。朱健刚（2011）对广州南园业主一次集体行动的个案研究，显示居民这类参与行为的延续性。并且，业主的维权活动，甚至进一步推动了业主参与居委会的选举（管兵，2010）。

在比较社区内个体两类截然不同的行为表现——参与消极和参与积极后，本节试图回答：（1）是什么造成社区参与行为上的这种差异？（2）居民的参与行为是如何形成或停滞的？

二、社区参与行为的解释框架

（一）社区参与形成的理论逻辑

社区参与具有较强的实践性和现实性，其往往被应用于民主政治、公共治理和社会团结等相关理论的解释与研究中，而未构成自身独立的理论框架。然而，从发生学的角度出发，对参与行为的形成主要基于两种认识，即民主精神（或公共精神、公民精神）和利益驱动。

参与和民主精神（或公共精神、公民精神）之间的关系一直是国外理论讨论的重点。在立足于代表文明发展和公平正义的民主目标下，参与被认为是除代议制以外另一条重要的途径，成为一些学者致力倡导的一种形式（申建林，2012）。相比之下，参与和民主精神之间的关系则显得微妙。政治学家大多认为民主精神需要通过参与才能形成。比如密尔在《代议政府论》中，表达了参与是有利于公民精神养成的观点（张福建，2003：240–256）。托克维尔对美国民主的考察，也彰显了个体在一些地区社团的参与实践中加强了民主精神的养成，成为这个国家民主最突出的特征。因此，他们很少讨论参与行为的由来，只是将此视为"人是天生的政治动物"（亚里士多德，1965）的自然反应。直到后来，帕特南（2001，2011）等一些学者将社团参与实践视为"社会资本"的作用，才将此转换成为参与行为的成因。但是，国内的参与研究往往将其因果倒置，认为由于居民缺乏相关的民主精神才造成参与行为的不足或参与意识的薄弱（孟天广、马全军，2011；王永益，2011）。因此，用民主精神（公共精神、公民精神）解释参与行为的形成仍然是一个有待探讨的课题，并未成为一项命题。

相比之下，利益驱动的解释思路更符合理性化占主导的现代社会。尤其在以现代化为目标的国内认知框架中，以利益为中心的理性思维成为社会运转的主要机理。当社会事务与个体之间的利益越相关，个体出于利益最大化的需要，越将采取积极的行动。相反，两者之间相关性越弱或不存在，就难以激发个体的参与行为。这种观点在社会交换论和理性选择理论中获得较大发展。比如霍曼斯注意到个体利益，认为个体都是趋利避害的，他们的行为都是在受到某种激励（往往是报酬或惩罚）下才出现（特纳，1987）。布劳（1988）对霍曼斯的观点进行了发展，他承认人的行为不全是基于交换产生，但一旦这种行为产生，必然和某种行动者所期望的酬赏（外在酬赏和内在酬赏）分不开。同时由于个体所拥有资源的差异，交换的过程是不平等的。这些观点被认为是构成社会生活诸方面的基础（华莱士，1985）。科尔曼（1992: 15）在汲取经济学的相关思想的基础上，提出个体行动的核心是有目的的行动，这种目的即最大限度地获取利益，即使作为宏观系统的社会规范也是蕴含着利益的。显然，从理解个体行动的意义分析（韦伯，2005: 3），基于利益考量基础上的理性选择是理解参与行为形成的重要逻辑基础。因此，在社区事务和个体之间构筑起强有力的利益关联（利益最大化），是理解居民参与行为发生的重要逻辑。

（二）现有研究及其论题

利益驱动的逻辑不仅在理论上具有更大的解释空间，在事实上也主导着现有的社区参与研究，并形成三种主要研究解释。

解释一：社区与居民之间是"弱利益关系"，业主与小区是"强利益关系"。众多研究认为，当社区是广大居民的利益空间或具有公共议题（杨敏，2007）时，社区参与才会形成。因此，对当前社区的形态和价值的判断成为了解参与形成的关键。居民在社区中除了具有以住房为主的居住权益,是否还具有其他利益?国内关注这一问题的研究者普遍持否定观点,认为社区只是居民工作之余的一个休息场所(李建斌、李寒,2005)。特别是随着通信技术、大众传播、交通手段、标准化的公共教育以及市场的不断发展,居民与外部世界的联系越来越多,已大大超过了与社区的联系,致使社区重要性式微(王小章,2004)。此外,也有研究者(叶南客,2001)指出,在社会转型过程中,社区事务即使存在,其涉及面也相对较小,主要针对老年人、下岗和无业人员、流动人口等特殊群体。杨贵华(2009)通过对福建省厦门市的一次调查问卷分析,也认同以上这些观点。这些研究结果事实上取消了社区参与的必要性。他们缩小了居民在社区内的利益范围,将与居民相关的交通、环境、绿化、消费、公共服务等内容排除出社区自治的范围(这事实上也是居民的普遍认知),并认为这是现代社会发展的趋势。而与之相比,以住房为核心的物业权益对业主却具有非凡的意义,这不仅与住房在中国传统文化中的特殊价值相关[①],同时也与当前国内城市住房的巨大经济价值相关,正是这种重要性催生了业主积极的参与行为。不可否认,此种解释具有一定的适用性,但也必须看到这一解释是建立在对社区利益狭义理解的基础上产生的。比如,相比美国社区中将城市规划、居民就业、商业设施布局及经营内容、街道景观、邻里纠纷等纳入社区参与内容(谢芳,2004: 69–82),国内的社区利益即使在学者的认知中也被弱化或空心化。因此,社区利益在国内或许仍然是一个有待认清的问题。换句话说,"社区与居民之间的弱利益关系"命题的另一种可能是"社区利益待明晰"命题。正是后者主导由利益认知偏差所制约的居民参与。

解释二:社区与居民之间表现为"强利益关系—弱参与机会",小区与业主之间表现为"强利益关系—强参与机会"。针对社区参与问题,更多的研究者肯定社区与个体之间存在紧密的利益关系。但他们同时认为,这种关系不足以激发居民的参与行为。尤其是参与行为本身存在一定风险,往往是个体权衡各种利弊下才可能做出的选择。政治机会结构(Political Opportunity Structure)理论认为群体的参与行为被许多外在的众多政治机会所决定,包括制度结构、

————————

① 中国人的住房往往与"成家立业""安居乐业""光宗耀祖"等观念融合在一起。

政党系统、国家能力等（张晓杰等，2013）。因此，居民参与的形成与否主要受参与机会的强弱主导，且弱于在市场体制中新生发的业主参与。王珍宝（2003）和陈桂香等（2004）都指出居民参与不足的根本原因在于现行社区管理体制等的制约。在这一框架下，居民较难参与到社区事务中。于显洋（2008）针对中产阶层的研究同样发现，居民可参与的渠道缺乏规范化以及确定的活动空间，成为造成参与不足的关键。但是，从法律规章所提供的参与机会看，居民参与直接受《中华人民共和国城市居民委员会组织法》（主席令〔1989〕21号）等法规的保障，而业主参与只是受《中华人民共和国物权法》、《物业管理条例》（国务院令〔2007〕504号）、《业主大会和业主委员会指导规则》（建房〔2009〕274号）等相关规章的保护，显然前者的参与渠道更加明确、有针对性、效力高。再者，众多抗争行为揭示，参与渠道、效能感等并不能阻止个体的参与行为，当参与行为形成时，群体的参与经常会突破各种规则边界（庄文嘉，2011）。事实上，大多数业主参与都是在巨大压力和阻力下进行的，并没有显示他们拥有更畅通的参与渠道。恰恰相反，许多参与机会是依靠参与行为去塑造的。因此，社区参与的"机会"命题并不一定是根本原因。

解释三：社区与居民之间表现为"强利益—弱明晰"关系，小区与业主之间表现为"强利益—强明晰"关系。在一些研究者看来，仅有社区与居民之间的利益关系不足以产生参与行为。从行动生成的微观机制看，客观存在的利益还必须在居民间获得明晰，让其能清楚感知才能催生参与行为（熊易寒，2008）。因此，研究者把居民参与不足的原因归结为居民在社区事务中对利益（Interests）[1]的感知不足，其中包括经济利益驱动不足和情感认同驱动不足（王小章、冯婷，2004；孙璐，2006）。并且，更多观点趋向后者，认为根本的原因在于居民缺少公共精神（孟天广、马全军，2011）或普遍主义精神（王永益，2011）。这种糅合了中西理论的观点，无法对居民参与和业主参与之间的差异给出合理解释。相比之下，此起彼伏的业主参与和业主抗争行为却从结果上标示利益驱动逻辑的可能。这一解释的启发性在于，在同样具有利益关系的不同社区事务中，造成居民参与和业主参与不同表现的可能原因是客观存在的利益

---

[1] 利益在当前众多的语境中都被默认为一种经济利益。本书认为利益是多重的，如同英文"Interests"所包含的经济利益、兴趣、满足等多重内容。

关系被个体内化的程度不同，从而产生了不同的行动表现。由此，这一思路也承接了第一项解释所产生的问题。但利益驱动的解释并未获得详尽阐述，比如：利益感知不足是如何发生的？它在居民参与和业主参与之间是否会出现差异，并最终造成了社区参与在居民与业主之间的分野？这些问题成为本书力图探讨的内容。

（三）利益明晰：一个解释概念

从利益驱动的视角分析社区参与中居民参与和业主参与的差异，笔者建构了一个可能的解释逻辑，即居民对社区利益认识不清（社区利益待明晰），从而造成居民参与冷漠。换句话说，如果社区利益与居民是紧密相关的，并且居民能比较清晰地认知这些利益，他们必然会采取积极的行为维护、争取这些利益。因此，本书引入"利益明晰"这一概念，力图阐明社区参与的形成机制。所谓利益明晰，即个体与公共事务之间受某些要素的衔接，最终出现个体清楚认知公共事务中的相关利益，并具有促使个体采取一定行为的趋势，它是客观存在的行动诱因转化成行动时必要的环节。现有研究并未直接探讨这一问题，却为厘清利益明晰的机制提供了重要的思路。

从理论上看，社区参与是一个涉及大多数居民的集体行为。但众多研究发现，社区参与主要表现为部分社区成员的行为，他们包括"关键群众"（刘春荣，2007；桂勇，2007）、"行政网络"（耿曙等，2008：515）、"社区精英"（陈桂香等，2004）等多种形态。并且，社区参与往往肇始于这些积极分子，他们的行动又影响着前者的走向。在基层选举活动中，积极分子是国家动员居民参与的中坚力量，国家需要首先依靠他们发动居民、塑造基层的社会空间（刘春荣，2010）。因此，他们成为连接国家与社会的重要桥梁，学者们正是在这一意义上重视对这一人群的分析。从本书关注的行动生产看，社区积极分子也是居民与社区之间利益连接的桥梁。他们在社区事务中充当的角色，以及在行动肇始的作为，都深刻影响着居民对社区利益的认知以及可能采取的行动。郭圣莉（2010）通过对一次居委会选举的参与式观察指出，社区积极分子在选举动员和投票过程中的特殊作用保障了选举活动的进行。张磊（2005）对北京几个小区业主维权案例的比较研究中发现，业主参与形成的初期需要维权骨干的参与推动，将小区事务问题化以引起全体业主的关注。与业主维权中的精英作用不同，社区积极分子是国家意志的体现[①]，他们并不是社区利益认知的生产机制，无法发挥精英推动业主维权的相关作用。因此，"社区利益明晰"命题的第一种可能是"推动社区利益明晰的首要力量缺失"。

为什么社区参与容易出现积极分子而少有精英？他们两者的生产机制有何差异？李辉（2008）发现，城市社区积极分子的出现主要基于对包括荣誉、政治关心等社会报酬追求的需要。郭圣莉（2010）在对国内的相关研究进行梳理时，也支持积极分子生产的"利益驱动"逻辑。尽管在不同研究者中，积极分子包括了社区热心人士、受救助人员、具有体制身份成员、党员、楼组长等多种对象。但无论是基于社会学意义上的"浅互惠"（Read，2003）、"庇护"关系（杨敏，2007），还是文化意义上的"人情与面子"（郭圣莉，2010），一种既不限于经济又不限于当下和等价交换的利益考量总是其中运转的核心机制。正如桂勇（2007）强调的，中国城市基层积极分子的出现并不是出于关心公益的志愿主义，而是一种主要源自国家意志转换而来的人情方面的"投资回报"考虑。可以进一步理解，积极分子受国家有意识的利益驱动产生参与，但他们的行为较少代表社区整体利益。相比较而言，现有理论少有涉及业主"精英"的生产，他们更多带有偶然性和神秘性。但从国内业主维权的案例描述中（朱健刚，2011），可以发现他们往往首先能从公共事务中较早且清晰感知到利益。这种情况的出现大致有两方面的原因：个体的差异和公共事务的特性。基于个体差异上的精英或能人是可遇不可求的，而公共事务的特性却具有调整的空间。换句话说，对公共事务特性的分析可能具有更大价值。熊易寒（2008）在更广意义上讨论了这一问题，指出正是因为城乡社区事务所包含利益的性质差异——分配性和维持性，造成农村社区居民更易于参与，而城市社区居民需要在利益受损的状况下才能做出行为。这种观点难以对同为城市社区的居民参与和业主参与之间的差异进行解释，但提示公共事务本身的特性对明晰利益存在关联。据此，无论从社区精英的生产还是从社区参与的形成看，"社区利益待明晰"命题的第二种可能是"社区事务的利益信息释放不足"。

---

① 比如在一些研究者看来，是国家在有目的地生产符合自己意志的对象，是国家主义向基层的延伸。

在社区参与研究中，社会资本理论受到广泛应用。以托克维尔（1988）、帕特南（2001，2011）等为代表的研究都发现，社区社会资本的强弱直接关系社区参与的兴衰。帕特南（2001）在对意大利政府行政绩效的研究中发现：社区社会资本对居民的民主参与行为具有重要影响。社会资本越丰富，居民的参与行为越积极，社区越繁荣。在随后对美国社区参与衰落的研究中，他进一步指出，这是包括电视、代际更替等共同影响下的社区社会资本下降所致（2011：211-330）。国内研究者在此基础上进行了相关研究，基本支持了这一理论：社会资本对社区参与具有相关性（胡荣，2008；潘柄涛，2009；黄荣贵、桂勇，2011）。值得注意的是，社区中的社会资本是存在差异的，突出表现为自上而下建构的垂直型社会资本和以邻里为基础的水平型社会资本之间的差异。这两类社会资本在社区参与中的作用是不同的，后者能促进社区参与，而前者则会阻碍社区参与。国内研究未就这两类社会资本的作用机制进行深入分析，本书试图在"利益明晰"的框架下提出：这两类社会资本在明晰社区利益时是否发挥了不同的作用，从而形成了不同的参与效果？因此，结合本节研究的问题，提出"社区利益待明晰"的第三种可能是"一些社会资本阻隔了社区利益获得明晰"。

三、业主参与与居民参与：两个个案

（一）Z 小区业主选聘物业公司事件

Z 社区[①]位于上海市中心城区 W 街道，常住人口约 4000 人，社区主要由三个商品房小区构成。2009 年 12 月前，社区内的两个小区都顺利结束对原物业公司的续聘工作。而 Z 小区许多业主因为对为该小区提供物业管理服务的 Z 物业公司不满意，因此该项工作进展缓慢。业主对该物业公司的不满主要源自两方面：一是 Z 小区的开发商未缴纳物业管理费，却享受着由小区业主买单的物业管理服务。Z 小区的房屋分为住宅用房和商业用房，开发商在出售该楼盘的住宅房后，仍然拥有该小区的一些商用房。在楼盘建成后，由其发起组建了 Z 物业公司。因此，根据 Z 居委会书记的介绍它们就是"父与子"的关系。二是

---

① 与国内大部分地区不同，上海市以街道辖区范围作为社区范围。此处为便于讨论，尤其与居民参与、自治直接相关的居委会辖区为单位，将居委会辖区称为社区。

Z 物业公司的服务与管理滞后。这些问题被一些细心的业主发现。在与一名业主聊天时，她就有清晰的认识，"这个物业公司很多账目都拿不出来，收的物业管理费和他们所提供的服务根本不符"，比如"他们收了不低的绿化费用，但是他们却只用一名绿化人员负责整个小区的绿化，很多绿化都没搞好"。

针对原物业管理服务中存在的问题，在一些首先发现问题的业主的要求之下，11 月底业主委员会召开会议决定：将采用竞聘方式选聘物业公司。随后，他们发布了选聘物业公司的信息，并有数家公司前来应聘。12 月初，小区成立了由业主委员会委员、业主、居委会成员、社区志愿者以及社区民警等组成的评议小组，听取了各前来应聘公司的情况报告，最后讨论决定（特别是根据公司的物业管理费用，物业管理中的具体细则、制度，以及在服务对象情况与自己小区的相似度而确定）将 H 物业有限公司作为最终与原物业公司进行竞聘的对象。业主委员会将相关结果与选聘事项以书面形式通知了各个业主，确定选聘从 12 月 15 日晚 7：00 至 12 月 17 日上午 11：00 结束。在确定竞聘对象到正式选聘这一段时间内，业主经常可以收到只署名是"本小区居民"的匿名信，信件或揭示其中某个公司的问题，或夸赞某个公司的优点。业主也经常为此到居委会反映这一情况，表示"这分明是在做暗地里的斗争"。但是因为这是涉及业主自身权利的，居委会不便插手，所以书记只强调一切要按法律规定进行。而在这期间，也有很多业主前去居委会打听 H 物业公司的情况。

12 月 15 日，Z 小区选聘物业公司正式启动，由业主委员会主持。这次选聘应发选票 740 张，包括 698 张 Z 居民业主选票和 42 张开发商选票（开发商拥有该小区一个幼儿园的住房所有权以及一个地下车库和邻街裙房的所有权，分别以每 100 平方米一张选票的方式计算）。选举人在候选的两个物业之间进行选择，最终选票总数超过 2/3 的公司将成为新的 Z 小区的物业管理公司。选票发放和回收采用两种途径，一种是居民到业主委员会办公室亲自领取选票，填写完后投放到安置在办公室内的固定票箱；另一种是由业主志愿者（其中也有开发商）分成 6 组带上选票和流动票箱上门让居民填写并投放。选票上需要署名。考虑到有部分业主可能有事难以参加投票，所以选聘计划持续 2 天，直到 17 日中午 11：00。15 日晚上 7：00，在与居委会办公室相邻的 Z 小区业主委员会办公室里面，以及办公室外面都挤满了人，包括前来投票的 Z 小区业主、开发商，以及作为监督引导选聘的居委会书记和民警。许多居民还拿着照相机和摄像机拍摄。整个选聘投票过程非常严格，业主则积极监督。从 12 月 15 日晚 7：00 开始发选票，晚上 9：00 停止投票后，选票箱被安上封条。次日上午 8：30 重新开启投票箱，在各方监督下继续选投工作，直至晚上 9：00 再封箱。同样，12 月 17 日上午 8：30 到中午 11：00 都采取这样的方式。但是，因为选票箱在唱票之前要经过两个晚上，所以各方都对这段时间内选票箱的安全产生了疑问（特别是业主）。原本打算将它放到居委会或者派出所，但是都遭到了两者（业主与开发商）的反对。最后，大家讨论决定将封上封条的选票箱放置在业委会办公室，同时对办公室大门也加贴封条，并派 4 名志愿者以 2 人一组分上下半夜进行看守。就此，选投票过程在紧张的气氛中较为顺利地结束了。由于业主的积极参与，选聘获得了超过 90% 的较高投票率。12 月 17 日下午 2：00，业委会进行了唱票，居委会书记和民警对此进行了监督，整个唱票过程被全程录像。结果，H 物业公司以超过 2/3 的选票成为 Z 小区新的物业管理公司。唱票一结束，业委会就将结果以公告的方式公布，并且宣布 H 物业公司成为 Z 小区的签约服务公司。

（二）Q 社区居民治理空气污染事件

Q 社区同样位于上海市中心城区，是一个商品房和售后公房混合社区，共有常住人口约 3500 人。辖区内有一 Z 净水公司经营部，位于与 D 小区（商品房小区）相邻的沿街上。公司对 Q 社区居委会经常给予一些净水赞助，因此两者关系还不错。2010 年 9 月底，Z 净水公司的生产厂房租借时间到期，而他们新的厂房尚未建成，为了不让公司的生产停滞，他们就在经营部放置了临时加工设备，进行生产加工。期间散发出的鱼腥味影响了 D 小区的居民，尤其是与该公司距离较近的居民。离加工地最近的居民甲由于无法忍受这种味道，与该公司进行了交涉，但 Z 公司并未予以理睬。于是，甲又向多个相关主管部门进行反映，希望它们能介入此事，还自己一个清洁的环境，但最终也都没有得到有效解决。最后，甲寻求居委会帮助解决。居委会委员了解到这一情况后，试图对他们进行调解，并约定 10 月 25 日双方到居委会办公室协商。但是当天，居民甲擅自把同样受到较大影响的其他几户居民也动员到居委会，参与协商。

这些居民的出现，让居委会（包括 C 主任、条块负责委员）措手不及。

但显然，居委会成员与被动员居民之间是比较熟识的。居委会 C 主任很快通过与他们事先闲聊的方式，劝说他们离开。她首先向他们强调"那（与 Z 净水公司谈判空气污染的事）是甲和 Z 净水公司之间的事"，试图重新将他们与这一事件割裂开，撇清他们在其中的利益关系，从而降低矛盾。但是居民们显然受甲的影响，对事件有了自我认知，X X 阿姨对 C 主任的回应具有一定代表性："他（甲）告诉我们他都对这一问题反映过许多次了，但是 Z 公司依然在这里生产，所以叫上我们受到影响的几家一起和他们谈谈，我们就过来了。……他们生产出来的味道确实很难闻，而且还不知道对身体有没有害。"面对居民们对事件中的自身利益的澄清，C 主任又进一步通过向他们分析其中的利害得失并进行劝说："这件事，甲已经跑了很多单位，他和他们（Z 净水公司）的矛盾已经很尖锐了。不管你们参不参加，问题始终是要解决的。你们说你们还需要不需要重新和净水公司树立矛盾？如果你们信得过居委会，可以先回去，我们一定处理得让大家都满意。你们在场，到时弄得闹哄哄的，反而不利于问题的解决。"C 主任的运作最终使这几户原本打算参与共同解决问题的居民退出了行动。最后，协商又回到了居民甲与 Z 净水公司之间。在居委会的调解下，矛盾获得了"解决"：Z 净水公司承诺等他们的工厂建好，年底前一定搬走。居民甲尤法施加更大的压力，只能做出让步，不仅未获得任何赔偿，并且他（还有其他受影响的居民）还得再忍受几个月的味道。

四、社区参与的形成：利益明晰的过程

以上两个案例中，业主参与普遍形成，并最终实现了业主自我管理小区事务的目的；居民参与被中断，对社区环境的管理只能随事件的自然发展而发展。综观这两个社区中较常见的案例，显示社区参与是一个复杂的发展过程。在这一过程中，参与行为受社区利益的明晰状况而发展。

（一）参与形成的初始——利益的个别认知

在业主参与和居民参与中，参与都肇始于一些个体。在业主参与中，少数

业主首先发现物业管理中存在的问题，并且在这一部分人的反映和要求下，业主委员会召开会议，决定重新选聘物业公司。在居民参与中，居民甲最早采取行动与净水公司进行交涉，随后又动员其余受影响的居民，试图改变大家住宅附近空气受污染的状况。这部分人的出现对事件发展的作用并不完全一致，但他们却成为社区参与形成的重要推动力，为广大业主和居民建构了一个进一步了解真相、参与决策的行动空间。可以预计，如果没有他们的行动，这两次事件都将会是另外一种形态。

在参与研究中，由什么首先推动参与产生具有特殊的意义。较多的研究都发现精英动员的作用。在业主参与研究中，往往是一些积极分子的存在，才使业主维权行为能持续进行。他们特殊的组织能力、协调能力、知识结构、人际资源及奉献精神等，有利于聚集广大业主，动员参与投入。因此，"维权精英的成熟与投入程度，是维权行动成败的关键因素"（邹树彬，2005: 10）。与精英动员论不同，本节的两个案例并没有出现类似的精英或能人 [1]，而只有一些普通的个体。在业主参与中，一些个体发现"物业公司很多账目都拿不出来，收的物业管理费和他们所提供的服务根本不符"，物业公司"收了不低的绿化费用，但是他们却只用一名绿化人员负责整个小区的绿化，很多绿化都没搞好"等等问题。同时，他们又觉得"居民每月向 Z 物业公司交了物业费，但是他们并没有提供等价的服务"，从而感受到个体在小区公共利益中受到的损害，激发他们采取行动维护自身利益。个体对公共利益受损的感知或许也源于偶然因素的叠加，比如一些个体喜欢了解各种小区内的信息，一些个体对小区内事务的变化感受比较敏感，一些人比较接近信息源（有比较熟悉的人在物业公司）等等，但显然都受到事件信息分布的影响。在同等条件下，信息的分布在不同居民之间是有差异的，因此必然会使一些居民首先接收到这些信息。而在这些个体对小区公共利益受损感知的内化中，一项基于市场交换的逻辑进一步发挥了作用，每月缴纳的物业费使个体在公共利益中的那部分清晰可辨，也使他们的参与行为变得明确——获得等价服务。

在居民参与中，居民甲距离污染源最近，受到的影响最大，由于其无法忍

---

① 根据现有的一些研究，所谓的精英和能人往往具有超凡的能力、丰富的资源以及奉献精神（邹树彬，2005）。

受净水公司加工过程中散发出的难闻气味，遂采取维护自身权益的行动。在这一事件中，受污染的空气直接影响了居民甲的私人生活。这种影响同样存在于其他几户居民身上，但由于强度不及居民甲，一方面制约了他们对个体利益的认知，另一方面也为他们提供了"搭便车"（奥尔森，1995）的机会。居民甲受到差别性刺激的影响——类似"选择性激励"（奥尔森，1995：71），事先选择单独行动。显然，甲的出现源于其为维护公共事务中受损的个人利益。这一行为的发生基础是他对事件中受损利益有最清晰且强烈的认知，一方面事件本身产生了信息分布差异（距污染源的远近），另一方面是差别性刺激的作用（污染对甲造成了最大的影响）。

在这两个案例中，都具备了参与的首要推动力量，并且它们自身是在利益明晰中才出现的。但是，它们的形成机制却存在一些差异，表现在事件信息分布、市场交易、差别性刺激等方面。在一般意义上，事件本身必然存在信息分布的差异，但是等价交换的经济逻辑更普遍地存在于业主意识中——每月缴纳物业管理费是业主的一种普遍行为，确定的数额成为业主计算得失的基础。所以，在业主参与中更容易形成参与的先行者。这里，等价交换和差别性刺激都是社区事务与个体之间的一种关联方式，他们随着事务的产生而自然产生，但所形成的社区事务与个体之间的紧密关系却不同。这可以成为社区各类事务释放利益信号能力差异的一种表现。王小章和冯婷（2004）认为业主参与业主委员会的情况普遍好于居民参与居委会的情况，是由于业主通过业主委员会所寻求的利益更明确，以及私有化房产所产生的利益联系等造成。这种经济逻辑背后，事实上是具有普遍效力的市场交换逻辑产生的。在大多数的社区事务中，并不存在等价交换的经济逻辑，而差别性刺激也需要通过像利益受损等方式才能形成。因此，熊易寒（2008）敏锐地发现，城市社区事务所包含的利益需要通过焦点事件才能吸引居民的注意。根据这一思路，在更多显示"非受损"特征的社区事务中，"推动社区利益明晰的首要力量"的缺失就变得可能。

（二）参与行为的发展——利益的不同阐释

现有研究指出，群体行动的产生，都建立在群体意识或群体对公共事务的判断与认识基础上（Tarrow，1998: 109–111）。这种群体意识即群体成员对自身在公共事务中利益的总体判断，以及由这种判断所决定的行动意向。在社区参与的两个案例中，部分个体推动了事件的发展——将其呈现于公共视野中，群体成员得以在此基础上进行讨论、理解。

在业主参与中，选聘物业公司变成一个复杂的行动场。业主委员会先是发放至各业主的书面通知，使广大业主初步了解了物业选聘的动态和自身的行动机会。但是由于通知上的信息较为简单，因此大部分业主对事件的深入认识更多来自业主之间的交流和小区内出现的匿名信。在这个案例中笔者没有访谈到更多的业主，询问他们之间就这一事件的具体互动情况，但是有业主表示"居民之间讨论这件事的很多"。同时，小区内的匿名信加强了业主对信息的进一步掌握，也间接引起了他们对这一事情的重视。因此，有许多业主都去居委会询问新物业公司的情况。最终，业主们普遍产生了"选聘是关系到每个业主自身利益的，小区环境搞得好不好都关系到每个人"的认识。

在居民参与中，尽管甲做出了各种努力，但是他的个人行为并没有起到管理公共事务的作用。因此，当居委会表示出面为他调解时，居民甲才试图将个人的参与行为转换为群体的参与行为（他把同样受到侵犯的其他几户主要居民也动员到维护共同利益中）。对于其余几户居民，原本他们的利益也同时被侵犯，并且他们也理应能认识到（因为可以闻到臭味，这就有可能形成他们维护自己利益的意愿），但是他们一开始并没有采取任何行动。无法考证其间是居民"搭便车"心态还是居民利益受损较小而试图放弃心态产生的阻碍。最终，主要相关居民的参与意向在居民甲的动员之下产生。甲的积极争取一方面嵌入于基层的人情与面子社会（黄光国等，2004），使其余居民难以拒绝；另一方面也使他们有机会进一步认识自身所受到的侵害，所以ＸＸ阿姨会产生"味道确实很难闻，而且还不知道对身体有没有害"的认识。因此，其余居民对公共事务的进一步感知，是在居民甲的推动下才出现的。

在集体行动的"共意形成"（克兰德尔曼斯，2002：93）阶段，公共利益受到不同阐释，它能帮助个体与公共事务之间建立起明确的联系，对之后的参与行为具有决定性影响。业主们通过彼此讨论、传递信件、打听消息等方式在群体之间对小区事务进行澄清。从广义看，这些行为本身就是参与的一部分，但对于整个事件的发展而言，它们真正的价值在于使业主们对事务中的利益有了更充分的了解，包括原物业公司存在的问题、小区利益受到的侵犯、新物业公司进驻可能带来的影响等等。这又为市场交换逻辑在更大范围内发挥作用创造了条件，帮助构筑起业主群体对选聘物业公司的总体判断。这些建立起来的行动意向在投票开始便显露出对社区参与的作用——各种自发监督行为的出现。相比之下，Q社区中的相关受影响居民应该能在个体层面产生利益被侵犯的意识。但在群体范围内，他们并未对这一问题形成群体认知和判断。笔者在与甲的交谈中得知，甲与其余居民在偶尔遇见时讨论过这件事，多是简单抱怨，没有进行深入沟通。尽管在甲的动员下居民们对事件有了进一步认识，并达成了参与意向，但由于他们事先未就事件进行充分沟通，居民们的参与意向并不牢固。在差别性刺激的作用下，容易形成他们的"搭便车"倾向。

以上显示了群体参与意识生成过程中，社区事务释放利益信号的方式与社区居民交往空间状况对明晰社区利益具有的作用。不仅是对前期参与者的生产，也是对群体参与意识的形成。后者则塑造着前者的作用空间。现有研究都认为，社会交往主要依靠社会资本存在。在社区内，社团[①]是社会资本的重要载体，也是居民交往的主要空间。以社团进行衡量，显示这两个社区内的社会资本总体都较为缺乏。比如Z社区的社团是W街道中最多的，也是该社区的特色，但499人次的在册登记也只占该社区所有4794位居民的近10%。其中，还有多人同时参加几个社团。笔者观察了一些社团活动，发现实际参加的人数更寥寥无几。所以，在物业公司选聘中，业主主要通过匿名信、到居委会询问等具有偶然性的方式进行沟通，缺乏较稳定的社会交往。同样的问题更存在于Q社区内。因此，社会资本的缺乏，限制了居民之间的交往以及对社区利益的阐释。

（三）参与的达至与终止——利益认知的形塑

尽管在社区参与前期，各类因素的相互交织为个体明晰社区利益、进行参与实践奠定了基础，但参与的最终达至或终止仍然是一个充满变数的过程。

在Z小区选聘物业公司的投票阶段，业主委员会的运作起着重要作用，他们努力保证了选聘的进行以及程序公正性，包括选票数额的确定、对业主投票

---

① 当前，更多研究者用拜年网、讨论网考察社会资本存量及特点。本书认为，这种方法在社区内部并不适用。基于社会关系最一般的交往特征，笔者采用帕特南同样的方式，以社团参加情况进行衡量。

时间的考虑、投票方式的选择、投票过程的组织等。这些内容是一次选举活动需要具备的基本要素，存在于大多数选举活动中，但并不表明这构成了参与形成的充分条件。相比之下，投票阶段有两个现象值得注意。一个现象是选举中的一些特殊行为，比如"一些业主自发对投票过程进行摄影监督"、业主们对选票箱放置地点的争执以及一些业主"主动为选票箱守夜"等。这不是业主参与的必然现象，却成为整个事件的一些重要渲染因素。它强化了业主对选聘物业公司的重视程度。已有不少研究指出，仪式和造势对群体中的个体行为具有重要的影响作用（勒庞，2000；霍弗，2008）。尽管这种影响可能造成个体的非理性行为，但适当的仪式和氛围渲染激发了个体的注意力和行动反应，使他们更能关注事件及思考与自身的相关性。在 Z 小区中，一些业主原本对重新选聘物业公司这一事情并不是很在意，但是由于听说在选聘过程中所出现的激烈场面，使一些业主认真对待他们的选票，保证了整个选举过程的高投票率。正如 Z 居民所说的："没想到选聘新物业公司的第一天就弄得这么激烈，这让很多当天还没有投票的业主开始重视他们手上的选票和价值。"同时，这些行为以监督等方式间接建构起一个更加公正的行动场域，这为分散行动者的参与风险、弥合个体对参与行为与结果之间的预期感知具有重要的价值。另一个现象是居委会等外部组织的立场和态度。在选聘物业公司的整个过程，外部组织（主要是居委会、党组织）基本保持中立，书记一直强调要依照法律法规进行，并且事实上也遵循自身的行为边界——从决定重新选聘物业公司到选聘结束，他们都只是起监督的作用。这为事件的自然发酵、发展提供了条件，居民能更充分地了解各类信息、做出甄别和决定。客观看，在投票前期对小区公共利益广泛阐释的基础上，正是这两类现象保证了群体参与行为的生成。

在居民参与过程中，居民们的参与行为出现中断，最终没有真正取得维护自身利益的成功：居民们还需等到 Z 净水公司厂房建成后再停止经营部的加工生产，这一段时间内居民不仅需要继续忍受难闻的气味，也没有得到任何补偿。这一结果与居委会的介入是紧密相关的。在居民们与净水公司协商之前，居委会主任通过一系列策略消解了群体参与行为的形成。她先向其余几户居民呈现了一个"搭便车"的机会（无论他们参不参加，问题都可以解决）。接着，基于简化矛盾、解决问题的合理性，有效利用居民对居委会的信任，实现自身参与向委托管理转换，从而将公共性事务又转化为个体事件。最终居民甲只能在依靠个人力量的情况下妥协。与业主投票选聘物业公司不同，由于前期居民们并没有就整个事件达成共识（或深入了解事件的本质及其对群体的影响），除甲以外居民的真实参与意愿并不牢固，或者说他们在事件中的利益认知仍是模糊的——仅限于"确实难闻"，且不知道"对身体有没有害"。因此，居委会的运作很好发挥了事件本身具有的"搭便车"机会和居委会在居民中的威信，使居民管理社区事务的动向流产。

　　无论群体对公共事务中的利益认知程度如何，群体参与实践仍会受到行动者在实践中的具体感受的影响。这是一个"参与实践—信息反馈—参与实践"的互动过程。刘岩等（2008）指出，"特定的权力运行制度和分布结构会形塑不同的社会参与动机和逻辑"。从业主和居民的参与努力中，至少显示两种力量在形塑这些参与动机。一种是外部介入力量，主要是社区自治以外力量的介入。因为《中华人民共和国城市居民委员会组织法》等社区自治法律的存在，其他力量很难直接介入对社区事务的管理。但是，由于社区中领导居民进行自治管理的居委会（及党组织）角色的特殊性（法理上的社会性、实践中的国家性），为行政力量及逻辑的介入创造了条件。作为一个行为主体，居委会会依据实践中的形势判断做出选择（杨爱平，2012）。在Q社区的参与实践中，居委会（及党组织）的柔性运作，消解了居民们管理社区事务的意图。而在业主参与实践中，居委会（及党组织）总体上的中立性，又为业主的广泛互动、参与创造了空间。这些都得益于居委会在基层建立起的广泛社会网络。比如在W社区，居委会通过委员对社区的"条块管理"[①]、发展"楼组长"[②]参与管理以及对社区社团的管理等方式，形成健全的社会关系网络。这不仅帮助其介入居民内部，也为其对基层运作管理提供方便。另一种是内部规范力量，是参与实践中的规则以及

①　"条块管理"是指，在"条"上，每个委员具体负责某一项或几项工作内容，比如负责计划生育的委员要完成街道交付的相关工作。这些工作与居民的互动性较高（比如孕期检查、领取独生子女证、婴儿疫苗接种等等），使得他们与居民之间存在建立社会关系的可能。在"块"上，整个社区根据空间被分为几"块"，每个委员都负责一块地区，每月需走访20户居民，并做好记录。这更使得每位委员都可以和自己块内的居民建立起亲密的人际关系。

②　"楼组长"是个非正式职位，是一项类志愿性工作。他们主要对居委会负责，可以认为是居委会的下一级工作单位，但又不具有明确的隶属关系。"楼组长"主要是负责联系、通知等工作，在整个楼栋里具有良好的邻里关系，能够起到动员居民的作用。关于"楼组长"或"积极分子"也存在于现有的一些研究（杨敏，2007；刘春荣，2007；熊易寒，2008；刘威，2010a）。

行动压力，它保证了参与的公正性，有利于行动者对参与中的行为与利益进行积极评估。在Z小区选聘过程中，业主主动摄像和拍照、轮流看守投票箱等行为，与选聘的规则设计，共同构成了参与实践中的内部规范。它们传递出经再加工的事件信息——选聘物业公司是一件受到极其受重视的事，弥合了参与过程中的不确定性。

因此，从对利益的形塑看，社区内围绕居委会建立的社会资本与居民之间基于交往的社会资本显示出不同的作用。现有研究也发现，存在两类不同的社会关系：共通性社会资本与特定性社会资本（Fukuyama, 1995, 2001, 2002；Putnam, 2000；Knack, 2002; Uslaner, 2002; Perez Diaz, 2002; Zmerli, 2003；Callahan, 2005，转引自陈捷、卢春龙，2009）、水平型社会资本与垂直型社会资本（黄荣贵、桂勇，2011）、连接性社会资本（Bridging Social Capital）与黏合性社会资本（Bonding Social Capital）（帕特南，2011: 11）、积极社会资本和消极社会资本（石发勇，2008）。尽管称呼不同，但都指出它们在基层运转中的不同作用，只有存在于居民之间的社会资本才会对个体参与行为产生积极作用。本书的研究视角进一步指出，这种作用或许具体表现为通过明晰利益而促使个体从内心选择了作为。

五、小结与延伸讨论

（一）简要小结

从行动者的角度而言，社区参与是一项微观行为，容易受个体的主观认知影响，因此，存在较多的不确定性。社会科学研究为简化这种不确定性，往往从理性人的假设出发，探寻社会现象和社会行为背后的规律。这也主导了本节研究的开展，将"利益—感知—行动"作为分析逻辑。事实上，现有研究也从不同层面体现了这一特点。

本书对社区中的业主参与和居民参与的两个案例进行了比较分析，展现了社区参与如何从个体萌发到群体参与形成或终止的过程。在这个过程中，社区事务被呈现、讨论阐释和行动再生产。但由于其作用方式的差异，公共利益在业主间逐渐明晰，在居民间并未获得较好澄清。个体正是借此尽可能接近事情真相并建构起参与意向和参与行为。其中，基于"明晰利益"的几个问题对行为的产生具有一般意义。首先，参与确实需要一些力量的推动，这些力量可以是一些精英领袖，可以是一些最大、最直接的相关者，也可以是一些偶然的投入者。但总体上是基于他们对公共事务中利益的深刻感知而形成的。而他们的出现与行动，使公共事务开始进入公共视野，为后续参与行为的形成奠定了基础。其次，公共事务的性质差异以不同方式勾连着个体与公共利益。在案例中，基于市场交换的经济逻辑和基于差别刺激的经济逻辑在驱动行动中显示了不同的作用。前者对利益的明晰作用更强、更普遍，便于个体在计算中感受得失。后者对利益的明晰作用容易在群体内产生差别，并进一步引发一些个体的"搭便车"行为。受限于案例的数量，尚难确证公共事务在释放一些利益信号时是否仅存在这样两种逻辑。但可以确定的是，对社区参与的影响除存在城乡差别之外（熊易寒，2008），城市社区内部也是有别的。最后，社区内的社会关系网络对个体认知社区利益、采取行为具有不同的作用。居民之间的关系网络更有利于个体对社区事务展开公共讨论、传递信息，在澄清事务的过程中明晰利益，并在行动中塑造基于维护公共利益的行为规范。围绕居委会（及党组织）建立的社会关系并不能代表居民的意志，居民们会根据对形势的判断而采取行为，或者保持中立，或者介入其中，但大多数情况下那些社会关系会干扰居民对社区事务的认知。

以上这些因素不是孤立地在某个环节产生作用，而是同时穿插在整个参与形成过程中的，由此决定着社区参与的走向。同时，这些因素共同显示社区参与中的两种微观机制：经济机制和社会机制。经济机制与对经济利益的突出关注相吻合，它使个体能在计算得失的基础上对公共利益产生直观感受，像市场交换和差别刺激正体现出这种特点。社会机制主要通过社会交往和社会规范表现，它们在传递、阐释信息的意义上突出事务的重要性，并为个体计算得失创造条件。

（二）延伸讨论

社区参与在广义上是一项集体行动。个体基于狭隘理性计算而不参与社区事务治理，即具有了集体行动困境的一般特征。因此，一些研究者也从克服集体行动困境的角度对社区参与进行分析（张克中等，2011）。本书所提出的解释逻辑如果成立，对集体行动生成也具有比较意义。在以往对克服集体行动困境的研究中，逐渐形成了以区别私有化和委托代理为特征的第三条路径：共同治理。比如奥尔森提出"小团体治理"和"选择性激励"的策略。他发现在较小的团体内，信息能在成员之间充分共享，以此提高成员之间相互监督彼此行为的作用，最终促使成员都能积极采取行动。"选择性激励"是利用激励源的"非集体性"（蒋文能，2009）以达到强化一些成员对公共事务的责任和利益，从而通过他们的行动去提高所有成员的行动能力。奥斯特罗姆（1990，2000）提出"制度治理"的策略，认为恰当的制度能有效推动群体成员对公共事务的有序治理，但这些制度必须由居民自行建构，并能清晰界分各类公共事务及其主体的行动边界。如果从利益明晰的逻辑看，这些解释的一个显著特征是，在不私有化公共事务的情况下，努力在公共框架中尽可能化约公共利益，建构起个体与公共事务之间的关联。关联越紧密，利益越明晰，个体采取参与行为的可能性就越大。但这只是本书引申出的另一个议题，还有待进一步探究。

第二节　基层治理中的精英及其生产 [①]

一、问题的提出

进入 21 世纪以来，社会建设的问题日益受到重视，并不断被提上议事日程（沈原，2008）。在这一过程中，如何构造一个有效、合适的基层社会治理体系成为其中的一个核心议题。从现有的众多研究和分析看，没有哪一项实践是普遍适用的，也没有哪一项理论获得了普遍共识。总体而言，地方政府近些年通过"网格化"建设（姜爱林、任志儒，2007；杨代福，2013）、村（社

---

① 本节已发表于《社会学刊》2019 年第 2 期，原文题目为"内外兼修：基层社会治理中的精英及其生产"，此处略作修改。

区）各类中心建设（梁伟发，2010；黄俊尧，2014；曹志刚，2013；徐宇珊，2016）、村（社区）"一站式"服务建设（李颖，2014）、引入社会组织参与等，不断完善基层管理与服务体系，试图以这种方式主动引导社会需求与替代民间的权利表达，达到使社会安定有序的目的。但是，以物业（包括村集体土地）、环境为核心的业主（村民）集体抗争行为（陈文、黄卫平，2009；王瑜、仝志辉，2012；陈涛、谢家彪，2016）仍时有发生，成为影响社会稳定的主要因素，但也被许多学者认为是我国社会发展、促进基层政府治理水平提升的表现与契机。这种双向推进的治理路径具有"双轨政治"的特征（费孝通，2012: 45）。以此观之，在地方政府不断将治理体系向下延伸的过程中，如何有效吸纳社会中仍然广泛潜在的自下而上的主体表达，并构建起相应的治理框架，成为我国基层[①] 社会治理的一个发展方向，也是《中共中央关于全面深化改革若干重大问题决定》中对于"实现政府治理和社会自我调节、居民自治良性互动"治理要求的题中应有之义。

围绕这一问题，研究者形成了几种构建基层社会治理框架的思路。第一种注重对政社边界的厘定。目前社区（居委会、村委会）行政化倾向较严重，这制约了基层治理格局的形成，尤其是不利于基层自治组织主导、引导社会成员与地方政府之间形成良性互动局面，因此社区自治组织去行政化成为社会治理变革的重要内容，并形成了包括"议行分设"（姚华、王亚南，2010）、"准入制"（卢福营、戴冰洁，2015）等多种探索和主张。此外，一些学者看到社区本身也已不具备作为社会生活共同体的特质（王小章、王志强，2003），因此，需要将政社边界往下限定在小区范围内，从而构筑"业主主导型自治政体"（陈鹏，2016），或者一种围绕社会组织建设而形成的"法团主义"治理模式（秦洪源、付建军，2013）。第二种从方式和途径的角度，认为社会各项关系错综复杂，要明确界定各个主体的权责范围是较为困难的。因此，需要从治理方式着手，区分维权、谋利、泄愤、凑热闹等不同取向，注重围绕利益受损者的合法权益建立治理机制等（陈涛、谢家彪，2016），发挥不同治理手段的作用，从而达到对公共事务的有效管理。第三种围绕具体内容展开，一方面，在国家将社会

---

① 中国的行政序列分为国家、省、地级市、县、乡镇五个层级。在乡镇（街道）以下，需要构筑乡镇（街道）与社会彼此合作的多元治理格局。因此，本节中的"基层"主要在乡镇（街道）以下这一范围，集中体现在村和社区。

治理触角向下延伸的过程中，给予社会参与的治理空间并不多，从而出现了碎片化治理（韩志明，2012）的特点；另一方面，尽管社会中基于权利维护和伸张的群体行动不断，但其也同样存在碎片化、临时性、应激性等特征，尚未形成系统、有序、触及政治诉求的治理行为和治理意向。因此，研究者认为基层社会治理应采用不同的治理方式（陈伟东、张大维，2009）。这些研究及其结论总体反映了当前我国基层社会治理现状，其中社会成员的参与成为这些治理构想的一个方向和基础（阿兰纳·伯兰德、朱健刚，2007）。然而，从基层社会治理议题形成至今，基层社会参与不足的难题一直存在，这成为制约社会治理有效运转的一个突出问题。

从众多研究看，社会成员的广泛参与主要是在精英动员和组织下产生，这些精英包括"关键群众"（刘春荣，2007；桂勇，2007）、"行政网络"（耿曙等，2008：515）、"社区精英"（陈桂香、杨进军，2004）、"新代理人"（李祖佩，2016）等多种形态。他们不仅是社会参与力量的主要发起者，也影响着社会治理的走向。但研究者对基层社会治理中精英的认定是存在分歧的，在不同的情境中呈现出了不同的面貌，比如一些研究者认为基层社会治理中涌现的精英是国家的代表（刘春荣，2010；郭圣莉，2010），而另一些研究者则发现这些精英显现出了"公民""草根"的特点（张磊，2005）。因此，究竟如何认识基层社会治理中的精英？换句话说，该如何界定当前基层社会治理中的精英？

与此同时，在对精英的认识中还存在另一个更重要的问题，即精英的生产方式。它决定着以精英主导参与的基层社会治理是否具有普遍意义和价值。事实上，源自我国传统社会"士绅"治理的特点，精英治理模式已成为当前基层社会治理的一项重要主张，许多研究者力图通过对"乡贤"（裴斌，2016）、"新乡绅"（申瑞峰，2009）等的发现和培育，恢复"士绅"治理的传统。但这一构想的实现需要建立在精英群体普遍存在的基础上。换言之，社会中存在着一种独立于个体之外的精英生产体制，它能实现对社会成员的筛选，并把它们推到能主导地方治理的位置上。对这一问题，研究者的认识依然存在分歧，比如应星（2007）、张紧跟和庄文嘉（2008）、陈国强（2014）等都认为，现有精英的出现主要是受个人秉性、能力所决定，他们的个人信念与坚持是使他们在治理参与中主导地位形成的基础，因此这种精英生产方式具有很大的偶然性、不确定性和随机性。这就意味着，由精英主导参与的基层社会治理并不能成为一条具有普适意义的路径。但也有一些研究指出，现有精英的生产是有其内在机制的，由于一些个体占有着一些特殊资源（李辉，2008），或者占据着一些特殊的位置（王国勤，2011），为他们通过交换、庇护树立权威提供了便利和条件，从而塑造起精英身份和精英地位。这又意味着，现实生活中的社会治理精英是可以寻找、发现，甚至培养的。对于这两种截然不同的观点，该如何认识？是什么造成了这种差异？又该如何拨开蒙在"精英生产方式"上的迷雾，使我们能更加客观地评价"精英治理"的前景？针对这些问题，本节将首先对如何发现基层社会治理中的精英进行探讨，并在此基础上通过对现有文献的二次分析，着重考察精英的生产方式。

二、基层社会治理中的精英及其理解

（一）基层社会治理中的精英

关于精英的论述尚未形成统一认识。帕累托（2003: 13）较早对精英进行研究，认为精英是"最强有力、最生气勃勃和最精明能干的人，而无论好人还是坏人"。米尔斯（2004: 2）围绕权力占有情况，指出权力精英是一些人的地位"可以使他们超越普通人所处的普通环境"，并且可以使"他们做出具有重要后果的决定"。布登（Michael G. Burton）和希格利（John Higley）（1987：223）对当代主要学者（包括吉登斯、戴耶、摩尔、普特南等）的精英观点进行了全面梳理，从他们的分析中可以发现，这些学者都强调精英是对公共机构、社会组织中位置、社会权利和财富等占有而形成，且主要集中在政府、政党、商业、媒体、法律、教育、军事等领域。对于近代中国社会精英的研究也主要承袭了这一思路，在各类实证研究中，研究者往往以大学学历、党员身份、收入、专业技术职称、私营企业主等作为精英的表征（Walder，1995；宋时歌，1998；郑辉、李路路，2009）。除此以外，还有一些研究者根据所处地域不同，将精英区分为"乡村精英"（农民精英）和"城市精英"（或社区精英）。杜赞奇（1996：150）认为"拥有财富是进入乡村领导层的关键"。朱天义（2016）进一步指出，乡村精英是"在农村场域内，比其他成员能调动更多社会资源，获取更多权威性价值分配如安全、尊重和影响力，并实质性参与、领导、管理、决策乡村公共事务的群体"。在城市里，林尚立（2003: 210）认为"社区精英是指拥有一定的优势社会资源，具有较强的公共意识和参与意识，并且实际参与社区公共权力的分配与运行，能够对社区公共事务产生影响力的人群总体"。综合来看，研究者对精英的理解主要是基于社会中的"资源占有"或"位置占据"而形成的。这构成了对社会结构和社会运转方式的一种宏观透视，揭露出社会的分化与不公，同时也成为考察社会主义国家转型的一个有力视角，受到学者的重视。

本节所关注的精英是与基层社会治理这一背景紧密相连的。因此，这部分精英至少需具备以下四方面的特征。第一，公共性。基层社会治理首先针对的是公共事务（至少是准公共事务），而非私人事务，因为只有公共事务才构成治理中的主体"多元化"基础。并且，只有精英代表了公共意志，才能形成内嵌于精英中的"权威"基础。正是这种公共性特点，许多仅仅拥有财富、能力的社会成员并不在本书考察的精英之列。第二，权威性。权威是传统精英理论中的重要内容，主要是指一种合法性关系（Ralf Dahrendorf，1959: 166）。在基层治理中，这种关系主要是通过社会成员的广泛认同、认可而获得。也正因为存在这种关系，社会成员才会在精英主导下参与对公共事务的管理。因此，基层社会治理中的精英必须能对社会成员形成有效动员、号召或组织，使他们能跟随精英做出自主行动。第三，内生性。能获得社会成员广泛认同的精英，既可以内生于社会，也可以是外在党政力量的介入。但近些年来在党群之间、干群之间形成的不信任关系，致使大多数能获得居民认同的精英都来自社会内部。正因此，许多研究者将基层社会中出现的积极分子作为政府触角的延伸（刘春荣，2007；桂勇，2007；耿曙等，2008: 515），而非社会力量的兴起，也就无法整合社会力量治理社会事务。第四，建设性。基层社会治理的目的是要构成对公共事务的有效管理，而不是造成破坏性结果。因此，精英之于公共事务的管理应该是建设性的。这区别于泄愤性群体性事件或骚乱事件——目的不在于解决问题，而只为发泄不满。基于这四方面的特点，笔者认为基层社会治理中的精英与经典精英理论中的精英是不同的。他们不是宏观意义上决定历史走向的那部分人，或者他们可能根本算不上是精英，而只是公共事务治理中的"草根行动者"（应星，2007）。但他们在基层社会治理中的角色是独特的，是与我国社会紧密相连的一种介于西方精英民主与东南亚底层政治之间的样态（应星，2007）。他们在社会中若隐若现，平时隐匿在普罗大众中，在具体的事件中又会涌现出来，当问题消除后又退出公众视线。因此，直接以"资源占有"情况的静态精英定位方法并不利于对他们的了解。从他们的出现与具体事件相结合的特点看，笔者主张以"事件浮现"的动态方式对精英进行锚定，也即精英是在基层公共事务中逐渐涌现出来的以解决具体问题为目的、能代表社会成员意志、引导社会成员行为的个体。这种动态精英锚定方式，为对精英群体做更准确分析提供了条件，也更有利于深入认识这一群体。

（二）精英的生产方式

由于本节对基层社会治理中的精英做出了重新认定，因此，对这些精英生产方式的考察成为一个新的课题。现有研究为对这一问题的分析提供了两条有益的线索。

第一，内在促发。内在促发是精英行为出现的内在动因。精英不是凭空出现的，他们主要来自社会群体内部。但他们为什么能在众多个体中脱颖而出，这与他们先期的行为有很大的关系。从理性人的角度分析，精英愿意在基层社会事务管理中做出更多投入、承担更多风险，主要是他们能在这种付出中获得某种回报。华尔德（Walder，1996：197）在研究单位制下的工厂政体时早就发现，由于改革前国家对社会资源的高度垄断，工厂里出现了一批积极分子，他们为了获得更多报酬而依附在具有资源分配权的管理者周围，因此形成了一种"依附—庇护"关系。资源获取正是这些积极分子行为的动因。李辉（2008）在分析现代社区积极分子的产生时也发现，社会报酬的获取是社区积极分子产生的根源，而这种社会报酬的表现更为多元，包括了荣誉、政治关心、社会交往与小群体活动、重要性与个人价值的体现、轻微的权威感、社会互助感等。李祖佩（2016）在对乡村干部的研究中指出，谋取村干部身份也主要是因他们能利用这一身份谋利。

与理性人的假设不同，另一些研究者认为，基层社会治理中的大部分精英并未经历行动前的深思熟虑，相反他们的行为很大程度上也是受感性因素所驱使。这些感性因素与个体的感受程度、公共事务中的公平性、社会舆论环境等相关。从传统社会理论开始，情感在群体行为中的作用和影响一直受到关注（陈顾、吴毅，2014）。勒庞（2000）和霍弗（2008）较早提出了非理性因素在社会行为中的决定性作用。在这一思路影响下，怨恨（MaCarthy & Zald, 1977；刘能，2004）、愤怒（Jsaper, 2011）、情感（应星，2009；吴长青，2013）理论被应用到集体行为发生的研究中，认为怨恨、愤怒来源于对不公正的关注、对苦难的体验或对危机的担忧。尽管这些都是一种情绪体验，但它最终作用于理性人的行为，构成"利益表达和需求保卫的导火索"。与此不同，应星（2007）用"气"这一具有中国文化特质的概念，解释了集体行为产生的整个过程，也即集体行为源于一些人的"气"，又通过"气场"主导着其他成员的行为。因此，由"气"所主导的集体行为，其整个过程都是非理性的。吴长青（2013）则用"英雄伦理"对个体在公共事务中的持续投入做出了解释。这回应了精英在投入收益不对等情况下做出行为的原因。当然，对于感性因素是否一定表现为非理性作用机制，是存在争议的。陈顾、吴毅（2014）在梳理情感的研究中认为，集体行为中的情感分析出现了传统情感主义和新情感主义两种取向，前者将情感作为非理性因素，后者视情感是可控制和可资利用的理性因素。这些解释并非针对精英的产生，却为理解这一问题提供了思路。

第二，外在塑造。内在促发只表示一些个体会在公共事务中优先行动，但并不表示他们能在社会群体中获得认同、建立权威。现有研究基本将后者主要归结为由外部塑造而形成，这在我国传统士绅形成的过程中表现最显著。张仲礼（2008: 3）主张从学衔和官职两方面对士绅进行界定，其中学衔与科举制有关，官职与官籍获得有关，而官籍的获得又建立在学衔（即科举考试）基础之上。正因此，科举制被认为是精英（士绅）生产的核心机制（孙立平，1996）。但无论是学衔还是官职，其都是国家权力的一种表现。士绅因此也成为国家权力的延伸和象征，拥有包括经济、政治、文化等多方面的特权（张仲礼，2008：26-33；徐茂明：2006：81-96）。毫无疑问，士绅能主导中国传统社会中的基层治理，与其所享有的权利和占有的资源紧密相关。李祖佩（2016）的研究则聚焦于现代乡村精英的生产，他认为，作为国家正式代理人的村组干部才是乡村治理的主体，他们的生产与其作为国家"代理人"的角色有关，但国家"代理人"角色并不必然带来资源（项目），因此他们能借此争取到尽可能多的资源（项目）就成为他们获取来自基层认同的基础。从精英而言，这激发、吸引了他们的行为；从社会成员而言，由于忌惮威慑或获取资源的需要，他们愿意做出服从。受此影响，学界也习惯以资源和地位占据作为界定精英的标准，这也是精英理论的主要逻辑。精英生产的过程也成为精英的内在含义。

与国家赋权建立精英地位不同，另一种以个体主动付出、不等价反馈社会而在社会成员中取得认同、确立精英地位的观点，在当下具有更大的解释空间，也更接近于韦伯所说的"法理性"精英。个体对社会成员的非义务性、非强制性付出，提升了其道义地位。随之也成就了推动其与社会成员之间良性互动的内在机制——互惠（波兰尼，2013: 115），社会成员愿意跟随、听从能为群体付出的个体。从士绅的精英地位获得过程中也可以看到这种互惠机制所发挥的作用。士绅在获得国家赋予的特权外，常常还主动承担起许多社会职责，包括开展赈灾济贫等公益活动、排解纠纷、兴修公共工程、教化乡民、维护社会秩序等（张仲礼，2008: 40；徐茂明，2006: 127）。正是这些职责担当与对社会的回馈，形成了乡民对士绅的认可和认同。

三、公共事件中的精英及其生产—— 一项对精英的文献考察

本节确立了用"事件浮现"的方式来理解基层社会治理中的精英。但由于这一方式需要通过公共事件的发生才能得以运用，所以这给建立样本进行分析带来较大困难。对此，笔者尝试采用文献分析方法对这一问题进行研究。截至2016 年，对公共事件中的精英做出详细描述的文献并不多，一般主要集中于采用深描的个案研究中。因此，此处针对符合这一特征的文献进行梳理，重点在知网通过搜索"个案""事件""维权"等关键词寻找符合本节所述的"精英"。

通过文献检索，共获得符合条件[①]的文献50 篇，其中有40 篇明确论及在事件发展中精英的作用，这意味精英在基层社会事务中确实不可或缺。其间，又有26 篇文献对精英做了较为详细的描述（见表3–1）。由于一篇文献中往往存

---

① 事件属性与精英的特点是相辅相成的，当建立在公共性、权威性、内生性和建设性基础上的精英出现时，这类特征也映射在了事件本身中。

在多个个案，一个个案中又可能存在多名精英，因此，这26篇文献最终共涉及35个个案、41名精英（共42人次，其中一名精英出现在两个不同的事件中）。

表3-1 文献中的精英及其相关情况

序号	事件	类型	时间	精英人物	特点	职业	行动缘由	事件中的个人投入
1	立碑护树	常规	2015	TM	辈分高、博士研究生	国家干部	他人教训；本村古树差点被卖掉	发起、组织、出钱
2	农贸市场搬迁	维权	2003	何XX	其父为退休镇干部	经营户	对农贸市场搬迁的不满与抵制	
3	集体土地纠纷	维权	2012	C	人脉广、大公无私	古董商人		替大家维权；寻找律师
4	更换物业公司	维权	2011	XM		检察官	不满物业涨价	抗争；邀请记者；建立微信群；进行民意调查；向上级反映
5	物业管理	常规	2004	XT	有多种头衔，善于协调	市建委专家		召集人；提出新物业管理理念；倡导要紧紧依靠政府
			2006	SLT	阅历丰富、喜欢研究经济学	前国企厂长、老师		钻研小区自管模式，自管模式代言人
6	环境维权	维权	2010	老赵	非利益相关者	村委会主任	不满损害老百姓的利益	组织维权
7	环境维权	维权	1999	ZCJ	有行医经验和个人威望	赤脚医生	最先了解污染造成的影响，在后来的媒体报道强化了行为坚持	组织信访；投诉；寻求外部支持；接受专业培训；成立环保组织；被取消执业资格
8	小区业主维权	维权	1999	B女士	原国企高级工程师、业委会主任	退休		督促开发商解决问题；率领业主诉讼
	追讨物业维修资金	维权	2002	A先生	有记者经历			行政申诉；诉讼；通过媒体进行舆论施压

序号	事件	类型	时间	精英人物	特点	职业	行动缘由	事件中的个人投入
8	业委会改选	常规	2003	C女士	国有公司经理	退休		向政府要求改选业委会
	建立业委会协会	常规	2004	A先生	有记者经历		认为业主维权难主要是没有业委会协会	呼吁有房者联合；"让利"解决矛盾；筹措资金；与媒体进行信息传递
9	居委会选举	常规	2006	赵先生	原某国有企业党委书记	退休	认为现有政策存在问题，应实行上级的新政策	
				龙先生	法律工作背景			维权、给市领导写信反映情况
	镇北联席会议	常规	2011	强先生	40多岁	民营企业家	为解决出行难问题，认为城乡接合部的公共服务差	抵制过激言论；向政府争取政策倾斜或资源投放
				容女士	30多岁、法学硕士	事业单位干部		
				武先生	30来岁	IT从业人员		
	人大代表选举	常规	2011	薛先生	40岁、硕士	跨国企业高层管理人员		
10	成立业联会	常规	2005	孙XX	本科	房地产		投入资金；利用个人关系联络各方，进行宣传游说
11	采石场纠纷	维权	2001	杨XX		村委会副主任		组织维权、谈判
12	拆迁纠纷	维权	2000	罗先生		冷冻机厂总质量师		承担普法工作；进行个人诉讼，组织集体诉讼
13	业委会信任事件	维权	2003	赵X	与政府长期保持着良好关系			质疑、揭露业委会行为，获取外部支援，设法让居委会介入并负责

续表

序号	事件	类型	时间	精英人物	特点	职业	行动缘由	事件中的个人投入
14	村民维权	维权	2004	周XX	有"文革"经历；大专学历；组织维权经历	做过教师、小生意	听说到相关信息；他人推荐参加可持续发展培训班	组织签名、张贴报道、组织活动、游说分发材料、收集文件、与政府对话；募集费用
	村集体诉讼	维权	1999	田XX	有疾病；54岁；上学7年	在村里开小卖部		动员村民抵制；组织集资进行行政复议、诉讼
	移民集体维权	维权	1997	徐XX	有"文革"经历；高中	村小学代课教师	由村民请出来推进维权	组织维权；运作自身与政府的博弈问题；维权资金集资
	移民集体维权	维权	1997	周XX	有"文革"经历；原大河航运公司职工；见过世面、能说会道	退休	发现补偿不足、假移民现象	组织维权、走访
15	国有企业工人集体行动	维权	2000	刘女士	中专；下岗	开毛巾厂	同情工人低劣的生活条件和不屈不挠地维权	集体行动中表现出来的同情心和勇气得到认可，后当选工会主席
16	业主维权	维权	2009	R先生	大学，业主群体的知名人士，有维权经历	当选过两届居委会主任		参与地方立法工作；组织诉讼、行政复议
17	职工维权	维权	2003	小丁	退伍军人；懂法律知识	工人	不满公司规定；小丁被集体推举为代表	学习法律；申请组建工会；发动停工抗议；参选工会主席并当选；被企业报复
18	环境维权	维权	2001	WCL		村支书	不公平感；若不作为会觉得良心不安	组织核实破坏情况，收集数据，走访政府部门和递送资料
19	景区开发冲突	维权	1999	陈XX		村支书	村集体的自尊心受伤害，产生共同不满	组织维权；寻求上层领导支持；被抗争对象聘用

序号	事件	类型	时间	精英人物	特点	职业	行动缘由	事件中的个人投入
20	业主维权	维权	2004	刘 X	退休、原交通部工程师	公司老总	发现物业费违规	建立组织、发动倡议、寻找社会支持、应诉、向政府部门反映情况
				刘 XX	退休、享受国务院特殊津贴专家	公司老总		
				周 X	退休、原大学教师	退休		
21	D H 维权	维权	2011	LZL	67岁,当兵、经商、村委会副主任、开发区工作经历	退休	村民找他领导维权	组织理性维权
22	土地承包纠纷	维权	2001	杨 XX	种植能手、经济条件好	农民	觉得不合理,感觉窝囊	发起维权和诉讼;拒绝个人经济补偿
	违法征税费抵抗	维权	1996	牛 XX	高中,经济地位不高、有胆识	农民	不满镇政府违法征税费	发起集体诉讼
23	征地补偿	维权	2008	薛 XX	正派,有主见,子女在医院、名企工作	农民、小生意	没有负担、生活惬意,就特别热衷于公共事业	搜集政策信息、开展辩论、动员村民、试图寻求土地利用办法
24	农村环境	维权	2006	文 XX	高中,50多岁;帮助解决纠纷	原村主任	受邀参加	通知村民回村;组织、代表谈判;联系媒体;做群众思想工作
25	村修路	常规	1999	李 J	父亲有省委书记关系	村党支部副书记	修路为村塑料加工提供运输便利;有派系利益之争	提出修路方案;获取外部资金
				李 W	县政协常委	私营企业主		
26	采矿权纠纷	维权	2006	谭 XX	嫁到香港		受村邀请回乡办企业	竞标采矿权、弄清采矿权价值、维权

（一）文献的代表性

对这些文献作概览，大致有以下两方面特点。其一，文献所及的个案发生的时间跨度较大。全部35个个案发生的时间，分布于1996—2015年（见图3-1），其中有四年未有任何案例进入，最多的一年有5个个案进入。同时，这些案例集中发生于20世纪90年代末和21世纪，这也与我国社会发展进程[①]相吻合。其二，文献所及个案中的事件类型多样。全部35个个案涵盖了农村土地纠纷、农村矿产纠纷、小区物业管理、争取社区自治权、市场主体经济纠纷、劳资纠纷、环境保护、邻避行为等。从以上两方面看，虽然经整理后获得的文献数量有限，但其仍具有一定代表性。

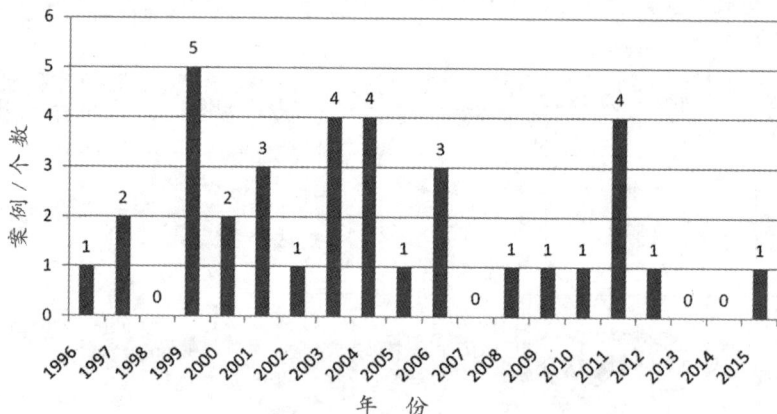

图3-1　现有文献述及精英的案例发生时间分布

（二）精英：一个中间群体

这些在事件中浮现出来的精英领袖，是一个特殊的群体。从职业看，他们的工作分布广泛，既有在公职部门任职或曾经在公职部门任职的（如国家干部、检察官、原交通部干部等），也有在国家部门的延伸组织中从事工作或曾经从事工作的（如村支书、村委主任、居委主任、记者、教师等），还有的属于经济部门（如原国有企业老总、国企总经理、私营企业老板、跨国企业职工等）和普通一线职工（如工人、农民）。从年龄来看，分布于从30多岁到已退休的

---

① 这种进程主要表现为20世纪90年代末和21世纪初，社会成员的权利表达日益突出，因此，各类公共性事件不断兴起。

各个年龄段。从文化程度来看，包括了小学、高中、大专、大学、硕士、博士等多个层次。以此视之，基层社会治理中的精英似乎是一个无统一特征的群体，意味着他们可以是任何职业、文化程度、年龄，既有可能是社会中的优势群体，也有可能是社会中的弱势群体。这一结论与现有研究将行动中的精英主要定位于"弱者"不相一致。董海军（2008）指出，在公共事务中发挥组织者或领导者作用的，主要是一些弱者（年长的老人、妇女）。因为恰恰是这些人的"弱者"身份，赋予了他们在权利维护中的"武器"作用。陈映芳（2006）在上海城市运动研究中也发现，那些职业地位相对较高的政治、文化、经济精英，往往不参与或会中途退出。还有一些从"草根"角度对精英进行认定，表明其在社会中的弱势地位。尽管这些研究所阐述的角度略有不同，但共同指出无组织、无优势资源是其共同特征。显然，对基层社会治理精英认识分化与研究者所研究的对象和分析的个案数量有关。

然而，在反驳现有精英观的同时，是否意味基层社会治理中的精英走向了离散化？现有研究习惯于将个体的资源动员能力作为衡量基层社会精英的标准，并且集中体现于精英自身的身份。这与社会运转的方式是不相符的，因为个体的资源动员能力是广泛嵌入社会关系中的（Grannovetter，1973；Bian，1997）。因此，那些越具有庞人社会关系的人、越能够通过社会关系支配和调用资源的人，做出参与引领的可能性越高，反之则选择沉默的可能性越高（冯仕政，2007）。同时，如前所述，当前我国基层社会治理是一个重新弥合国家与社会分化的过程。因此，精英的认定与这一"二重性"是紧密相关的。精英及其社会关系在"国家—社会"中的位置，可以作为分析精英群体的一个重要方式。笔者将党政机关或国有企事业单位在职工作的精英作为国家的一极，将曾经或熟人在党政机关或国有企事业单位工作，以及在准公共组织（如村委会、居委会等）工作的精英作为中间群体，将没有任何党政机关或国有企事业单位工作经历或相关熟人，以及不在准公共组织中工作的精英作为社会的一极，对41名精英进行分类（见表3-2）。经分类后可以发现，虽然精英在国家与社会之间仍有分化，但大部分精英[①]（56.1%）处于国家和社会的中间。他们不仅个

[①] 由于文献中对精英的描述并不全面，或许处于社会一极的精英中，仍有一部分人可能因社会关系而属于中间群体。

人能力和素质出众，拥有良好的个人特质（阅历丰富、能说会道等），同时也具有广泛、可动员的社会关系网络和资源网络，但他们更多人既非强势群体也非弱势群体。此外，相比处于国家一端的精英（12.2%），处于社会一端的精英也更容易显现（31.7%），这或许意味着，体制构成的牵制比体制带来的资源，对精英形成所产生的影响更大。

表 3-2 基层社会治理中的精英分类

精英类型	国家	中间	社会
数量 / 名	5	23	13
占比 / %	12.2	56.1	31.7

（三）精英的生产：一个内外兼修的过程

传统精英理论认为，精英首先是一种位置及其占有的资源，而精英在公共事务中的行为和表现只是精英身份和角色作用的外在表现。但本节中的案例显示，这可能是一个相反的过程。在 35 个个案中，有 28 个个案中的精英是在参与公共事务中逐渐形成起来的，他们通过发动、组织、协调社会成员，并且投入个人资金与时间，承受着行为风险（失去工作、被拘留）而逐步确立起在社会成员中的主导地位。虽然其他个案是在公共事务发生后，由社会成员寻求他们作为领导者，但许多看似事先确立的精英地位也主要是他们在先前的公共事务参与中所建立。

精英生产作为一个过程，同时贯穿着精英生产的两个维度，即内在促发和外在塑造。这与已有研究将其作为某一方面作用结果不同。并且，这两者相互作用，实现对精英的内外兼修，一方面，精英的认知和情绪体验使他们首先采取行动，进入了公众视野；另一方面，精英在社会结构中所处的位置，提高了他们在社会事务中的领导力，使他们在芸芸众生中脱颖而出。精英的内外兼修过程是复杂的，但其集中回应了精英生产中的三个问题。

第一，精英是主动出现的还是被动出现的？所谓主动出现，即精英的出现是自发的，是基于内在的认知和内在情绪体验所决定的。所谓被动出现，即精英的出现不是自发的，很大程度上是受到公共事务相关当事人的推举、邀请影响。这种推举和邀请意味精英身份可能外在于公共事务而形成。从本节的研究中发现（见表 3-3），在有相关信息的 28 人次精英中，只有 4 人次精英是受邀请出面在公共事务中领导参与治理，其余 24 人次精英都是主动、自发采取行为。并且，按照前述理性与感性的区别，精英在公共事务中的行动动因与理性认知（对公共事务中的利害关系有更清晰的认知）和感性表达（在对公共事务了解的基础上产生的一种情绪体验）都有较为紧密的关系。一些精英发现公共利益受到了侵犯或潜在侵犯、公共事务存在可改善的空间和可能，另一些精英对公共事务的现状感觉"不满""不公平""愤怒""同情"，对自己的处境感觉"窝囊""良心不安"。这意味着，个体离公共事务的真相越近，其采取行为的可能性越大；公共事务中存在的问题越大、不公平感越强，个体采取行为的可能性也越大。

表 3-3　精英产生的被动性与主动性分类

类别	无信息	自发行为		被动行为
		理性	感性	
数量 / 人次	14	9	15	4
有效占比 / %	0	32.1	53.6	14.3

第二，精英是个体利益塑造的还是公共利益塑造的？精英的行为是于公还是于私，这是在理性命题下的一个分歧，哪怕精英前期行为是由感性引起，但最终还是会面临其行为目标问题。由于在公共事务中，个体利益是内嵌于公共利益中的，因此精英追求个体利益与追求公共利益是同步的，很难做出区分。按照集体行动理论（奥尔森，1995），理性个体在公共事务中往往会采取"搭便车"行为，会出现个体放弃公共利益中的个体利益的现象。因此，精英在公共事务中的积极行为，已经具备了追求公共利益的特征。根据案例中精英的特点，提升了追求公共利益衡量标准，即个体在公共事务中做出了相比其他个体更多的投入（组织维权、诉讼、向管理部门反映情况、建立组织、获取信息、管理集体行为、募集资金、寻求外部支持、进行自主学习等）、承担了更多行为风险（被拘留、失去工作等），则认为这些精英是出于公心，否则是出于私心（见表 3-4）。对 42 人次精英分析后发现，他们都在公共事务中做出了相较于一般个体更多的投入。这表明精英普遍在公共事务中付出更多、牺牲更大。正是精英在公共事务中的额外付出，为他们在群体中赢得了尊重和认同。因此，精英

在公共事务中的行为不仅是其精英身份的表现，更重要的是伴随着在公共事务中成长起来的精英，他们的行为也为建立相应的领导地位和权威提供了支撑。

表3-4 精英产生的个体诉求与公共诉求分类

类别	无信息	个体诉求	公共诉求
数量 / 人次	1	0	41
有效占比 / %	0	0	100

第三，精英是结构生产的还是无结构生产的？精英的结构生产由正式权力所赋予，借助这种权力所带来的身份、资源，提升了他们在组织、领导社会成员中的行动合法性和行动成效。相反，无结构生产缺乏这种正式权力所带来的行动便利和优势，他们的出现因此更受个体的努力程度、能力等个体特质的影响，变得更加偶然和神秘化。事实上，前面对精英的认定中已内嵌了这一问题。精英作为一个处于"国家—社会"之间的中间群体，意味着他们离国家正式权力赋予具有一定的距离，但同时又不是完全脱离。然而，正式权力获得与作为社会成员的领袖并不是简单的单线性关系，两者之间存在着一个悖论：精英要在基层社会治理中发挥作用，其必须具有相应的资源（尤其是政治资源）和合法性，这就意味着精英需要与国家建立某种内在联系。但与此同时，一旦精英与国家建立紧密的关系，又会削弱精英对社会的动员能力，或在社会中建立某种权威，成为一项有效的治理途径。造成这一悖论的一个重要背景，即在快速发展中，基层政府出现了对社会的脱离（从党建的角度看，也即党员干部对人民群众的脱离），双方出现了相互不信任，且隔阂较难修复。这使基层社会治理始终处于对抗的张力中，总体上还没有全面迈入共治的局面。正是囿于这一悖论，精英的生产处于被结构与无结构塑造的一个平衡点上（吴长青，2013）——半结构生产：一方面与国家保持一定距离，以便与社会成员建立某种同盟感，也避免从国家内部带来制约精英行动的压力；另一方面又与国家保持一定联系，以便于获取行动的资源、信息和合法性，提升行动的成效。

精英的半结构生产也符合"结构洞"理论（伯特，2008）。该理论认为，由于一些个体在社会结构中占据着一个联络各方的结构节点，因此填补了那些没有直接联系的主体之间相互连接的可能。从社会网络上看，这些互不发生直接联系的关系间断，就像是网络结构中的洞穴。正由于一些个体占据着"结构洞"位置，所以为他们获取资源、领导社会成员提供了契机和条件。由此也对为什么大部分精英处于"中间群体"给出了一个解释，形成了一个区别于弱者论（或底层论）和强者论的不同观点。王国勤（2011）在对林镇三个群体性事件的研究中就发现，精英的产生与他们在社会网络关系中所处的位置紧密相关，一般在事件的对抗双方中占据着"结构洞"位置的个体更容易成为精英。

精英生产的内外兼修过程，展示了复杂的精英生产方式。但在各种因素交替作用下，也逐渐显现出精英生产的内在规律，其并非一个偶然的现象。总体而言，那些接受公共事务相关信息更便捷、更乐于投身于公共事务且处于国家边缘位置的个体，更有可能发展成为精英群体。

（四）精英与基层社会治理

精英存在的价值在于能积极、持续、稳定治理基层公共事务，推进基层社会有序发展。这一目标对于在公共事件中浮现出来的精英提出了一个难题：如何使随事件产生的精英，不会随事件解决而消失？或者换言之，如何使这些精英嵌入基层社会治理的框架中？尽管精英的生产具有一定的规律性，但当前大部分精英都会随具体公共事务的解决而消失。这也造成研究者们很少将这些个体作为精英看待，而仅仅是某种"积极分子"和"草根行动者"。事实上，精英在公共事务中出现时的身份是模糊的，或者是"无身份"的。要保持他们精英身份和作用的持续性，需要将他们纳入现有基层社会治理的框架中。但这又关系到另一个更为敏感的问题，即当前基层社会治理框架都是在党委政府主导和授意下形成的，而在各类事件中出现的精英往往被基层政府视为"麻烦制造者"，尤其是很多事件都带有某种"非法性"（于建嵘，2009），这将进一步阻碍他们成为基层社会治理框架中的组成部分。

为评估不同性质事件中精英可能被接纳的程度，笔者将35个案例区分为维权抗议事件和常规参与事件。[①] 维权抗议事件主要针对具体事务，且出现了一方利益受损的情况，因此，此类事件的针对性和对抗性更强，其间产生的精英

---

① 维权抗议事件和常规参与事件是以利益侵犯是否已实质性发生作为依据，其中维权抗议事件是利益侵犯已实质性发生，常规参与事件则未发生。一旦利益侵犯发生，当事人容易采取更为激进和持续的行为，容易引发矛盾，从而被政府视为一种"麻烦"。

被接受的可能性更低。而常规参与事件主要谋求长期管理公共事务的平台，且利益受损尚未实质发生，因此，其更接近当前基层社会治理的需要，其间产生的精英也更有可能被接纳。根据对个案的整理分类（见表 3-5）可以发现，在常规参与事件中，国家端精英比例提升，且都是主动参与；而在维权抗议事件中，中间部分精英比例提高，且出现了被动参与。这意味着以下几点。其一，国家端精英进入基层社会治理框架的可能性更大。从目前基层社会治理的架构看，社会成员参与的途径或组织平台主要集中在两委（居委会和村委会）、业委会、社区"三会"（评议会、协调会、听证会）[①]、社会组织等。这些组织或平台，一部分处于行政化下，另一部分则作用发挥不一。因此，需要一些能组织、代表社会成员，并连接国家（政府）的精英，来改变和发挥他们在公共事务治理中的有效作用。而在常规参与事件中出现的国家端精英和部分中间精英更符合这一需要。一方面，他们在现有公共事务管理中逐步积累起了社会权威，得到社会成员认同；另一方面他们在常规参与事件中的行为并未给国家带来太多麻烦，且精英本身的国家属性也能帮助他们进入党委政府主导的基层社会治理框架。事实上，这些精英中很多与业委会、社会组织相联系，并进一步向居委会、村委会这一自治平台拓展（比如参加居委会、村委会竞选），甚至谋求建立新的组织载体（比如建立业联协会）。尽管他们的行为指向和进度不一，却显露出谋求嵌入制度化治理框架的意向。因此，要提升精英与基层社会治理之间的良性发展，一方面要以更积极的态度接纳这些在常规参与事件中成长起来的精英，以及对治理组织的谋求。总体而言，他们内含的建设性和公共性取向，与基层社会治理的总体目标是相契合的。另一方面，需要更主动地将精英的纳入，与基层自治组织和治理框架的变革相结合，推进社会力量的生长。

其二，维权抗议事件中形成的精英进入基层社会治理框架依然具有较大难度。尽管维权抗议事件中的精英更依赖于与国家存在某种联系的人，但这也意味着这些精英需要与国家保持一定距离，这削弱了他们与基层党委政府连接的可能性。与此同时，仅在维权抗议事件中出现了被动型精英，且他们也集中于中间部分，这或许是因为社会成员对中间型精英的持续认同度更高，也或许是

———————————————

[①] 《关于建立评议会、协调会、听证会制度的指导意见》，《中国民政》2001 年第 11 期。

因为中间型精英更容易反复介入公共事务中。但无论如何，仅就此文中的案例看，处于中间位置的精英更容易在事件以外维持其社会成员中的精英地位。这就对基层社会治理提出了一个挑战，基层政府如何才能把这些他们视为"麻烦"的人物，吸纳到治理的常规框架中？目前这依然是一个待破解的课题。

表3-5 不同类型事件中精英的特点

单位：人次，%

		常规参与事件	维权抗议事件
精英类型	国家	4（28.6）	1（3.6）
	中间	5（35.7）	18（64.3）
	社会	5（35.7）	9（32.1）
精英自发性	主动	8（100）	16（80.0）
	被动	0（0）	4（20.0）
精英诉求	个体诉求	0（0）	0（0）
	公共诉求	13（100）	29（100）

四、小　结

改革开放后，基层的经济社会结构已发生了巨大的变化。在这些变化中，一个突出的特征是社会"个体化"（阎云翔，2012），个体之间的连接往往是在公共利益受到侵犯后才出现，集中于农民抗争、业主抗争和环境抗争等社会事件中。因此，日常社会多呈现为碎片化和原子化，一个在基层社会中建立起广泛认同的精英群体并不存在。尽管村委会和居委会作为唯一代表基层社会的自治性组织，为居民推选出领袖人物提供了机会，但国家对自治组织的介入始终无法使基层干部轻易获取社会内生的权威（狄金华等，2014a）。这大大制约了基层社会的治理进程。然而，要使基层社会走出"利益受损—抗争"式的应激性治理之路，建立起基层社会常态性治理模式，还需要能有效应对基层社会的日常"参与冷漠"（程伟，2010）。

本节论述的精英生产的理论预设恰恰在于，精英在基层社会治理中的撬动作用或领头雁作用。这种理论预设具有强调人治的嫌疑，与现代社会强调规则治理的总体趋势似有不符。甚或，精英主导基层社会治理最终会走向规则治理（狄金华等，2014b）。但事实证明，这本就是一个统一的发展过程，也即规则治理本身也需要通过精英主导下的基层社会参与才能实现。正如庄文嘉（2011）的研究所示，业主在精英引领下进行维权，逐渐从依靠规则治理走向了重塑规则进行治理的道路。治理所依赖的规则也是在治理中产生的，否则再理想的规则也难以发挥效用。但这些都依赖于对基层社会治理中精英的准确定位与认知。对此，本书以"事件浮现"的方式，将那些在现有研究中具有公共性、建设性、内生性和权威性的精英梳理出来进行分析。并发现，这些精英的出现尽管复杂，但仍具有某种规律性，但要将这些精英纳入现有治理框架、并推动基层治理变革，仍存在诸多挑战。此外，本节也因数据不足，仅就这一问题做了初步分析，要深化这一课题尚需进一步的研究。

社区协同力量：

社会组织

　　无论是从西方引入的社区发展模式，还是中国传统基层社会的运转方式，社会组织都是其中一种不可或缺的要素。然而，社会组织类型多样，在社区中可以扮演的角色和发挥的功能存在较大差异。因此，社会组织在国家的治理结构中存在着不确定性，这造成国家关于社会组织的发展策略都比较小心谨慎。本章重点关注两个问题：第一，从宏观上看，国家对于社会组织的发展策略，塑造了一种怎样的社会结构？第二，从微观上看，现有社会组织的发展策略下，社会组织形成了怎样的运行特点？

第一节　政府培育与社会组织形态

一、问题的提出

增强并发挥社会组织的功能，重视社会组织建设和管理，已经成为中国共产党完善自身执政方式的重要策略之一。但是，究竟如何培育和发展一个具体的社会组织，仍然存在许多理论和实践方面的困扰。而在中国的政治体制和政治环境下，无论把社会组织作为一种理想形态来认识，还是把社会组织作为实践形式来关注，它们与国家（政府）之间的关系都始终是问题的焦点。

围绕这种关系，逐步形成了两种发展社会组织的策略取向：一是主张政府放宽对社会组织的监控，通过立法保障和税收激励等措施为社会组织提供宽松的环境，让社会组织自行成立与成长。在这种取向下，政府和社会组织之间是合作和竞争的关系。二是主张政府应采取更加具体的措施推动社会组织发展，包括对社会组织的成立、人员组成、资源筹集、服务目的和服务内容等施加更多的影响。在这种取向下，社会组织对政府有着较强的依赖关系。理论界主要持前一观点，政府部门主要持后一观点。两者之间的主要分歧在于，社会组织是否一定要脱离政府才能获得发展？社会组织的发展、价值的实现与政府对其的引导和控制是否存在矛盾？政府的推动是否必然存在对社会组织的控制？

针对这些问题，本节将以 W 街道推动社会组织培育和建设的过程为个案进行实证分析。通过呈现和分析 W 街道培育社会组织的具体过程，探讨政府在推动社会组织发展中是否影响了社会组织的实体性和理念性形态；如果有，这种影响是怎样产生的？以此丰富社会组织建设理论。

二、理论及其阐述

本研究从狭义上使用社会组织概念，指称非政府（non-governmental）、非营利（non-profit）的自治组织（邓伟志，2005）。根据政府与社会组织之间关系的紧密程度，我们将政府所培育的社会组织分为 3 种类型：一是转制型的社会组织，它们由原来的事业单位、政府派生组织转化而来，完成了组织性质的转变；二是完全生成性的社会组织，它们完全由政府独立扶持起来，经历了一个从无到有的过程；三是半生成性的社会组织，它们先是从社会中形成了初步形态的群体、团体，后经政府扶持、发展而来，有一个从不成熟到成熟的过程。本节探讨的 W 街道个案属于第二类组织类型。

现有的社会组织理论视角，主要是基于西方市民社会（Civil Society）的组织实践概括。因此在借鉴的时候，容易形成过于依赖"理论—实践"的分析路径，并力图通过理论对实践的塑造构筑社会发展态势。这种认识方式将社会组织作为一种具有独特功能、鲜明特点的实体形态过于放大，反而忽视了它们作为组织的一般特征。有鉴于此，我们把社会组织还原到组织层面，以求分析得中性与客观。

（一）组织的构成要素

社会组织作为"组织"，需要具备的基本构成要素是什么？利维特于 1965 年提出了组织的钻石结构模型，其中包括了 5 种要素：（1）社会结构：指组织参与者关系的模式化和规范化，包括价值观、规章制度、角色期待以及有规律的活动、互动；（2）组织的参与者：指那些出于各种原因而为该组织做出贡献的个体；（3）目标：指组织要达到的目的，即参与者力图通过其行为活动而达成的目的；（4）技术：完成某项工作、处理某项物质，以及转化某种输入的方式；（5）环境：指组织所需要适应的物质、科技、文化和社会环境（斯科特，2002：15–21）。

（二）组织的效率与合法性

组织作为社会存在的一种实体形态，其生存与发展受到两个重要因素的影响：效率与合法性。前者决定组织存在的价值，后者决定组织存在的可能性。

1. 效率问题

人们结成组织的目的就是为提高集体行动的效率，以最佳的方式达到组织目标。这里的效率并不仅仅指经济效率，它同时"触及外表与价值观念、机构与社会实践"（克罗戴特·拉法耶，2000：5）。根据组织形成的原因，组织效率的主要内容包括：（1）信息的增加与交易成本的降低，包括能够实现对组织"代理人"的监控；（2）技术的提高与专门化；（3）信息处理能力的增强；（4）资源的动员与获得，包括原料、能源、信息及人员（斯科特，2002：139-168）。

关于如何提高组织达成目标的效率，存在两种主要观点：一是科层制理论。根据韦伯提出的经典科层制组织理论，科层体制包括了一套严格的规章体制、一个等级制的权利体系、职员与职位分离、职员依规章进行工作以及管理以文书进行等特点。韦伯提出科层制的初衷就是探讨如何最大限度地进行合作与控制，并由此提高组织的效率。但默顿等学者对此进行了批判，认为科层制容易使组织僵化，且存在组织的潜功能、反功能等问题，科层制其实并不利于目标的达成，即使达成目标也会耗费更多的资源。随后，布劳（2001：2）和梅耶（2001：2）等围绕这一批评做出了反驳或修正，他们坚持科层制确实有助于合作与控制，但对于哪种组织形式更有助于提高效率还是没有定论。二是人际关系理论。这种理论批评科层制否定了组织中人的主观能动性和创造性，认为机械的制度化与规范化并不利于组织运转的效率。马齐和西蒙提出，应重视人的动机的满足和积极性的提高，通过扩大信息交流和决策参与等方式促进组织成员之间的人际关系协调，比设计合理的组织机构和严格的控制更能使组织灵活运转。一些学者据此提出，应平衡组织参与者的贡献与激励，通过提供物质性、团结性、目的性等不同的激励（W. 理查德·斯科特，2001：161），可以鼓励参与者为组织共享他们的时间和资源。总之，组织社会学从组织目标的实现以及组织效率的提高的思路出发，关心组织结构、制度、规范以及组织成员、参与者对组织的影响。

2. 合法性问题

合法性是组织存在和运行的基础，与此相关的是组织权威的建立和认同的获得。（1）建立权威。韦伯首先提出了3种获得权威的途径：通过传统方式获得（传统型的统治）；通过理性设计，从法律上获得（合法型统治）；通过领导者个人魅力获得（魅力型统治）。他认为，只有第二种方式才是与现代行政管理方式最接近的权威获得方式。古尔德纳从规章制度的建立方式着手，对科层制中权威的形成也提出了类似的观点（克罗戴特·拉法耶，2000: 15-16）。随着对组织认识的变化，费埃德伯格（1977）和克罗齐耶（1977）提出了"具体行动系统"（Concrete System）以取代组织，认为在平等对话中建立组织权威只能依靠合作与交换。在组织社会学的发展中，对于权威的建立越来越重视组织内个体的主动、积极、平等的地位，以及建立在利益分享意义上个体的主动承认。（2）获得认同。认同并不是一个独立的合法性建立的要素，但它有助于从组织成员以及其他行动组织或个体的角度来认识合法性。合法性的建立是个双向过程，它不仅是组织发出能使其取得合法性地位信息的过程，也是成员及其环境对这种信号的回馈过程。周雪光将合法性机制定义为"那些诱使或迫使组织采纳具有合法性的组织结构和行为的观念力量"（周雪光，2003: 75）。布劳和梅耶认为人际关系、非正式准则和对有关规定不执行都属于参与科层制发展行为的合理模式，他们暗示一项蕴涵潜功能的措施可以比正式规定本身更加有效（彼得·布劳、马歇尔·梅耶，2000: 51-60）。对组织潜功能和非正式行为的肯定也间接反映出他们认为这些偏差是被组织成员和环境所接受的。换言之，组织为适应整个制度环境，或是为得到观念上的认同，最终会做出适应性调整，有时候它会做一些与自身效率无关的事，有时候它指定的制度和结构与实际运行并不一致（周雪光，2003: 68-108）。

（三）组织理论视野下的社会组织

用组织效率与合法性观点理解目前的社会组织理论，其实是强调如下组织特性：（1）社会组织在组织架构上不具有严格的层级体系，成员之间是彼此平等的，彼此不是靠经济利益相联系，而是依靠共同的信念和价值。因此，成员的主动性与积极性比较高。在推进组织行为过程中，目标基本是一致的，很少派生外部特性，因此它的行为效果能最大化。（2）组织的目的不在于营利，而是为增进社会资本与社会团结，它的效率依靠的是对社会闲置资源的动员，在公益性投入中扩大社会整体福利和利益，并且传播某种价值、理念与文化。（3）获得外部的积极认同，有一种志愿文化、慈善文化的支撑。个体、企业以积极参与的方式支持组织所推进的行为和理念。（4）在外部受相关法律、法规的保护，具有较高的独立性。在法律框架下，能自行决定自己的行为内容与行为方式。社会组织这些特性与社会建设的需要相符合，它们在促进公平、团结、互助、平等、尊重人的全面发展、注重人与环境之间的协调等方面体现的效能，是其他组织无法比拟的。

应用组织理论的相关观点反观政府部门，则政府是这样一个组织：（1）强调科层制的组织方式，权力与结构中的位置相关联。（2）强调组织成员之间的权威关系。组织具有比较强的封闭性，有一套严格的准入程序。（3）它的外部合法性是通过一整套暴力机制建立起来的。（4）它与民众之间通过强制纳税的方式形成代理与被代理、治理与被治理的关系。

正是社会组织与政府在组织形态上的差异，理论界一直强调社会组织应独立于政府，学者们担心政府过多或不恰当的干预会造成社会组织应有的组织特征发生变形，从而难以承担它所具有的功能。

三、社会组织培育的过程分析

W街道位于S市Y区东北角。在经济社会转型过程中，W街道提出通过培育社会组织，建立以"1+5+200"为主轴的社区服务网络，即建立1个社会组织服务中心，5家可以承接政府服务购买的成熟社会组织，200家加盟服务单位和企业。在5家社会组织中，发展最成熟的是助老服务社。笔者将根据对该社会组织2003—2007年间的发展过程进行分析。

（一）政府培育社会组织的目的

2003年12月，区民政局、劳动和社会保障局和财政局共同发文，要求深化居家养老服务试点工作,各个街道建立民办非企业性质的居家养老服务中心,并成立居家养老服务社(即助老服务社)。目的是通过政府向社会组织购买服务,把助老方式从原先由街道向老人提供纯粹的现金资助,转化为直接的为老服务,以满足老人基本的生活照料和护理要求，提高老年人的生活质量。同时，通过居家养老服务社解决"4050"群体的就业问题。

政府决定成立助老服务社，主要的目的在于把政府对老人的现金补助转变为直接提供更人性化的服务，同时促进本区户籍的失业、协保人员就业。由于政府相关部门无力也无暇做这部分工作，就需要有一个社会组织，它既能承担这部分工作，又不失公共、公益的特性。因此，从助老服务社成立的初衷看，它形成以及发展的目的在于完成政府的某一项具体的服务工作。这是这类组织的一个典型特征：组织是以完成政府的一项服务而存在。并且，在组织培育目的的确立过程中，作为组织主体的成员并没有参与。这构成了这类组织的第二个特性：组织成员在确立组织目标时的缺席。

由此看来，助老服务社只要将助老服务工作做好，将相应的财政补贴尽可能转化为等价的服务，并帮助解决再就业问题，那么它也就具有了存在的价值——既可以减少政府部门直接提供服务的制度性成本，又可以避免市场组织承担这部分工作的经济成本。这是在政府认同意义上的组织定位。但是，如果将组织作为一个自为的主体，助老服务社需要从具体服务内容决定组织存在过渡到组织不依赖某项服务而得以存在，即如果政府交托的这项服务没有了，组织依然还能存在下去。这就不仅仅需要取得政府的认可，同时需要通过将现有目标内化，并扩大自身的行为内涵，以取得组织成员以及其他外部环境的认同。

（二）社会组织的培育过程

1. 社会组织培育的准备

（1）责任部门：市民政局总体策划，区民政局、区劳动局、区财政局、区卫生局按职能分工负责指导、协调、政策落实、评估督查及资金拨付等工作，各街道（镇）负责本辖区居家养老服务具体操作。

（2）B、资金：助老服务社的管理费，市、区按照支出老人服务补贴经费的10%另外拨付，主要用于区居家养老组织必要的管理经费补贴。街道（镇）按照每年5万元的标准提供居家养老服务管理费，其中包括管理人员的工资、办公费用以及场地维护费。

（3）场地：街道社会保障科为助老服务社提供 20 平方米的办公用房。

（4）办公设备：社会保障科为助老服务社提供简单的办公设施，包括办公桌、文件柜、电脑。

（5）负责人招聘：经过协商，社会保障科将刚从居委会主任岗位退下来的邱 XX 安排为助老服务社的负责人兼发起人。

在准备阶段，主要有两个单位发挥主导作用。一是区民政局，它是助老服务社成立的第一推动者；二是街道社会保障科，它是助老服务社最主要的组织者，不仅提供了场地、资金和办公设备，还确定了这个组织的负责人。

在这中间，政府独自承担了全部工作，组织成员并没有参与，乃至组织负责人也由政府通过安排的方式确定。这一阶段，助老服务社具有很强的政府性与非独立性，组织负责人与政府之间显露出代理与被代理的关系，政府是助老服务社的构筑主体。

2. 社会组织的成立

（1）规章制定：前期的规章制定是在区民政局和社会保障局的指导下，由街道社会保障科订制，但其内容并不具体，只是原则上规定助老服务社要做好服务人员招募以及补助金的发放，被服务人员的登记、评估、补贴经费的审核以及服务人员的安排。

（2）组织架构：助老服务社在成立时有负责人 1 人，根据区民政局的业务指示协调安排助老服务社的工作，负责服务人员招募和管理，参与服务对象的评估、确定与信息登记，负责相关助老服务及岗位补助的核发，负责助老服务社的其他日常工作。聘用的助老服务人员 18 人，负责为老人提供上门服务。助老服务社由街道社会发展科提供帮助并根据民政局的相关要求进行监督，由区民政局提供业务指导并负责考评。

（3）性质：非正规就业劳动组织，在区民政局登记。这项工作由街道社会保障科完成。

（4）对负责人的管理：助老服务社有负责人 1 名，其月收入是固定的，由街道社会保障科每月开具工资单，到街道财务科领取。她需要不定时地向街道社会保障科汇报工作，一些管理经费的支出需要向社会保障科请示。

（5）服务人员的招募与管理：由邱XX与居委会干部协作在居委宣传栏中张贴招募通知，并强调"4050"人员优先。随后报名上来46人，邱XX对这46人召开座谈会，说明待遇、工作性质。最后根据需要助老服务的老人数量，确定招募18人，其中大多数是外来务工者。助老服务员的待遇分为两部分：工作补贴，由助老服务社核发；服务报酬，由服务对象直接交付。

（6）受助老人的选择和服务：由社会保障科与居委会介绍助老服务社，邱XX与居委会相关工作者协作发布信息，并走访一些他们认为有需求的老人，向他们推介这个服务。最终了解下来有服务需求的老人大约十多人。对老人们进行补助标准评估、登记。

（7）资金：分成三块。一是社会保障科提供的每年5万元的日常经费。二是政府购买助老服务的费用。试点期间的居家养老补贴经费由市、区按规定比例承担，由民政局下拨至街道财务科，补贴对象为困难老人、百岁以上老人、特殊贡献老人和70周岁及以上的其他老人。三是就业岗位补贴，服务社因招募特困人员就业而获取政府补助，同样下拨至街道财务科。

（8）服务流程：被服务对象提出申请——助老服务社、居委会相关工作者协同区卫生局医生评估——确定补助标准、做报表——街道签署审批意见——区民政局下属老龄工作部门签署审批意见——助老服务社给服务人员发放服务券/优惠券，并安排其上门服务——被服务对象根据服务情况在服务券/优惠券上签署意见，自费部分直接支付现金——服务人员凭服务券/优惠券到助老服务社领取相应费用——助老服务社根据服务券/优惠券做成报表，经社保科签署，到街道财务领取相应资金。

（9）财务：助老服务社不具有独立的财务。

在组织成立过程中，它表现出了以下几个特性：

第一，组织负责人参与到组织成立过程中。邱XX在组织成员的招募与管理中发挥了重要的作用，为组织结构的完善提供了基础。一方面，她的招募行为具有一定的自主性，能够通过市场方式剔除部分应聘者，选择符合组织发展定位的 18 名成员。另一方面，邱ＸＸ无法确定组织的服务对象。区老龄办 [1] 对可以享受助老服务社服务的老人有明确规定，只要符合这个条件的老人提出申请，助老服务社就要提供服务。

第二，组织的结构比较简单。组织只有两个层级，除了一个管理人员，其余的服务人员就是雇员；组织内部的职能分工简单，邱ＸＸ充担了人事、行政等管理职能，服务人员则完成业务部门的工作。此外，它没有自行决策的权力，不具有自行决定组织发展方向与内容的能力；它也没有独立的财务部门和财务核算，不具有独立运行的经济基础。但从另一个侧面看，助老服务社的财务由街道财务担当，决策由区民政局决定，业务指导由区民政局相关部门实施，监督与评估由街道社会保障科和区民政局共同负责。可见，政府与助老服务社在组织架构上是渗透关系，组织的许多职能设置位于政府部门内部。

第三，非正规就业组织的性质定位。这个助老服务社在准备及前期运行过程中是以非正规就业组织的名义进行登记的。就此而言，它与社会组织的属性存在着差别。但这并不影响政府从一开始就将它作为社会组织进行培育的主观认识，因而它实际上也不具有非正规就业组织要"按照自筹资金、自主经营、独立核算、自负盈亏、自主分配的原则，采取个人独立出资经营、合伙出资经营以及加盟连锁等方式开展经营活动" [2] 的特点。

第四，组织的成员认同，特别是服务对象的认同度相对较低。助老服务社在成立时，虽然有政府提供补助，仍然只有少数的老人愿意报名享受这项服务。

3. 社会组织的运作

（1）规章制度：通过自身的运作，助老服务社建立了针对业务的规章制度，形成了助老服务社工作职责、护理员工作须知以及补助标准的明细与公开。但是，关于组织目标、规划与安排、结构设置、职能分工等都没有设立明确的制度。

（2）组织架构：负责人发展为 2 人，管理职能如前。两人没有明确的分工，依靠相互协调开展工作。聘用的助老服务员增加到 204 人，为老人提供上门服务。

---

[1] 区老龄办并不是一个单设的政府部门，它由区委副书记兼任老龄办书记，由民政局局长兼任副书记，各个职能分散在其他相关部门中，比如卫生局、教育局等，其中主要职责由民政局的老龄工作科担任，本节所分析的助老服务社就是在这个科室的推动下完成的。

[2] 《Ｓ市劳动和社会保障局关于规范非正规就业劳动组织管理的若干意见》（2003 年 7 月 25 日）。

对组织的监督和考评仍然如前。

（3）性质：截至2007年调查时期，助老服务社正在申请办理"民办非企业单位"注册，因而尚未取得法人资格。这项工作由街道社会保障科完成。

（4）对管理人员的管理：管理人员要参加区民政局下属老龄工作部门召开的每月例会，听取任务安排。她们的收入由街道社保科每月核发，且收入固定。管理人员需要经常向街道社保科汇报工作，相关经费支出需要请示。

（5）对服务人员的管理：（A）档案管理：主要是登记服务人员的身份证，建立电子档案，一人一档。（B）工作管理：助老服务社每月发给服务人员一张服务券，受助老人根据受助时间和质量进行反馈，助老服务社主要根据券上的反馈情况评发服务费。助老服务社也会走访被服务老人以了解服务人员的工作情况。（C）报酬：服务人员根据提供服务的难易程度，以8~10元/小时计算，多劳多得。（D）培训：招聘到的助老服务人员，由区居家养老服务中心会提供业务培训，发上岗证。助老服务社也会一年召开两次会议，对服务人员"洗洗脑"（对服务过程中注意事项的强调）。

（6）服务对象的评估与确定：服务对象已经可分两类。（A）享受补助老人：主要是本区内享受低保、低收入、生活困难的老人。由老人提出申请，经由区卫生局医生、助老服务社管理人员以及居委会派人上门评估，确定补助标准，再由街道社保科以及区民政局审批确认。到2007年上半年，这部分老人共有355人。助老服务社对他们进行登记，并将其信息编制成数据库，以便于补助金的核发。（B）完全自费老人：是指本区户籍的60周岁及以上、不符合政府补助条件的老人。这部分老人是在助老服务社运作过程中受到吸引而来的。由他们向服务社提出申请，服务社直接安排服务人员上门。对这部分老人不进行信息登记管理。2007年上半年，共有1032名老人接受这项服务。

（7）资金管理：（A）每年5万元的助老服务社管理经费包括了管理人员的工资以及助老服务社的日常运行费用。费用支取需要服务社向社保科申请，经批复后到街道财务科领取。（B）政府补贴给符合条件的老人的经费，也就是购买服务的经费，由区和街道相关部门核实、助老服务社发放、街道财务科管理。（C）针对再就业人员的岗位补助。对符合补助标准的服务人员，政府帮助缴纳每年800元的社会保障金，同时提供每月460元的托底工资，其发放和管理同（B）。

由于这部分服务人员相当少，所以此项资金也比较少。

（8）服务的流程：对享受政府补贴老人的服务流程基本与成立时相同。延伸出来的对完全自费老人的服务流程为：被服务对象提出申请——助老服务社安排服务人员提供服务，基本确定收费标准——服务人员与被服务人员之间自行结算服务费用。

（9）对服务社的评估：对助老服务社的评估没有正式化，评估结果也只作信息反馈，并无强制性要求。2008年区老龄办在评估街道（镇）老龄工作时将助老服务社纳入了评估范围，算是一次相对正式的评估，提出的评估标准包括配备3名专职工作人员，面积不少于20平方米，服务流程、服务项目、收费标准等制度要公开上墙，队伍管理有举措，积极开展项目化服务，形成多品种、多层次、可选择的组合式居家养老服务菜单。

（10）资源的拓展：（A）在服务人员招募中，已有的服务人员将他们的亲戚、朋友介绍到助老服务社，通过这种途径获得的人力资源可靠性比较高。2007年上半年服务人员已经拓展到204人。（B）企业加盟，通过街道社会保障科介绍，有部分企业提供上门业务服务，收费相对低廉。但是这种企业很少。

（11）财务：没有独立财务。

经过为期4年多的运作，助老服务社已经初具规模，并且也有了比较稳定的运作方式和组织结构，表现出以下一些特点：

第一，组织的结构与成立时变化不大。虽然管理人员增加到两人，但她们之间的分工并不明确，只是过去一个人担任的任务由两个人担任。并且组织的制度化建设比较滞后，只是在业务方面建立了明确的规章制度，而针对组织本身的权力关系、职责分工等并没有相应的制度安排。

第二，组织的业务有较大拓展。被服务的老人从开始的十几人增加到1387人，扩大了70多倍。服务人员也从18人增加到204人，扩大了11倍多。邱ＸＸ表示："目前需要服务的人很多，可是服务人员很难找了。"业务量的提高，从某种程度上体现出组织已经拥有了一定的生存空间，具备了将人力资源转化为服务的能力。稳定的业务是一个组织存在的外在表现，反映出组织已经取得了外部的认可与信任。

第三，组织的业务内容出现了一些新的变化。一方面，政府培育这个组织的目的包含了吸纳再就业人员。但在4年多的运作过程中，由于再就业人员愿意从事服务工作的比较少，再就业的目标已经弱化。另一方面，组织延伸出的另一部分内容，即为那些不符合政府资助标准但希望自费购买服务的老年人提供中介服务，已成为助老服务社的主体项目，这部分受助老人占了总服务对象的74%。对这部分老人提供的服务体现了如下特性：一是公益性。虽然这部分服务具有市场化特点，由服务人员向被服务老人提供有偿服务，但助老服务社在其中担当的中介角色却是公益性的——它不收取中介服务费，所投入的对老人的评估、对服务人员的管理与介绍、对服务过程的监督等都是免费的。二是独立性。因为这部分服务所受到的限制相对较小，即只要需要服务的老人提出要求，经助老服务社介绍、安排，又有服务人员愿意接受这项服务工作的，则服务关系就成立，其中几乎不牵涉到政府部门。三是组织目标由此得到充实，组织成立时未纳入目标的为自费老人提供服务现在反而成为组织的主要工作。

第四，组织资源有所扩大，其中社会资本与行政资源发挥重要作用。组织在拓展人力资源过程中，由现任服务人员动员、介绍其亲友加入，社会资本开始发挥作用。同时，居委会根据街道要求配合助老服务社做好助老服务工作，在对老人的评估、服务反馈、陪同服务人员第一次上门等方面仍然发挥了很大作用，可看作组织对行政资源的使用。

第五，组织性质有了新的定位。助老服务社正在向"民办非企业"发展，也即成为官方分类中的社会组织。根据这类组织的特点，组织成员主要分为申请人（组织）和职工，申请人对组织负有全部连带责任，因此也包括组织的各项决策权。从这一定位看，助老服务社人员划分具有这样的特点，虽然其负责人（即申请人）还是以依附性、服从性的行为为主。

（三）对组织发育的评估

街道是把助老服务社作为一个社会组织进行培育的，但在评定这个组织是否具有理论意义上的社会组织特点之前，我们先将之作为一个组织进行审视，从而对它的发展状况做出评析。

1. 助老服务社的半组织性

根据组织所具有的要素，街道所培育的助老服务社具有半组织的特征：首先，助老服务社具备了基本的组织构成要素，包括管理人员、服务人员、街道社会保障科、区老龄委、居委干部等组织参与者，转变助老服务方式并吸纳再就业人员的组织目标，需要适合的养老文化、政策支持等组织环境。特别是助老服务社将成立前期相当明确、具体的目标内化，并逐步扩大为一个更具理念性和价值导向的目标——为老服务，降低了目标与具体内容之间的相关性。其次，助老服务社的组织结构呈现不完整性。助老服务社的管理者（负责人）、服务人员属于组织内部成员，街道社保科、区老龄委及居委会属于组织外部参与者，这种内外部关系实际上都是正式确定的，包括人事关系、经济关系等。如前所述，原本属于组织内部的财务、决策关系都延伸到了组织外部，因此在参与者所构成的组织结构中，助老服务社与政府之间的边界并不明显。而这一边界在《上海市劳动和社会保障局关于规范非正规就业劳动组织管理的若干意见》、《民办非企业单位登记管理暂行条例》（国务院令〔1998〕251号）和《民办非企业单位登记暂行办法》（民政部令〔1999〕18号）等政府规章中都有比较明确的要求。

2. 助老服务社的功能性特征

如果一个组织不能发挥它存在的功能，即使它拥有完整的组织要素，也不能称为社会的有机构成体。助老服务社在功能上表现出三个方面的特点：（1）扩大了为老服务中的资源支持。它包括行政资源和社会资源，特别是两种资源的联合作用。其中，行政资源是政府的主动投入，包括通过政府的宣传、介绍、要求等，使居委会以及一部分企业加入到助老服务中；社会资源主要指社会资本，助老服务社利用居委会在邻里之间的社会资本，扩大了在社区居民中的信任；助老服务社利用服务人员所拥有的社会关系拓展人力资源，降低了人员使用的风险成本。（2）降低助老服务的成本支出。助老服务社成立时的具体目标是将对老年人的资金资助转化为服务提供，它本身并不营利，所以其行为是一种志愿行为。服务社在后期拓宽了服务内容，使组织的志愿服务面得到扩大。这就降低了政府运作所要支付的行政成本，以及市场运作所要支付的经济成本。仅从这一点看，助老服务社已经比较好地完成了组织成立初期的主要目标。（3）提高了服务的专门化程度。提高自身服务的专业化和精细化是组织得以生存的条件。助老服务社在4年多的实践中，不仅熟悉了对老人的服务工作，而且逐步掌握了为老年人提供服务的中介业务，有效扩大了它的业务规模。

3. 助老服务社的准主体性

组织的主体性是它获得独立存在的标志。但从助老服务社的运行看，它具有准主体性的特点：一方面，助老服务社的自主能力受到区里和街道相关部门很大制约，要按照"指示"开展工作，遵照"指导"设计组织架构、规章制度。但在服务人员的使用上，组织具有一定的自主性。这尤其体现在：其服务人员以来沪务工人员为主，偏离了组织成立初期要吸纳再就业人员的目标；在后期运作中扩大了服务内容和服务对象，拓宽了原有的组织目标，从而使它在非自主的正式运行框架内拓展出了具有一定自主性的非正式体系，且相对成熟。另一方面，助老服务社在运行过程中，内外部的公信力都在增强。从内部看，助老服务社取得了比较好的内部认同，有利于组织成员的个体认识转化成组织集体更积极的行为。助老服务社运作4年多来，管理人员增加了1人，服务人员增加了近200人，街道也认为它是当时发展比较成熟的社会组织。从外部看，助老服务社的主要外部行为对象是老年人，在运作过程中，由它服务的老年人由当初的10多人增加到1387人，其服务出现了供不应求的状况。这从一定程度上体现出助老服务社已经成功获得了社区、主要是老年人的认可。这种外部认同是组织生存的重要环境，并关涉它的价值实现。

四、关于社会组织培育中政府与社会组织关系的探讨

助老服务社是完全由政府培育起来的一类社会组织，政府对这类组织的介入比较直接且更具合法性，而政府介入对组织发展的作用也非常突出，在组织发展前期，组织本身就需要依赖这种关系。助老服务社的半组织特性、准主体特征、效率的实现都打上了这种关系的烙印。因此，政府与这类组织的关系更加值得关注，而通过政府对这类组织的培育状况反观政府与组织之间的关系，

对进一步推动社会组织建设具有重要的意义。

（一）政府推动的社会组织是否能成为社会组织

在理论上，政府与社会组织分属不同的服务领域：政府更偏重具有基础性、普遍性的公共领域；社会组织则偏重具有特殊性、提高性的公共领域。它们的运作逻辑也不同：前者是一种权威性的、科层制的运行方式；后者是一种合作式的、民主的运作方式。因此，政府的推动最终会否导致社会组织长成"政府相"，一直是学界比较关心的事。从本节的案例中可以发现，如果运用西方有关非政府组织的理论来分析，政府所推动的这种中国式"社会组织"并不能算是真正的非政府组织，因为它不完全具有非政府组织（与非营利组织在相同意义上使用）应有的组织性、民间性、非营利性、自治性、志愿性、非政治性、非宗教性等特征（黄浩明，2003: 8）。特别是自治性和民间性，始终很难得到保障。街道主要负责干部也直截了当地表示："目前政府是无法放弃对社会组织的控制的，因为一方面怕社会组织的不安全性——卷钱逃跑；另一方面，老年人对这样的组织也不会信任。"但是，如果从组织的功能性特点看，这类组织不仅达到了一定的效率，扩大了组织资源，降低了运行成本，同时保持着较好的公益性，体现了其存在的价值。并且，组织在与外部环境的交互中，形成了一种潜功能，逐渐出现了新的服务内容，不仅改变了原有的组织模式，也拓宽组织目标。尽管这种变更并不清晰，但是从它所获得的内外部认同而言，这种变更是具有发展空间的，特别是对于组织的主体性建构而言。因此，通过政府所推动的"社会组织"至少具有其存在的价值与空间，能在社会建设中发挥一定的作用。

（二）政府在社会组织培育中的介入及关系的维持

尽管政府培育的社会组织已经具有独自存在与发展的空间，但不可否认，政府的介入不仅没有撤离，反而仍然具有主导性的作用。就这类组织经由政府从零培育而言，政府的介入在事实上是具有全面性与合法性的。政府希望解决的问题成为组织成立的源目标；政府提供了组织存在的物质及经济基础，帮助确立组织的架构及运作模式，提供业务指导与督促。所以，政府是组织的组织者、指导者、监督者、评估者，它的介入渗透在组织的各个内容与环节中。

更值得关注的是，在组织发展后期，政府是撤出还是继续扶持？在本节所分析的个案中，运行相对成熟的助老服务社依靠政府发展起来，但在许多方面仍与政府联系紧密。首先，组织的一部分结构延伸至政府内部，组织结构与政府交叉或重叠。其次，政府继续承担组织的监督与评估者。由于助老服务社的作用是提供政府所购买的服务，政府就需要掌握它所提供服务的质量。由于缺乏专业的评估组织，政府通过直接的监督与评估了解组织的运作状况，从而使对服务结果的关注扩大到对组织运作的介入。再次，政府是组织的业务指导者。政府不仅提供组织服务人员的上岗培训，还实行每月一次的管理人员的例会制度，并且在实际运作中还有政府对具体业务的直接参与——评估老年人的等级。这些间接与直接的工作指导影响了组织的运作内容。最后，政府是组织唯一的经济支持者，组织完全依赖政府的资助和服务购买而获得经济支撑，这就增强了组织对政府的依存度。因此，在实际运作中，政府对社会组织的介入是在后者的组织结构与运作体系不完整的基础上得以维持的。但如果助老服务社实质上达到"民办非企业"的登记要求，首先在资金构成上实现社会化，这又将成为改变这类组织与政府关系的一个契机。

（三）政府介入对社会组织发展的作用与限制

政府培育的社会组织取得了一定的生存空间，政府依然是一个无法退出的继续"扶持者"。这中间必然形成两个问题：这种介入对组织的发展有哪些作用？这种扶持对组织的进一步发展有哪些局限性？

根据前面的个案，我们发现政府的行政资源对组织发展仍然具有不可估量的作用：（1）扩大资源。政府为社会组织提供经济资助和服务项目，维持组织的正常运转。政府对社会组织提供的业务指导与帮助、免费的业务培训以至直接参与服务，成为政府购买服务的额外支出。此外，政府通过"介绍""打招呼"等方式，为社会组织间接提供外部资源——居委会和加盟企业组织。（2）增强组织的公信力。在中国的政治环境下，政府相对于其他各类组织具有更多的公信力。政府对助老服务社的介入无形中为其提供了担保，而借助与政府关系密切的居委会的邻里社会资本，助老服务社就更容易被居民接受。否则，对社会组织的信任担忧不仅来源于服务对象，同时也来自政府自身，比如街道某干部表示"害怕其他组织会卷钱逃跑"。

但是，政府的介入也带来许多不利的影响，突出表现在两个方面：（1）弱化组织的志愿支持。虽然政府的支持与投入可帮助组织较快成长，并顺利地取得生存空间，但社会组织要充分、持久地发挥集聚社会资本与社会财富，实现互惠与共同发展的作用还依赖两个社会基础——公民参与与志愿主义（毕监武，2003: 93）。这两个基础反映出社会组织存在的特有价值。政府过多地介入，会使这类组织较多地具有政府身份，从而减少它获得公民参与和志愿精神的支撑，也降低它在社会建设中的作用。在 4 年多的助老服务中，助老服务社在拓宽资源时，社会资助与公民志愿参与几乎为零，这不仅是指志愿服务人员的参与，也包括服务对象对组织的参与。街道对此认为："我们的社会不具有这种支持环境，目前的社会中没有那样的人，会自愿拿出钱来资助，也没有人会主动提供义务的服务。"而事实上，社会组织发展与志愿精神、公民参与也是一个相互促进的过程。社会组织的活跃本身也是对它所赖以存在的两个基础的推动。（2）降低组织运作的灵活性与自主性。社会组织所具有的自治性更多反映的是它在运作、适应环境时更具有针对性与效率。但是政府过多介入，使行政的层级性与传递性延伸至组织内部，降低了组织对社会需求的反应能力与反应速度。比如本案例中，对老年人的服务需求以及在服务中所反映的问题，并没有绕出"六助"的框架。这意味着，尽管服务对象在运作中有了扩大，但服务形式却难以发生较大的变化。

第二节　国家建构、组织生态与"社会"状况[①]

一、问题的提出

我国社会建设议题的形成，一般认为主要源于两方面：一方面，随着改革

---

① 本节已发表于《社会建设》2017 年第 2 期，原文题目为"存在与自主：国家主动建构下的'社会'"，此处略作修改。

开放的全面推开，市场经济发展的内生要求（包括独立清晰的产权结构、自由流动的市场要素等）打破了传统体制下"家国同构"的局面，释放出一个不再全面受国家控制、且又独立于市场的领域，即社会（田中重好、朱安新，2010）。新空间的出现，客观上形成了塑造、引导这一空间的内在要求。另一方面，受世界发展观念变革以及国内形势变化的影响（沈原，2008），健全的社会成为现代化的重要内容。这指引中国共产党在带领全体人民实现现代化的进程中，逐渐认识到"社会建设"的重要性，形成"五位一体"的科学发展观，在主观上将社会建设纳入现代化战略中，全面履行中国共产党的历史使命。

在外部压力及内部自省的过程中，"至少从 2005 年前后，国家越来越密集地释放出各种关于'社会'的信号：'和谐社会''社会建设''社会管理''小康社会''社区发展''社会组织'等等，成为见诸各种红头文件和大众媒体的概念"（沈原，2008）。2007 年，"社会建设"在中共十七大报告中被正式提上议程，随后出现一系列改革措施，其中涉及民生与社会保障、社区与社会组织建设、社会管理体制变革等多项内容。"社会"逐渐成为一个被党和政府有意建构的对象，成为国家意志的体现。这让学者们庆幸"社会发展"引起当局重视的同时又产生了隐忧。特别是，受对 19 世纪与 20 世纪之交出现并逐渐兴盛的"国家主义"（邓正来，2005：导论 6）批判的影响，学者对国家的主动建设行为进行了谨慎审视。在研究者看来，脱胎于全能主义（邹谠，1994）的中国社会，完全有可能在国家的建设行为中被"再国家化"（李骏，2006）。因此，社会与国家之间的关系成为研究者普遍关心的问题，"国家—市民社会"理论成为对这种社会变化研究的主要视角。

然而，在运用这一分析视角时，研究者存在两方面的理论预设：一方面，在改革开放和市场经济发展过程中，一个有别于国家的"社会"已经形成，它具有西方意义上社会的一些潜在特性——对国家与市场扩张的制衡；另一方面，社会建设的核心是社会自主，其目的是释放社会潜在功能，实现政治民主化（邓正来，2005）。这构成了针对"社会"建设的两个向度：生产社会和保卫社会（沈原，2007）。在这一意义上，研究者主要关注的是后者。沈原（2007）则进一步指出，当前我国的首要问题恰恰是"社会生产"本身。然而，在国家对社会进行主动建构的背景下，无论研究者试图确立何种分析路径，现实已经使社会生产与社会保卫问题不期而遇：国家是否将社会重新纳入自己的发展框架？同时，国家所主动建构的"社会"是一个怎样的社会？它们两者之间构成了一种怎样的关系？本节正是试图透过政府 [①] 大力培育社会组织这一行为，从组织生态视角对这些问题进行讨论。

二、"社会"观察的多重维度

（一）社会的三重维度

"社会"是一个复杂的范畴。结合我国的历史背景，当前所讨论的"社会"主要是在国家体制分解过程中所出现的领域，它指向那些在体制以外的个体、组织及其行为和关系。这就天然地与西方的市民社会理论契合在一起。因为市民社会同样被标识为那些"不能与国家相混淆或者不能为国家所淹没的社会生活领域"（邓正来，2005：导论 1）。但不同的是，市民社会同时具有对抗暴政和集权统治的作用。这种在西方历史中所表现出来的市民社会特性被中国学者作为目标所接受，将其"拓展为实现民主政治的可欲的基础性结构"（邓正来，2005：导论 13）。这就预示着在市民社会理论运用中混杂着多重面向。泰勒（Charles Taylor，2005: 28）曾指出，市民社会包括了三个层面：（1）在最低限度，存在不受制于国家权力支配的自由社团。（2）在较严格意义上，整个社会能够通过那些不受国家支配的社团来建构自身并协调其行为。（3）在最高层面，这些社团能够相当有效地决定或影响国家政策的方向。爱德华·希尔斯（Edward Shils，2005: 50–51）也认为市民社会观念具有三个主要要素："由一套经济的、宗教的、知识的、政治的自主性机构组成的，有别于家庭、家族、地域或国家的一部分社会；这一部分社会在它自身与国家之间存在一系列特定关系以及一套独特的机构或制度，得以保障国家与市民社会的分离并维持二者之间的有效联系；一整套广泛传播的文明的抑或市民的风范。"国内学者也提出了相类似的观点（肖瑛，2010；李景鹏，2011）。

简言之，市民社会主要蕴含着三重维度：（1）社会得以存在（存在性）。

[①] 国家与政府并不属于同一内容，但是当前它们在我国的性质是趋同的，因此众多研究对此往往不做区分，本节亦采取同样用法。

这是进行社会建设的首要目标。西方学者对这一问题已有涉及，但他们的分析是建立在西方历史基础上的，因此社会存在事实上被等同于市民社会的三重维度。泰勒（2005: 26）认为判断西方市民社会是否已经存在，其依据是它是否形成了一个"独立于国家之外的自主性社团所构成的网络"，"它们还对公共政策发挥着影响"，其中包含了自主性与反抗性的要求。希尔斯（2008：51）所指称的社会更接近本节所论述的范畴，即它是"一些既不由原始集体的规则指导、亦不由国家直接指导的个人与集体行动构成的。这些行动有其自身正式或非正式的规则"。因此，仅仅个体或集体行动无法构成社会存在，它们还必须建立在市民认同的基础上。可以认为社会存在性可以以两种方式衡量：存在拥有公民意识或公民身份的个体，而不仅仅是个体；存在大量社会组织，而非经济组织。它们的出现或生存状况成为社会存在性的外部表现形态。（2）社会独立于国家，并自主（自主性）。这种自主性主要与国家的干预相比照，指向社会成员的行为不受国家的干预。但同时，它又与社会成员的个体化倾向相区别，强调社会自治对公共性的体现。其价值在于在社会成员间生成社会规范与行动规则，从而实现社会在国家以外的有序运转。因此，自主是在社会存在基础上的自我有序化、自我规范化。（3）社会对国家构成制衡（制衡性）。社会参与国家管理，并限制国家扩张，是市民社会理论的核心。从柏拉图、亚里士多德开始，众多思想家都对这一问题进行了孜孜不倦的探讨。但是，无论是洛克的社会先于国家，还是孟德斯鸠的国家先于社会，事实上是看到不同主体存在"失灵"问题而得出的不同结论。随着现代国家的建立，国家的自我扩张性日益显现，因此强调社会对国家的制衡成了当代学者的一种普遍诉求，也成为社会的一项重要特征。

在国内，众多的研究意图集中于第三层面，且更多试图通过社会自主性（即"社会独立于国家，并自主"）以表达这一诉求（范明林，2010）。但也有一些研究认识到社会自主与民主政治谋求之间的差异，进行了区别论述。比如，康晓光等（2005）在对国家与社会关系的考察中，分别将国家干预社会的范围、公民的结社权利、社会组织的自主性、公共物品的提供方式、政治决策的制定和实施以及国家与社会权力分配格局等多项内容纳入对社会组织的分析中，提出"分类控制"的理想范式，认为社会的自主性和政治性是受国家需求而塑造的。杨敏（2007）则以是否参与决策过程和有无公共议题为维度，将社区参与分成了四类并进行考察，结果发现，中国城市社区建设是为了解决单位制解体后城市社会整合与社会控制问题的国家治理单元，而不能促进公共领域形成和市民社会发育。在这些运动抗争中，行动者对道德资源的动员与运用，也成为中国社会兴起的重要逻辑（陈映芳，2010）。

（二）国家主动建设的社会：存在性与自主性

当前，国家建设社会的努力至少存在以下一些意图：（1）生发社会。这个社会拥有具有一定公民责任的个体，及能够服务并引导社会成员的社会组织。（2）形成边界。在（1）的基础上，界分社会与国家之间的边界，社会能够自主地在自己的范围内开展活动。（3）确立底线。社会能够服从国家的总体意志，与国家形成合作关系，而非制衡关系。在这样的背景下，社会的对抗性必然被国家所提防，对其的讨论缺乏相应条件。[①] 因此，存在性与自主性成为观察国家主动建构下的社会状况更恰当的视角。[②]

在针对我国社会状况的研究中，围绕自主性的分析较多，并形成了两种主要观点。一种观点认为，国家以各种方式将社会重新纳入其范围内。包括国家利用自身所拥有的公共资源（包括财政、政策、服务等），通过交换或其他一些方式，有策略性地将个体或组织重新吸引或约束在自身的周围（康晓光等，2007；王汉生等，2011）；或者，在基层自治组织的建设过程中，通过提高居委会、村委会等自治组织的行政化倾向，将国家体系以组织化方式向下延伸（刘威，2010a），并借助这些触手吸纳个体。另一种观点认为社会寻求自主的空间出现松动。许多研究者通过对社会组织的比较分析发现，社会组织通过"组织外形化"（田凯，2004）、"自主性互动"（范明林等，2005）、"主动依附"（范明林等，2007）、"合法性的时空转换"（陶庆，2008）、"合法性补充"（和经纬等，2009）、"非正式政治"（张紧跟等，2010）等路径或策略谋求自主发展，并提出了"市民社会"（Gordon White，1993）、"法团主义"（Anita Chan，1995）、"社会法团主义"和"国家法团主义"（顾昕等，2005；张钟

---

① 正是受这一因素的影响，研究者转而构建"合作主义"（邓伟志等，2006）、"多元共治"（李松林等，2006）等研究框架。

② 笔者认为，在国家推动社会建设的过程中，在保证国家放松的社会存在与独立形成时，并不排除蕴含政治性生长的诸种可能。

汝等，2009）等多种判断[1]，表明社会已获得或部分获得自主的空间，在国家与社会之间构成了一个"第三域"（黄宗智，2005）。总体而言，国家作为积极的建设主体，已经出现在这些研究中，但其在社会自主性发展中的作用认识不一。

相比社会自主性，对社会存在性的研究讨论较少。从 20 世纪 80 年代改革以来，一部分个体和组织从国家中脱离出来，但这并不能标示社会业已存在。因此，在研究中出现了两种转向：针对个体，近年来开始出现强调将行动者带回到对社会的分析中，并认为只有将普通人置于日常生活中来观察，才能成为基层社会发展的参照（刘威，2010b）。针对组织，2012 年我国已注册登记的社会组织达到了 49.2 万个[2]，拥有一定数量，但一些研究也开始关注社会组织的生存状况问题（邓莉雅等，2004；唐文玉等，2011），从生息比例预示社会的生存空间格局，也即社会的存在性与社会组织的生存状况相关。因此，在当前基层政府主动培育社会组织的总体趋势下，这种行为对社会存在性的影响也值得关注。

（三）国家建设社会的理想类型

在理想状态下，国家建设社会是一个国家主导、使社会获得发展的过程，包括国家支持社会成员发展、让渡社会成员发展空间、引导或规范社会成员的行为等内容。这既是国家塑造社会存在性的过程，同时也是影响社会自主性的过程。然而，在实践中却存在一个逻辑困境：国家支持社会生发得越多，其介入社会的程度也越深，社会自主性就越低。现有相关研究表明，国家与社会之间更多以相互渗透的方式出现（赵文词，1999），这意味着国家适当的介入对社会成员具有可生存性。[3]另一些研究也认为，国家以是否契合其需要等为参照（康晓光等，2005；江华等，2011），力图将社会纳入可控制的范围内，标示越依附于国家，越有利于社会成员生存。这些研究结果基本支持了上述困境，但显然与学者的志趣有一定差距。

为进一步了解国家建设社会的可能路径，依据社会存在与社会自主，提出

---

[1] 海外中国研究中，市民社会存在诸多的变体，张紧跟（2012）对此做了详细梳理。

[2] 《2012 年中国人权事业的进展》白皮书。

[3] 由于社会主要通过个体和组织获得表现，因此，社会的存在性在现实中表现为一种可生存性。在后文的分析中，两者在同一意义上使用。

如表 4-1 的 4 种理想类型。（1）自主—强生存：国家让渡空间，社会在其间能获得资源等各种生存要素，由此获得自主发展。这种路径是已有大多数期望通过社会自主实现社会制衡国家的研究者的基本预设，只要社会主体具有较强的自主性，他们必然能较好地存在于这个社会中。（2）自主—弱生存：国家放松对社会的约束与控制，使其能自主地运行，但是社会成员却不能获得很好的生存。造成这种现象，主要是因为社会主体赖以生存的资源还没能充分、自由地向社会领域流动，政府对大部分资源进行垄断，社会自身缺乏意识。（3）不自主—强生存：国家介入社会发展的多个环节和过程，使其缺乏自主运行的能力，但其成员却获得了生存空间。这种生存空间既有政府主动让渡的有边界的行为空间，也有相应的资源注入和支持。（4）不自主—弱生存：国家全面介入社会建设，但社会成员却并未得到发展。这种局面，主要表现为政府一味地控制、管制其行为，而缺乏相应的实质性支持和扶持。本节将通过对具体实践的考察，对这些路径类型进行分析，并探讨其中存在的原因。

表 4-1　国家建设社会的理想类型

类型	存在	非存在
自主	自主—强生存	自主—弱生存
不自主	不自主—强生存	不自主—弱生存

三、政府培育下的社会组织生态状况

无论是对于社会的存在性还是自主性，社会组织都是研究者们赖以分析的基础。因此，本节同样以 Y 区培育的社会组织状况进行分析。其中，社会组织的自主性操作化为三个方面，即社会组织在财务资金、人事和项目上是否具有自主决定权。[①]社会组织的生存性操作化为社会组织是否能获得稳定的项目（包括项目中相应的资金）。[②]

---

① 康晓光对社会组织是否具有自主性操作分为五大类 28 个具体问题，本节根据研究的切入点，选取其中的三个变量，并以个案描述的方式进行说明。

② 政府培育的社会组织，其最大的生存问题即资金问题，但是由于国内并未形成政府向社会组织直接拨款的惯例，因此，它们的生存即变成能否获得稳定、持久的项目，以这些项目获取生存的资金的问题。

根据中央关于社会建设的总体要求，从 2008 年起，Y 区在推进社会建设方面进行了较大力度的探索，围绕满足居民多样性社会需求的目标，结合发挥社会工作者的专业服务，大力推进社会组织建设，采取多种手段和方法（包括在区层面实行公益招投标、公益创投标等面向社会组织的公益项目平台，区、街道委托项目等方法），培育了一批社会组织。在此，根据组织性质、成立时间等因素，选取了其中五个比较典型且有比较意义的组织进行分析。

（一）社会组织的概况

DQ 于 2009 年 10 月成立，因 DQ 街道主任在与 F 大学的一次课题合作中，发现社会组织的重要性而主导组织成立，登记注册为民办非企业单位。DQ 以该街道内的老年人为服务对象，只要是街道内的老年服务项目，街道都要求 DQ 参与，其中一方面由街道直接以行政性要求交办任务（其中也涉及其他非为老服务的行政事务），另一方面 DQ 也能以专业性建议的方式向街道提出要求。2010 年 DQ 的业务拓宽至重残无业居民的帮困内容，但是通过与街道分管业务的领导之间的沟通后确定。DQ 有独立账户，包括项目经费[①]和办公经费[②]，但是财务账户设在街道内，由街道代为管理，经费需要通过组织提出申请、街道领导审批、财务报销的途径获得使用。组织共由 3 人构成，负责人为街道事业编制人员，一名社工为人才公司劳务派遣合同工[③]，由街道联合民政局招募，另一名为实习大学生。机构负责人表示，在街道的支持下，机构没有生存压力，面临的主要问题是如何进一步提高对工作的规范，提高专业化水平，形成服务品牌。

HT 是 2006 年 12 月由 Y 区民政局牵头成立的专业社工组织，注册登记为民办非企业单位，经民政局与一退休公务员协商后，由其出任该组织的法人。组织于 2007 年开始运行，主要从事区域内的综合帮扶工作。2008 年 8 月，区民政局要求各街道设立独立的综合帮扶工作站，挂靠于街道老龄协会，并由 HT

---

① Y 区的项目经费主要是由市招投和创投项目费用、区部门或街道购买服务的项目费用等构成。

② Y 区的各社会组织在办公经费一项上存在一些差异，一些由业务主管单独提供，也有一些包含在项目经费中。

③ Y 区每年会通过各单位上报，民政局核实确定招募社工数量，由民政局联合各单位统一通过网上报名、笔试、面试和录用的方式招募社工，并委托某人才服务公司与其签订用工合同，由人才服务公司对社工进行管理，区人保局根据自己确定的标准向人才服务公司提供包括社工薪酬等费用，社工到需求单位工作并由其进行考核，社工没有职业晋升发展等相关机会。以下劳务派遣合同工均为此类。

统一管理。同时，由民政局和街道联合在全市范围内招募12名劳务派遣合同社工，派驻每个工作站。2009年底以前，HT主要以对政府政策帮扶后家庭仍然困难的和政策帮扶覆盖不到的、因大病重病致贫家庭进行单纯的经济援助，称为个案综合帮扶。到2011年4月为止，共进行个案帮扶3000多人。2010年，HT获得市民政局"心理阳光工程"竞标项目，标的78万元（用于精神帮扶），开始从单纯经济帮扶向经济帮扶与精神帮扶方向共同推进。HT有独立账户，账户设在民政局，包括项目经费和办公经费，由民政局招募专人进行财务管理。但由于会计工作量小，其还兼做部分民政局财务工作。在经费使用上，HT能自行支配，无需民政局审批。至2010年底，机构运行稳定，并计划继续围绕区委托项目，争取市竞标项目并进一步发展。

FX成立于2009年，是Y区民政局与F大学进行区校合作的成果。FX在Y区注册登记成为民办非企业单位，法人由F大学某教师担任。该组织主要从事优抚、社会服务评估、孕产妇情绪支持服务，同时，根据自身专业优势，自行开发为其他社会组织提供项目计划设计服务。FX有独立账户，并由自己管理，包括项目经费与办公经费。其成员包括4名专职社工，他们由区民政局统一招考、并委托人力资源公司和FX共同管理，是劳务派遣合同工，另有包括负责人在内的4名兼职义工。基于此，组织对成员的管理未形成有序和有发展前景的规划。负责人表示，由于FX拥有政府与学校的双重背景，其一方面为了坚持专业性，保持与政府的距离，但另一方面为了生存又不能完全脱离，处于这种关系下，其运作还基本能维持稳定。

HX于2010年初成立，并登记注册成为民办非企业单位，但由于时间较短，组织整体尚未进入正轨。组织负责人为H大学教师，其余确立了一名干事和一名行政人员，人事关系自行管理，至2010年底尚未建立明确的管理制度。在业务方面，组织原将服务定位于家庭、单亲妈妈、外来妇女和随军嫂，但是由于一直未能获得项目开展工作，因此也在进行调整，主要停留在和政府及其他社会组织进行项目接洽和撰写计划阶段，对项目的管理没有经验和体系。HX有独立账户，账户外包给了一家专门从事财务管理的企业进行管理。账户中只有一部分前期投入的启动资金，没有项目费，办公经费和人事费用也处于透支中。因此，HX干事表示，组织处于艰难的生存过程中，未来的前景并不明朗。

ZX 于 2010 年 8 月挂牌成立，登记注册成为民办非企业单位。该组织原来隶属于一个成熟且比较有影响力的社会组织（NPI），但为了使其能成为 Y 区社会组织培育的一项成果并更好地服务该区，因此单独注册了 ZX。ZX 主要从事社区公共服务机构的托管运营以及对社会组织的培育，项目策划与管理都由 ZX 自主决定，但受 NPI 指导，向 NPI 汇报工作。ZX 有独立账户，但账户同样设在 NPI 内，由 NPI 统一管理，账户中包括项目费、办公费和人事费，主要通过与项目一起打包核算的方式获得。ZX 共有包括负责人在内的 7 名工作人员，都与 NPI 签订劳动关系，并且根据 NPI 确定的主任、副主任、总监、项目经理、经理、助理等职位序列，由 NPI 发放相应薪酬。同时根据个人的表现，拥有 NPI 提供的职位晋升的机会，甚至可能被调任出 ZX。根据组织成员介绍，该组织运行稳定，至 2011 年 5 月已经获得 Y 街道委托的 3 项社区公共服务机构的托管业务以及由其他社会组织委托的培训项目，并在进一步拓展。

（二）社会组织的组织模式及生存状况

表4-2　Y区五个社会组织的组织模式及生存状况

组织	性质	管理方式	财务和资金管理	人事管理	项目管理	生存状况
DQ	民办非企业	区民政局登记，DQ街道主管	不自主	不自主	不自主	稳定
HT	民办非企业	区民政局登记，区民政局主管	基本自主	基本不自主	基本自主	基本稳定
FX	民办非企业	区民政局登记，区民政局主管	基本自主	基本不自主	自主	基本稳定
HX	民办非企业	区民政局登记，区民政局主管	自主	基本自主	未知	不稳定
ZX	民办非企业	区民政局登记，区民政局主管	自主	自主	自主	稳定

根据对 Y 区五个社会组织概况的描述，为了便于观察比较，表 4-2 从组织

性质、管理方式、资金来源及管理、财务管理、人事管理、项目管理以及生存状况等几个方面进行整理。从表 4-2 的比较中，可以发现如下一些特点。

第一，五个组织的性质与管理方式基本相同，没有特别差异。从组织性质看，我国将社会组织划分成三类，即基金会、民办非企业单位和社会团体。因此，这五个组织都属于社会组织的范畴。而无论西方社会理论还是我国政治话语系统，都将社会组织作为社会的典型组成部分。因此，从量的角度看，它们都是"社会建设"的成效，代表社会的壮大。

第二，五个组织都有独立的账户，符合国家对民办非企业的登记要求，但是在对财务和资金的具体管理上却表现出了较大的不同。其中 ZX 尽管是由另一个社会组织管理，但是鉴于与对方的关系及其性质，ZX 是完全拥有自主权的。HX 将财务外包给企业，尽管经费来源不足，但是能自主支配。FX 账户由其自行管理，但是在可管理资金的类型中，主要只有项目费用和办公费用，而不包括人事费用，因此，它的资金管理是受限的。HT 尽管将账户放在 Y 区民政局，但是账户由专人管理，并且在使用中也能自由支配，人事费用不在其管理范围内。DQ 的账户放在街道，并且资金使用由街道领导决定，基本不具有独立的资金使用权。因此，在财务和资金管理中，组织的自主性可从强到弱表示为：ZX = HX > FX = HT > DQ。

第三，在人事管理中，具体可以分成招募、使用、激励三项主要内容，其中激励又分为待遇和晋升。如果依据这四个方面，则只有 ZX 具有完全独立、自主和完备的人事管理权和管理能力。HX 尚未形成完整的激励制度，但拥有招募和使用权。FX 拥有独立的用人权和部分待遇激励措施。HT 则只在用人方面有一定的自主性。DQ 则在这三方面都基本没有独立的支配能力。因此，在人事管理的独立性和自主性上，五个组织形成从强到弱的一种关系：ZX > HX > FX > HT > DQ。

第四，在项目管理方面，依据委托主体和管理主体分，ZX 承担了由政府和社会委托的一些项目，能够自行管理，并且业务在继续拓宽。HX 尚没有项目，一些接洽的项目中既有政府的，也有其他社会组织的，暂时无法判断其自我管理能力。FX 同时承接政府和社会的项目，能够自行管理，但由于对项目有选择性，因此暂时没有扩大业务的倾向。HT 主要承接政府的项目，基本能够自行管理，同时在项目自身的内容上有所拓展。DQ 基本围绕政府项目工作，较难对项目自行管理，但是受街道工作指派的影响，其业务范围也在拓宽。因此，以项目管理的自主性衡量，这五个组织从强到弱的关系依次为：ZX > FX > HX > HT > DQ。

第五，在生存状况方面，以项目量和项目的稳定性来看，这五个组织同样存在一些差异：ZX 利用 NPI 的影响以及成熟的运作方式，较快获得了来自政府和社会的项目，并且还在进一步拓展，生存状况稳定。HX 暂时还没有承接到一个正式的项目，并且今后也尚无明确意向，因此，其生存艰难。FX 利用学校与政府的双重关系，有较多的项目源，但是在寻求两者关系的平衡，因此，业务并没有扩大，只维持基本生存。HT 承接了政府需要长期开展的项目，具有基本稳定的生存状况。DQ 受街道的支配明显，基本成为街道的一个机构，因此，事实上起到了分担街道工作的作用，其生存并没有引起组织负责人的担忧，表现也比较稳定。

四、国家主动建构下的社会及其特性

（一）存在性：社会建设的基本内涵

一个健全的社会，必然是内部和谐、能有序运转的社会。这一切的实现有赖于具有公共精神、能主导社会自组织发展的主体和规则，它不同于科层的、行政命令性的组织方式。改革开放以后，一个逐渐脱离国家体制的空间开始形成，但它显然还不是一个健全的社会。因此，"生产社会"成为进行社会建设的首要问题，即实现社会存在。在国家主动建设社会的背景下，构成社会存在性的社会组织生存状况并不是一致的。从 Y 区培育社会组织看，其中一些社会组织生存稳定，但另一些社会组织却在争取生存的边缘徘徊。显示"社会"的生产并不是一个顺其自然的现象，即使在国家的主动建设下，社会成员的生存发展空间也不是平均分布的。然而，当前的众多社会组织研究都建立在对现存社会组织的分析基础上，基本忽略了它们的生存状况，这就需要给予它们在此基础上进行政治构想同等的关注。

在政府培育社会组织的过程中，各因素对社会存在性的影响作用不一。（1）成员的法定身份。在以往的研究中，认为国家对社会成员在合法身份赋予上的控制，限制了他们的生存空间。比如，我国社会组织的双重管理模式（即业务主管单位与注册登记单位的共同管理）制约了大量社会组织的发展，因此针对简化登记管理方式的呼声不绝于耳（王名等，2004）。但本研究进一步发现，法定身份的赋予还不足以为社会组织提供充分的生存空间。Y区所培育的五个社会组织都已登记注册为民办非企业单位，但是它们的生存状况却存在较大差异。（2）成员的资源汲取能力。这种能力包括营销、管理等能力。从Y区社会组织发展情况看，组织汲取资源能力的差异最终导致它们不同的生存境况。与西方社会组织汲取资源的方式不同，Y区社会组织主要通过以下两种途径获得：一方面以行政化换资源。Y区中的一些社会组织（如DQ与HT）通过将部分功能或部分组织结构行政化，换取了相应的行政资源，包括随行政事务转移来的资源及在这种关系基础上的各种行政支持。另一方面以专业化赢得资源。一些社会组织（如ZX和FX）依靠自身在项目运作和管理上的专业化水平，获得了较多的行政及社会资源，预示资源分配路径产生了分化。但是作为政府培育的对象，一开始就出现具有较高专业化水平的社会组织原本就是一个悖论。因此，在社会建设中仍然需要继续改变资源的行政配置路径，开拓更多公开、公平并以社会效益和社会运行逻辑为基础的资源分配方式。

（二）自主性：国家与社会相互渗透

关于社会自主性的研究，主要集中在对社会和国家关系的讨论上，并形成了两种观点：（1）社会独立于国家，即认为在市场经济的作用下，一方面塑造了独立而自由的个体，另一方面从国家中释放出资源，形成了一个独立的新的领域——社会；（2）社会依附于国家，即认为改革开放尽管改变了"国家完全掌控社会"（田中重好、朱安新，2010）的局面，但是基于社会发展的路径依赖以及国家天然的扩张性，国家以其他新的形式在不同的层面重新将社会纳入自己的控制之下，形成了一个"后总体性社会"（孙立平，1999）。这两种非此即彼的认识，将国家与社会的关系置于一种相对立的二元论下，形成过分强调国家和过分强调社会的作用与变化的状况。根据笔者对社会领域内社会组织的考察，认为在社会建设的成果中，更有可能呈现一种国家与社会之间的渗透关系。[①]

这种渗透关系表现为国家与社会之间不是一种简单的二元对立，也不是一种一元融合，而是表现为一种既不能清晰界定边界又不能混同对待、从国家向社会逐渐过渡的生态型扩展关系。简言之，它们之间形成一种国家的控制特性逐渐减少、社会的自主特性逐渐增长的连续统，在 Y 区的五个社会组织上表现为 DQ—HT—FX—HX—ZX 这样一个序列。事实上，经过这些年的社会建设，在社会与国家之间塑造了一个比较宽泛的空间，而各种组织和个体散布在这个空间中，构成一个生态聚落。社会在国家的参照下，体现为这样一种生态聚落，而不再表现为理想性的自主性社会。[②] 社会的各种组成成分也表现出各种不同的特性，既不能简单地划归于国家，也不能简单等同于理想型社会。

在渗透方式上，表现出不同的途径。这与地方政府"创新社会建设"的努力紧密相关。比如，Y 区在创新社会组织发展中，将"培育社会组织、提供公益性服务"作为总体性要求，围绕这一要求，根据社会组织本身所遇到的问题，可以辅以各种灵活的变通措施：ZH 为能成为 Y 区政府独立培育的一个社会组织，在未脱离与原社会组织之间关系的情况下，单独注册成为 Y 区的一个社会组织；DQ 为体现社会建设的总体要求，完成了各种社会组织所要求的形式性改造；HT 是 Y 区民政局一手扶植起来的社会组织，为了减少社会组织额外的财务管理负担，将其财务管理设在了该局内部；为了减少服务成本，Y 区对一些社会组织的劳务费用进行单独标准化管理，其中包括 DQ、HT、FX。由于社会建设是一种目标性要求，没有明确具体操作方式，因此，在社会组织发展中，表现出不同的渗透方式，其中在财务资金管理（包括人事费用、办公费用和项目费用等）、人事管理（包括收入、培训和晋升等）、项目管理（包括项目方案、实施、监督和评估等）等之间出现多种途径的交叉与结合，产生了复杂且有差异的渗透局面。

---

① 赵文词（Richard Madsen，1999）在《五代美国社会学者对中国国家与社会关系的研究》一文中首先使用了"国家与社会相互渗透"这一表述，本节借用了这一表述，但在内涵上有差别。

② 邓正来（2002）将"国家与市民社会"作为整体性概念使用，从而试图将"一种同质性或实体性强加给了它所试图揭示的对象"。

（三）国家介入与社会建设的模式

依据对 Y 区的实践分析，政府主动建构下的社会的存在性与自主性并不是一种单一形态。从政府培育社会组织的行为看，支持了"自主—强生存"与"不自主—强生存"这两种社会建设模式。其中，社会存在性相对于自主性的基础性更为显著，社会如果不存在，自主性也将失去价值。因此，各类社会组织都首先试图通过各种途径获得生存机会和资源。在以往国家控制社会组织的情况下，社会组织只有通过丧失自主性才能换取依附式发展。"不自主—强生存"继续依循传统社会中所呈现的"依附—庇护"逻辑（华尔德，1996）。受生存本能、国家在培育社会组织中资源的单方垄断以及组织价值追求等的多重驱使，社会组织更多是在生存与自主性之间寻求平衡，它们试图通过失去一部分自主性以换取生存空间，也试图保留一部分自主性以追求自身价值，出现以"去政治的自主性"获取生存等策略（唐文玉，2011），使国家与社会组织之间出现一种合作主义（邓伟志等，2006）的倾向。然而，从 Y 区的实践看，这种合作方式并不利于社会组织的生存。因此，当前政府以半介入方式培育社会组织的努力并不能收到很好的效果。

"自主—强生存"模式在某种程度上支持了现有众多研究的预设，即社会主体的自主性必然带来其存在。同时，也向政府培育社会组织的努力呈现另一种可能，即赋予社会组织充分的自主也能使其获得较好发展。然而，这一模式的实现是依赖于社会组织专业化发展，以及国家社会化配置资源的共同努力取得的。因此，在政府培育社会组织的实践中，单纯通过国家减弱对社会组织的控制，并不必然带来社会组织的出现。它同时需要组织发展替代以"依附"获取资源的新途径，"专业化"发展正是显示了这种可能性。

五、小 结

尽管中共十六届六中全会、十七大、十八大等对社会建设做出了总体部署，但是，由于社会本身难以把握以及我国独特的历史背景，使社会建设容易在不同的阐释中产生不同的含义。因此，要对社会建设成果形成一个总体性的、权威性的判断就有较大难度。本节以政府培育社会组织的实践为基础，对社会的性质、国家主动建构下的社会形态做出分析。这一分析在方法论上是具有局限性的，但是在目前少有论及这一问题的情况下，笔者的探索性尝试所获得的发现也具有反思意义，包括社会的三重属性、社会的基本内涵、国家建构下的社会形态等都有进一步探讨的空间。而如果研究中的一些判断成立，则社会建设的成效值得在存在性和自主性两个层面引起我们的注意：我国各地社会建设的不同努力在行为效果上具有值得反思的空间；社会本身的发展未必是一种非此即彼的方式。

第五章

CHAPTER 5

社区外来者：
流动人口

　　流动人口是我国启动社区建设的一项重要动因。改革开放与市场经济的实行，改变了个人通过单位与国家建立的紧密关系，个人的自主性和私人空间逐渐增大。由此，逐渐诞生了一支规模庞大的以农民工为主的流动人口群体。他们进入异地社区中，与流入地社区在经济、文化、生活等方面形成多重互动，并产生了多种冲突，成为社区建设中的一个重要社会问题。在应对和处理这一问题的过程中，促进流动人口与流入地社区全面融合正成为共识。本章着重从权利的视角讨论流动人口在流入地的境况。

第一节　流动人口社会权的结构性变动 ①

一、问题的提出

从"流动人口"② 群体形成以来，基于以平等权利为基础的政治价值追求，研究者致力于推动流动人口在城市中获得与市民同等的权利。这不仅是对流动人口的一种政治关怀，也符合安定和谐的国家发展策略。经过 20 多年的努力，流动人口在城市中的境遇已经有了一定的改观：针对流动人口的社会保障逐步形成（严新明、童星，2007；李浩昇，2008；龚文海，2009）、户籍制度有所松动（彭希哲、郭秀云，2007；《人口研究》编辑部，2008）、政治权利逐渐放开（孙中民，2007）。

但纵观之，这种改观仍然处于一个持续的变动过程中，而在各种力量和行动相互交织下，这个过程至少呈现两方面的特点：一方面，随着市场经济及改革的深入发展，户籍制度、政治制度等刚性规则在各种批评以及改革努力中逐渐发生变化，与此相伴随的市民权利结构出现变动 [比如苏黛瑞（Dorothy J. Solinger）认为 20 世纪 90 年代初，中国城市传统依靠单位和社区所建立起来的市民权利基础进一步弱化，而流动人口群体则在争取和适应中产生分化，并不

---

① 　本节已发表于《甘肃理论学刊》2014 年第 2 期，原文题目为"农民工社会权的结构性变动——基于对 S 市社会服务的微观考察"，此处略做修改。

② 　在我国，关于"流动人口"这一群体的概念界定有多种，比如乡城迁移人员、农民工、外来人口、新居民等，但每一种表述在指向上仍然有一些差异。笔者根据研究需要采用"流动人口"这一表述，综合考虑"户口类别和户口所在地"（李骏、顾燕峰，2011）两种要素，主要指某一行政区域（主要以市辖区）以外，进入该地区、以从事"非农产业工作、以工资为主要收入来源的劳动者"（李培林、李炜，2007）。

同程度改变、享有这些权利 [1]]。另一方面，随着国家对社会发展观认识的变迁，社会建设成为当前一段时间内被不断强化的新国家战略，这也驱使地方政府通过加大社会服务投入、创新社会管理等途径进行实践，使市民权利结构在这种努力中充满变动性。[2]

在这一背景下，流动人口在城市中的处境，以及城市在自身发展和与流动人口互动中所塑造的生存空间，必然都发生了新的变化。本节试图以其中流动人口社会权变化现状为研究内容，从流动人口社会服务的微观状况着手，考察当前流动人口在城市中的社会服务需求表达方式及城市的回应方式。由此，分析这些实践背后所呈现的社会权利结构，以及它被塑造和维持的逻辑。

二、流动人口社会权的相关理论问题

（一）公民权与社会权

关于"公民权"（Citizenship）[3] 的研究已有较多著述，其中，这一命题的社会学表述来自马歇尔（T. H. Marshall, 2008），他认为"公民权"是"一种地位，一种共同体的所有成员都享有的地位，所有拥有这种地位的人，在这一地位所赋予的权利和义务上都是平等的"（马歇尔，2008: 23）。同时，他在对公民权的历史分析中发现，公民权所包含的权利经历了从"民事权利"（18 世纪），到"政治权利"（19 世纪），最后到"社会权利"（20 世纪）的发展过程。其中，社会权利意指"从某种程度的经济福利与安全到充分享有社会遗产并依据社会通行标准享受文明生活的权利等一系列权利。与这一要素紧密相连的机构是教育体制和社会公共服务体系"（马歇尔，2008: 11）。

在马歇尔关于公民权和社会权的论述中，存在几个与本节研究相关的重要论题：其一，公民权与社会权的关系。根据马歇尔的表述，社会权利是公民权

---

[1] 苏黛瑞在《在中国城市中争取公民权》一书中已经发现改革与市场经济对市民权的影响，认为市民权在产生变动，农民工群体至少分化成三类群体：被体制吸纳的群体、族群体和无依无靠的群体（2008：308）。

[2] 笔者在考察上海 Y 区政府培育社会组织中，发现政府这种主动作为在一个新的层面塑造着社会及其背后的权利结构。

[3] "Citizenship"有多种译法，包括公民权（利）、公民资格、公民身份、公民权责、公民制度、公民性、公民。本书参照陈鹏（2008）的译法。但马歇尔关于"Citizenship and Social Class"的论述则参照郭忠华、刘训练编著的《公民身份与社会阶级》一书。

的组成部分之一。并且从发展形态看，社会权利的形成在真正意义上改变了公民权的性质，即代表了平等性。因为，与民事权等相比，人们容易接受由个体差异造成的经济不平等，但会对"工资无法支付的享受形式上要求更大的平等"（马歇尔，2008: 58）。有学者据此也指出，民事权与社会权之间是存在冲突的（帕特里夏·休伊特，2008: 238）。因此，对社会权的考察具有独特的价值，是对某一群体地位及处境的有效体现。其二，社会权的表现形式。社会权有多种表现形式，马歇尔认为最显著的是教育和社会服务（本节合称为社会服务）。社会服务的内涵和范围有多种解释，如将其放入社会权的视野下，则主要意指这类权益是基于公民身份构成，是国家赋予其成员的权利（陈映芳，2005）。因此，社会服务往往被归属于成员权范围内，在城市中即表示为一种市民所具有的公民权。[①]其三，公民权及其社会权的获取逻辑。马歇尔的历史分析方法暗含着公民权的获取是一种"自上而下"赋予的过程，国内学者在流动人口权益保障研究中也突出强调政府的作用（王春福，2010）。但这一内容也受到较多的批评，一些研究者认为公民权（包括社会权）的演变并不是一个自然发展的过程，而是一个群体之间有意识的、公开的斗争过程（Turner, Citizenship and Capitalism，转引自苏黛瑞，2009: 311），是一种"'自下而上'经由社会斗争而争取来的"权利（陈鹏，2008）。因此，苏黛瑞（2009）在研究中国流动人口时，将其在城市中获取公民权的过程称为"争取"的过程。其四，社会权所内含的结构性力量。马歇尔所论述的社会权是伴随着福利国家的发展而发展起来的，它所体现的是国家对资本、市场无限扩张的纠正和调节。由此，福利主义和市场主义成为资本主义国家发展的两种主导力量。因此，社会权不仅反映权利的平等状况，同时也是国家和市场相互较量的结果。

（二）流动人口社会权研究及评述

针对流动人口的研究，已经从"生存—经济"模式进入"身份—权利"模式（王小章，2009），"权利"（尤其是市民权）作为研究流动人口问题的视角被普遍认同和使用，并且它也作为推动流动人口问题解决的更有力工具。但是，明

---

① 陈映芳（2005）将此称为"市民权"，以区别于"公民权"。王小章（2007）在研究韦伯的城市社会学时，认为"公民"是由"市民"成长和发展起来的，他们两者之间具有天然的勾连。

确深入考察流动人口的社会权状况，并相对微观且综合反映城市社会权结构的研究还相对较少。本节中流动人口的社会权主要指流动人口在流入地城市的社会权利，是对他们在城市中的身份及地位的一种反映，集中于就业、教育、住房和社会保障等方面（王春福，2010）。

现有研究显示，流动人口在城市中的市民权是不完整的，包括组织权、社会保障权、发展权、话语权等都存在缺失，使其在城市中表现为一种"半城市化"的状态（王春光，2006）。尽管通过近些年的努力，流动人口受到的社会服务有所改善，但距"均等化"的供给目标还有一定差距（王春福，2010），社会权利状况还存在较多问题（方涛，2008）。其中，流动人口就业是最显性的问题，与流入地市民相比，流动人口的就业权不完整，在部门进入、职业获得和收入等方面都存在一定的城市排挤（原新、韩靓，2009；田丰，2010；王海宁、陈媛媛，2010；李骏、顾燕峰，2011；章元、高汉，2011），因此，他们多以非正规就业为主（李强、唐壮，2002；Li Qiang，2003；Wan Xiangdong，2008）。并且，他们在城市劳动与就业过程中，正常的权益常受到侵害，显示出较高的利益受损状况（高文书，2006；蔡群等，2007；蔡禾、李超海、冯建华，2009；吴炜、朱力，2011）。在社会保障方面，在国家推动和地方政府实践探索下，针对流动人口的社会保障形成了多种制度模式，但这些制度总体上独立于城镇社会保障体系，且参保的流动人口人数并不多（张晖、何文炯，2007），未能发挥普遍性、均等性的保障作用。此外，关于城市流动人口子女教育问题已有较多著述，总体而言，受城乡分割体制的影响，流动人口子女在城市中的教育处于边缘化和分割状态，其所享受的教学条件、师资水平、资金投入等都比较差（樊香兰、马丽，2008；谢建社、牛喜霞、谢宇，2011），教育权得不到维护（李新伟、石玲，2006）。

对流动人口在城市中权益缺失的原因，现有研究围绕两个方面进行解释：一方面，由城市的约束造成，这种约束主要通过户籍、政治、社会保障等制度实现，它们共同型构了一个城乡分割的二元结构空间，并投射于"市民—农民"身份上，伴随着流动人口流动被带入城市。在这种表象背后，依赖于地方政府与市民共同行为与逻辑的支撑，以"发展主义"为价值追求的地方政府，在经营城市的过程中，被自身利益和地方利益所引导，构成对他群体的排斥、阻碍与剥夺（王春光，2001；陈映芳，2005；郑广怀，2005；谢桂华，2007；许叶萍、石秀印，2011）；市民们则在日常生活中将这种对流动人口的排斥以"话语建构和符号化"的方式进行传递，从而在文化、符号和象征等层面塑造了一种无形结构，实现对流动人口身份的分类生产（陈映芳，2005；赵晔琴，2007；王建民，2008）。另一方面，由流动人口群体自身意识与行为所造成。尽管流动人口在城市中地位低下、权益受损，但他们并没有表现出太多不满情绪和抗争行为，而是成为沉默的群体（赵晔琴，2008），这或是因为他们缺少发言权和影响力（王春光，2006），或是因为他们期望低、权利意识缺乏、自我认同高所造成（李培林、李炜，2007），抑或是因为他们根据城市中的情境，产生了一种关系性适应策略（张友庭，2008）和"拒斥性认同"（陈黎，2010）。

综观这些研究，研究者主要将其中的问题归结为两方面：具有自利性的城市（政府和市民）与缺乏自觉性的流动人口。这种分析通过将社会情境及其主体进行简化，最终对现状及其成因获得了一种总体消极的结论。显然，出于追求公平正义的研究预设，研究忽略了以下一些现象和问题：（1）一些地方政府的努力事实上改善了流动人口在城市中的社会服务及权益状况（李浩昇，2008；王春福，2010）。但这种改变的动因是什么？是主动的，抑或是被动的？是结构性的，抑或是内生性的？并且又将会把流动人口的社会权益引向何方？（2）马歇尔发现在宏观层面，市场通过政治途径影响社会权的发展。而苏黛瑞（2009）通过对我国 20 世纪 90 年代初的流动人口考察，发现市场经济作为一项重要的变量，在微观层面改变着流动人口在城市中的市民权状况。但是近 20 年过去了，对这一因素的关注却少有涉及。（3）经过 30 多年的发展，流动人口群体出现了分化和变化。在新生代流动人口中，已经呈现出对工作和生活追求"自我满足"和"自我表达"的倾向（王春光，2001；谭深，2004；卢秉利、匡立波，2007；许传新、许若兰，2007），同时，他们的民主意识和权利意识也在提高（李培林、田丰，2011）。这预示着流动人口群体对社会服务需求的增强，并且由此将影响他们的行为表达。但是，他们的"获取"行为能否事实上改变他们的社会权状况？

（三）关于流动人口社会权的几项假设

基于基层社会的复杂性，笔者融合以上一些现象和解释，假设认为：

第一，由于流动人口群体（特别是新生代流动人口）观念和认识的变动，他们在城市中会表现出对社会服务的积极争取行为。但是，由于城市固有权利结构的韧性[1]，这种争取行为对社会权的直接影响并不明显。

第二，地方政府对流动人口的社会服务表现出一定的主动性。这种主动性来自两方面的动因：一是在与流动人口的长期互动中，地方政府逐渐认识到共同利益的存在，因而在一定限度内采取行动维护这种利益；二是随着公平、正义、平等等理念日益在国家和个体之间深入，地方政府受到的来自上下的压力增大，从而推动他们采取一定的服务行为。

第三，由于我国特殊的政治体制和行政方式[2]，市场更多在微观层面塑造着流动人口的社会权。但与苏黛瑞所观察到的不同的是，市场不再仅仅是线性地改造流动人口的社会权（即在全能主义国家撤退过程中留下的空间内发挥作用），而是在与主动行动的地方政府交互中发挥作用，从而影响流动人口的社会服务状况，并塑造着流动人口的社会权利。

三、流动人口社会权变动：一项实证分析

通过近几年社会服务资源下沉的努力，社区成为社会服务的主要实践平台（比如各地都在努力打造的社区"X分钟XX服务圈"）。因此，为考察流动人口的社会权状况，笔者于2012年选取了J市的两个流动人口集聚的社区进行调查。这两个社区都位于J市的城市边缘，是在城市化和新农村建设过程中，由城郊村自然转变而来的新型社区，较能代表流动人口的聚居形态。

（一）群体行动及其效果

流动人口在流入地中常以"沉默"群体（赵晔琴，2008）的形象存在。他

---

[1]　这里的"韧性"既表现在对原有限制性制度的路径依赖（陈映芳，2005），也表现在对农民工的行政吸纳（谢安民等，2012：376–385）。

[2]　我国的政党制度不同于西方国家的多党制，在政治主张上，受一种观点（左或右）主导并不明显。同时，在行政方式上，地方政府与中央政府在行政逻辑上存在差异（周雪光，2008；苏黛瑞，2009：81），地方政府对基层的影响更显著。

们较少主动表达他们的诉求，更多是在遭受侵害时而被动采取抗争行动。这种现象已在流动人口身体权利和经济权利等研究中得到证实（唐灿，1996；梁雄军等，2008；蔡禾等，2009）。但是，在"不直接侵占个体利益"的社会服务方面，他们将通过什么方式进行表达？是否会主动"争取"这种权益？并且，如果"争取"行动成立，效果怎样？笔者通过对 C 社区党支部书记的访谈调查，试图对这些问题进行讨论。

C 社区由原 C 村（整村）和其余四个村的部分村民拆迁后组成，于 2005 年开始拆建，2011 年 12 月正式改建为社区。社区共分四期，一、二、三期已经完成，四期正在建。已建成住宅 3591 套，在建 1161 套。其中一期共有 42 幢、1093 套房。住宅的面积分为 50、70、100、140 平方四种类型。CX 社区现共有户籍人口 3586 人（1100 户），流动人口 7200 多人。改拆建后，C 社区的居民由原来的村民变为市民 [①]，户籍居民可每月领取生活补助（2012 年为 160 元 / 月并逐步过渡到城镇保障体系），同时每户可得到 C 社区内 4~5 套商品住房，其中许多住房都出租给了流动人口。关于流动人口社会服务的一些情况，C 社区党支部书记 Y 表示：第一，免费为新居民提供妇女病的普查。2012 年到现在大约有 100 人次。第二，暑期时邀请新居民子女和本地孩子一起玩。请了一个退休老师，暑假的时候为他们做辅导。另外，也叫新居民子女一起看电影等，基本都是一个星期一次。第三，做一些开店办证明等特殊情况的服务，比如上个星期，一个四川老人在这里看电视时突然去世了，老人的家人就来找我们打个证明，不然没法在这里火化。

书记对新居民提供的社会服务认知比较零散且含糊，但这也反映了基层的一种现状。除了以上一些内容，书记认为 C 社区对流动人口最大的服务体现在为流动人口设立了一个临时菜场。

在 C 社区改建之前，C 村里有一个属于村内部的菜场。村里采取的管理方式是，向本地人收取每个摊位 5 毛钱一天、向外地人收取每个摊位 1 元钱一天的摊位费。这让很多流动人口感觉不公平，因为他们要多付一半的钱。对此，他们中的一些人到 Y 书记处投诉。Y 书记对此进行了解释："这个菜场本来就

---

① J 市为推进城镇化进程，从 2008 年开始实施"两分两换"工程，即农民以小产权房换商品房、以土地换保障，并实现从农业户籍人口向城镇户籍人口的转换。

是村里自己建的，对内收多少都没关系，哪怕不收。特别是本地人是自产自销的，但你们（流动人口）是经营的……"然而，这些流动人口对这种解释仍不服气，并继续向 JX 日报进行投诉。但最终，Y 村仍坚持这一做法，村委会觉得对这件事他们理直气壮，并没有过错。在撤村建社区后，小区附近没有菜场。这驱使许多流动人口抓住这一商机，纷纷在小区门口设摊卖菜，一度使小区门口陷入混乱。为了改变这一状况，Y 书记向街道汇报、商量后决定，在 C 社区一期小区大门左转不到 100 米的十字路口的一片空地上设立一个临时菜场。这一方面为流动人口做农贸生意提供了方便，另一方面也为他们（也包括一些本地人）买菜提供了方便。

从 Y 书记的描述中发现，流动人口也会通过投诉的方式去改变他们的处境。

问：他们还会投诉些什么？

Y：另外投诉比较多的就是治安了。

问：他们也会对治安不满意吗？

Y：不满意！外地人也偷外地人的嘛！我们这个地方，小偷小摸是经常有的，但大案是没有的。

问：他们一般都会去哪里投诉呢？

Y：比如市长热线、报社。（访谈记录编号：CX20120503）

根据 Y 书记的描述，C 社区为流动人口提供的社会服务并不突出和显著（其中不排除被 Y 书记忽略的）。但仅就他所提到的健康、教育及一般生活服务等内容而言，流动人口与居民在这些方面基本具有平等性和主动性。城市为流动人口提供的一些社会服务并没有继续构筑一种二元分割的权利格局，这种状况与以往城市设立"农民工（流动人口）子弟学校"的行为有较大的差异。但是，在 C 村转社区的过程中，菜市场经营权 ① 分配的变化，为我们提供了一个较好的观察契机。

（1）流动人口对社会服务资源存在事实上的争取行为。在原 C 村中，流动人口因为获得了与村民不同的服务待遇（表现为不同的准入条件：流动人口为

---

① 菜市场经营权是一项特殊的内容，它与经济利益紧密相关，但是从准入的角度看，它更类似于就业权，本书将其作为社会权内容。

1元钱一天，村民为5角一天），从中感受到不公平，最终进行了持续抗争：首先向村委投诉，无果后又向JX日报投诉。这种现象与流动人口在工作中"利益受损—抗争"的"消极抵制型"（邓秀华，2012）反应模式存在一定差异，表现为"不公—抗争"的"权利主张型"（邓秀华，2012）特点。在社会服务上，流动人口很难因自身利益受到侵害而被动采取争权行为。因此，流动人口的这一行为反应成为其对权利争取的一种新动向。这或许也是社会权在市民权中的价值所在（马歇尔，2008: 58）。

（2）市场对服务资源的配置作用为流动人口获得平等的社会权塑造空间。在C村中，流动人口的抗争行为最终被村里的"理"所消解，未能在争取社会权上发挥有效的作用。苏黛瑞认为，流动人口的日常实践或许在无意中重塑了社会权结构（苏黛瑞，2009: 11）。本节的研究未能对此获得证实。但是这一状况却因城市化和市场化而发生改变。C村拆建为C社区后，新建的菜市场成为城市的公共资源（而非集体资源），按照市场化的方式分配经营准入权（即通过公开招投标的方式），社区不能再依据菜场是"群体内资源"而对流动人口进行排斥。因此，在平等竞争的情况下，流动人口最终获得了大多数的摊位。

（3）流动人口的社会权表达还未进入成熟的制度途径。在对菜市场经营权等的争取过程中，流动人口采用了一种持续抗争的表达方式，而非制度表达方式。后者在流动人口经济利益遭受侵害时的表达行为中已有出现（蔡禾等，2009）。是否会采取制度性的表达方式，也是流动人口社会权利意识是否成熟的重要表现。但是，从C社区主要的政治表达途径形成看，流动人口从一开始就放弃了通过政治途径表达社会权的机会。

问：外来人口参加我们这里的居委会选举吗？

Y：他们只要回去开了证明，可以参加我们这里的选举。但是没有人参加我们这里的选举的，因为他们自己那里的选举是有钱可以拿的，我们这里是没有的。去年，居委会选举的时候，有一个人是他们那里开车过来接回去的。他们那里不像我们这里，选举的时候家族势力很重要的，像我这样的在这个社区里只有一个姓（Y）的是肯定选不上去的。（访谈记录编号：CX20120503）

根据Y书记的描述，无法确定流动人口的这种选择一定是出于对政治的不信任。显然，流动人口背后的乡土因素等也在制约着其社会权的制度表达。

（二）市场与地方政府的交互及其结果

地方政府是流动人口社会服务的主体。并且，在国家对流动人口社会服务的指导性要求下，地方政府往往对服务供给拥有较大的自主权。他们的立场及行为，直接预示着流动人口的社会服务状况。近些年，随着社会建设要求的不断深入，地方政府或多或少在对流动人口提供社会服务上表现出一定的积极性。但是，这种行为主要出于一种怎样的逻辑？是否如前所设想，是基于共同利益和上下压力？同时，随着市场经济的进一步发展，市场除了如前述为流动人口创造平等机会，还通过什么方式影响着社会权的发展？笔者通过对 X 社区的调查，试图考察这些内容。

1. 效用调节下的社会服务配置

X 社区（村）隶属于 J 市 G 街道，辖区面积 4.91 平方千米，共有户籍人口 2668 人（其中，党员 70 人，残疾人 71 人），外来人口近 9000 人。2003 年起，X 村实行新农村建设，村民都被转为城镇户籍，土地被市征收，同时撤村建社区。但是由于对上（J 市的上级政府）尚有约 1/10 的土地未被征收等原因，后又被恢复村的建制。直到 2012 年 5 月为止，X 社区（村）还保留着两块牌子。尽管村民被征收了土地，并且也改变了户籍性质，但是他们的住房仍然属于小产权房，而非商品房。统一拆建后，现在住房都是两户联体一栋（两层）的格局。居民普遍楼上自住，楼下出租。总体来看，X 社区虽然保留着较多的村建制的特征，但是事实上已然是一种社区形态。① 在社区内的教育服务中，C 书记如是说：

问：这里的幼儿园是怎样的情况？

C：幼儿园是 2007 年开办的，现在共有 300 个左右的孩子，10 个班。另外教师 23 名，阿姨和门卫等 10 人，1 个会计。前两年的时候老师还没有社保，前年开始给他们缴纳。

问：社区里的外来孩子在哪里就读？

---

① 社区已被 J 市的城市化所吞没，完全成为城市的一部分。居民认同市民身份，他们的生活方式也与市民相同。并且，社区的建设与该社区内的工业园区开发是同步的，因此，工业园区承担了社区内一些服务与管理的投入。

C：现在不是提倡均等化吗？所以在资源充足的情况下，只要本地居民同意，其余的名额都给外地人的。

问：社区的幼儿园对他们开放吗？

C：开放啊，我们是同等对待的，不需要他们交赞助费什么的，一切和我们这里的孩子一样。

问：这个幼儿园里有多少外来孩子呢？

C：本地人八十几个，其余都是外地的。

问：收费是怎样的？

C：1800元一个学期，今年会涨到2300元一个学期。因为今年我们评上了省三级，原来是区一级的。

问：这个幼儿园能依靠收取的费用维持运转吗？需要补助吗？

C：去年镇里没贴，工业园区给了点，但基本可以维持自身运转。

问：社区当初为什么会接受外地孩子和我们同样的待遇进入幼儿园呢？

C：考虑到资源不够，本地孩子才80多个，太少了，场地都会浪费。

问：社区里有小学吗？

C：有的，但后来和街道合并了，成立了新区实验小学。

问：外来人口能进入吗？

C：这个比较难。因为它名额是有限的，当然也有一些通过走后门进去的。

问：他们有来找过居委会帮忙，想进这个学校的吗？

C：有啊，他们来找我，我也会帮他们打电话向校长问问，校长就会要求这个材料、那个材料，其实就是卡人的，因为名额不够，资源有限。

问：这些孩子都在L小学①吗？

C：嗯，因为我们这离L小学近，所以这也是很多外地人看中我们这个地方的原因。（访谈记录编号：XX20120510）

一般认为，对流动人口社会服务的排斥源自地方（政府及市民）认为流动人口构成潜在地对城市公共品的分享和占有。由于受财税体制的影响，地方公共资源相对有限、弹性较小，这与不断扩大的服务需求之间形成矛盾。苏黛瑞

---

① L小学是J市的一所农民工子弟小学。

（2009：117-147）认为，城市居民对流动人口的态度，很大程度上取决于城市居民所享用的公共品是否具有竞争性。但是，从当前 X 社区的情况分析，城市社会资源的稀缺性预设并不完全正确，特别是随着城市出生人口下降、劳动力减少、老龄化加剧等问题不断加深，城市内一些公共资源的性质已经发生变化，表现出一定的富余性。在 X 社区内（见表5-1），小学教育资源（针对市民子女）经过整合后是稀缺的，即表现为学龄儿童多、小学教育服务资源少，这造成生源之间的竞争，而流动人口子女则成为被排斥的对象。同时，幼儿园教育资源却相对富余，即表现为学龄前儿童少、幼儿教育服务资源多，为了保证这些资源发挥最大效用、并维持幼儿园运转，流动人口子女被同等纳入服务范围内直至饱和。因此，当前城市公共品表现出稀缺性和富余性并存的局面，这使地方政府对社会权的分配受资源效用的调节。

表5-1　X社区教育服务内容分析

内容	小学教育	幼儿园教育
资源特点	稀缺	富余
资源属性	竞争性	相容性
平衡逻辑	排斥	纳入

2. 共同利益塑造下的社会服务供给

地方政府基于资源效用调节而采取的社会服务供给行为，仍然具有被动性。这与 X 社区的另一些社会服务供给存在一些差异。

问：社区都为新居民提供些什么社会服务呢？

C：2008 年市均等化推进会就是在我们社区（村）里开的，所以对新居民的一些服务我们也是走得比较早的，包括"六免一检查"①、让新居民参与村里的活动，比如我们和 L 小学一起合作，搞一些捡垃圾等活动，让他们能够融入进来。还比如我们开运动会、举办健康讲座等，也让他们一起参加。去年有一个（新居民）生二胎，大出血，我们就发动社区（村）里捐款，虽然只捐到

① "六免一检查"主要是针对孕产妇、新生儿及妇女的一项健康卫生服务，由 J 市统一要求实施，服务对象包括了所有当地常住居民。

了 600 多块钱，但是新居民还是很感谢我们的。我们现在是"房东经济"嘛，也要靠他们才能发展的。但是，总体上还是有一些差别的，真的要和我们这里的人同等服务，我们的投入也是不够的。

问：我们向这些新居民提供就业方面的服务吗？

C：这个我们不管的，他们都是老乡带老乡的，也不会来找我们帮忙。不过有时候碰到，我们也会想办法帮帮他们。比如他们有的人在社区里开黑车（也即没有运营许可的私车），这为居民出行提供了方便，但对秩序总是有影响的，因为车子没地方停。为这事我也和交警部门沟通过，希望能划些停车位出来。但是没有成功，因为确实没有地方。

问：社区里有物业管理方面的问题吗？

C：我们原来的物业管理是由这里的工业园区投入的，包括绿化、治安、道路等维护。从 2008 年开始，这些任务移交给了街道，成立了街道社区管理办公室。我们有问题都是向办公室汇报的。以前我们也收过物业管理费，每人 12 元 / 年，收了一年就收不下去了。现在这部分费用由居（村）委会投入。另外像新居民①2 元 / 月的卫生费，也是收不起来的。本地人都收不起，外地人怎能收得起来？（访谈记录编号：XX20120510）

与 C 社区相似，X 社区为流动人口提供的一些社会服务（如救助、文体、卫生等）都是在自然状态下的主动反应。尽管这些社会服务由于占用资源较少，存在仪式性的嫌疑，但对流动人口在当地的生活确有帮助，也需要投入一定的资源与精力。出现这种现象，或许源自两方面原因：一是"房东经济"。在 X 社区与 C 社区中，居民普遍将住房出租给了流动人口，租房收入成为居民的重要经济来源。②而这种流动人口居住方式与以往多以"工厂提供宿舍"的居住模式（任焰、潘毅，2006）具有较大差异，前者塑造了居民与流动人口之间直接、清晰的利益关系，同时又不同于将其作为被剥夺的"商品"（苏黛瑞，2009：90）。这种具有共利基础的"房东经济"为社区留住流动人口提供了积极性。二是均等化意识。它是伴随着国家和社会意识在基层的深入而获得的，在 X 社

---

① J 市将不具有本地户籍的人口统称为新居民，但在现实的话语表述中，"新居民"被特指为农民工。

② 从调查中了解到，X 社区一户居民每年可以从住房出租中获得 1.5 万 ~2 万元的经济收入，而该市 2011 年的城镇居民人均可支配收入为 31520 元（2011 年 J 市国民经济和社会发展统计公报），因此，租房收入占了居民收入的一半以上。

区内表现为一次具有代表性的全市均等化推进会的召开。尽管 C 书记将幼儿园教育服务对流动人口子女开放视为均等化的实践努力，这值得商榷，但至少它作为一种价值理念已经存在于基层社会服务的表达中，其真正的效果还有待进一步观察。

四、讨论与小结

本节并不致力于在宏观层面综合考察流动人口社会权的总体状况，而是期望通过选取微观社会的一些具体实践分析现象背后的实践逻辑，以及其中所呈现的权利结构。

苏黛瑞（2009）观察到流动人口在城市中的权利问题，但是由于其考察的历史状况表现为全能主义政府向市场力量的让渡，因此此时的流动人口权利受三种因素影响：兴起的市场力量、退缩的国家力量、在这种变化中寻找机会的个体行动者。本节所考察的社会背景显然已经与当时的状况发生了较大的变化，突出表现为：进一步发展的市场力量、地方政府一定的"积极"建设行为（当前主要表现为一种社会建设行为，而社会服务是其中一项重要的内容）和权利意识不断增强的个体行动者。这三种因素构成了一种结构性力量，它们共同形塑着流动人口在城市中的社会权。

在对 C 社区和 X 社区的实证分析中，基本证实了本节的几项假设：第一，流动人口对经济利益相关的社会服务存在非制度性争取行为。但是，由于受到社会现有结构的制约，这种争取行为并没有对社会权的分配产生实质影响。因此，关于市民权发展依靠争取的逻辑（陈鹏，2008）并不一定成立，至少是不充分的。第二，地方政府为流动人口提供了一定程度的社会服务。这种供给行为或许是被"均等化"价值所引导，但更大的可能是被市场机制所指引。在地方政府的表达中，这些因素被混合在一起，很难进行区分。因此，他们行为的自发性与被动性并行存在。第三，市场在塑造流动人口社会权的过程中发挥着决定性作用。市场及其效用逻辑的渗透，为流动人口群体与地方政府的行为塑造了一个空间，从而直接或间接地改变着流动人口的市民权状况。这三者的相互作用，共同促使流动人口的社会权获得了良性发展。

社会权的发展预示着市民权本身或许会产生分化，即成员资格与资源分享权（苏黛瑞，2009: 6）的分化。城市的外来者较难获得城市成员资格（在我国表现为城市户籍身份），却有可能获得资源分享权，这成为突破现有城市刚性制度约束的一条途径。其中，市场经济的发展是造成这种变化的核心机制。苏黛瑞认为，市场的登场以通过权利商品化（2009: 63）、流动人口商品化（2009: 90）等方式，在负面改变着市民权结构。而本节却发现，当前市场正在通过以下三种途径，从正面影响着社会权的分配：（1）创造平等机会。市场性的准入条件与政治性的准入条件不同，它不受市民身份的限制。一旦一种服务资源被市场所转化，流动人口事实上都具有享有的权利。但是当前由于在较多领域内存在政治干预市场的行为（比如国有单位招工），因此，限制了流动人口获得平等社会权的机会。（2）效用调节。社会服务的供给同样需要保证一定的效用。一种社会服务资源所产生的效用较低，将可能增加地方政府的投入。以往认为城市对流动人口社会权的排斥，源自服务资源稀缺的假设。但是，随着城市社会的发展，包括人口结构、劳动力结构等的变化，使一部分社会服务资源变得富余。依靠城市原有社会权配置方式，将造成这些领域内社会服务资源效用下降。因此，需要吸纳流动人口进入服务范围，以对其进行平衡。这为流动人口在城市中获得社会权创造了一定空间。（3）共同利益塑造。社会服务是一个比较宽泛的领域，地方政府具有较大的自主空间。因此，对流动人口社会服务的供给受到地方政府主动性的影响。现有研究认为，地方政府对流动人口权益往往通过多种方式进行剥夺，对其分享的主动性很小（许叶萍、石秀印，2011）。但是，从笔者对流动人口社会权的分析看，市场在基层有塑造共利基础的可能性，从而增加了地方对流动人口服务供给的积极性，并至少缩小了市民与流动人口之间的社会权差距。

尽管流动人口的社会权呈现一些良好的变动迹象，但是，这一结构性力量背后仍然缺乏最终能实现"社会服务均等化"的有效途径和动力：流动人口自身的行为被现有结构所束缚，目前很难获得突破性发展；市场的效用与经济逻辑只能在一个有限的范围内发挥作用，不能等同于社会服务的公共性与公益性，并且其过度发展亦存在异化社会权的风险；排除市场因素，地方政府要依靠"正义与道义"价值理念，去突破现实利益与制度的制约，实现对社会权结构的理想改造，其中存在太多的不确定性和阻碍。

第二节 户籍制度改革与流动人口的权利塑造 [1]

一、研究问题

2017年11月18日，B市D区发生火灾，共造成19人死亡，8人受伤。之后，B市开展了限期群租公寓大整顿行动。尽管这项行动以提升社会安全水平为名，但由于涉及的对象是以"低端劳动力"为主的流动人口 [2]，因此重新引发了社会对于保障流动人口权利的关注。

而就在此事件不久前的党的十九大上，刚强调了中国共产党将始终以人民为中心，深入贯彻"共建共治共享"理念，破除妨碍劳动力、人才社会性流动的体制机制弊端，加快农业转移人口市民化，并要求流动人口得到更为公平、公正的权益保障。相比宏观要求，学者普遍认为，造成流动人口权利保障不到位的根本原因在于户籍制度。然而，2014年，国务院印发《关于进一步推进户籍制度改革的意见》，并指出要建立城乡统一的户口登记制度，取消农业户口与非农业户口的区分，这意味着户籍制度改革已进入全面实施阶段。一些研究也随即指出，随着户籍制度改革的深入，户籍对流动人口的制度性排斥影响将逐步减小（王小章、冯婷，2018）。诸如养老、医疗、住房等社会保障，文化、教育、卫生等公共服务都对流动人口有了一定程度的惠及（刘玉博等，2011；潘鸿雁、陈国强，2014；安培培，2017；郭静等，2019），逐渐呈现出流动人口在流入地身份权的改善，且预示着针对流动人口的平权过程有望实现。

对比中央的要求和更为具体的户籍制度改革，B市的群租公寓大整顿都预

---

① 本节已发表于《中国公共政策评论》2020年第18卷，原标题为"户籍制度改革下的流动人口权利塑造"。

② 流动人口，原指在居住地居住时间不到半年的人口。在我国，流动人口按照城乡、区域，可以区分成多种类型。但在众多类型中，主要以跨区域流入城镇的农民为主，因此，其常与"农民工"混用。并且，由于这部分人口主要以从事低端体力劳动为主，因此也被冠以"外来人口""外地人"等带排斥性的称呼。根据本节的分析重点，此处的流动人口主要指跨区域迁移的农民。

示着，流动人口权利保障依然面临诸多问题，流动人口在流入地（主要是城市）所获得的权益似乎并不是稳固的。但是，这一问题的实质究竟为何？或者换言之，在户籍制度改革背景下，流动人口在流入地的权利状况发生了怎样的重构？本节将围绕流动人口问题中各主要主体的认知与行为表现，以 J 市为个案进行考察，分析这一问题的现状与理论前景。

二、流动人口权利塑造的理论论争

改革开放后，我国逐渐形成了一支规模庞大的流动人口队伍。与国际上常见的移民现象不同，这一群体以乡城流动的流动人口为主且往返于城乡之间而不定居于城市，显现出一种最具有中国特色的社会现象。因此，流动人口研究成为理论界和党政界都高度关注的课题。由于这一现象是从高度集权的"全能主义"（邹谠，1994：3）中走出来的，因此本质上又表现为一个国家向市场和社会放权的过程。这意味着，实现流动人口市民化，根本在于取消因国家干预（户籍制度）而形成的群体成员之间的不平衡权利关系。因此，权利成为研究者分析流动人口问题的一个核心概念（王小章，2010；陈映芳，2005；蔡禾等，2009；苏昕，2013）。

对于权利，目前尚没有统一的定义。在流动人口研究中，一般将权利融合在了公民权（也称市民权）理论中，其中较具代表性的是马歇尔与特纳的观点。马歇尔（Thomas Humphrey Marshall，2008：23）将公民权作为一种共同体中全体成员都拥有的平等地位，其中又分别包含了民事权、政治权与社会权（2008：11）。特纳（Bryan S. Turner）则指出，公民权既包含社会成员资格，也关系到资源分享权利（苏黛瑞，2009：6）。综合看，这两种观点总体是趋同的，都表明具有某种资源指向的平等获取资格。这就与户籍制度具有了一定契合性，户籍制度同样表现为一种成员资格（某一地区的"非农人口"身份），并且这种成员资格与一系列资源相联系（比如社会保障、教育、住房、公共服务等）。一旦这些资源被剥离，成员资格也就将被消解。

对流动人口的权利状况做全面审视是存在较大困难的，这一方面与权利涉及的内容非常广泛、难以尽述有关；另一方面也与流动人口权利状况一直处于调整与变动中有关（王小章，2010）。总体上看，伴随着解决流动人口问题的追求和市场化改革的深入，流动人口权利状况已得到了较大改善，原来由户籍制度形成的单一权利排斥局面，也逐渐发展为制度排斥、市场排斥和社会排斥相混合的局面（陈映芳，2005；Shaohua Zhan, Johns Hopkins, 2011）。但相较而言，户籍制度依然是造成流动人口权利缺失的直接原因。因此，户籍制度变革对流动人口具有更突出的意义。其中释放的权利，也为不同主体提供了一个行动空间。正是看到这一点，研究者们形成了授权、赋权和争权三种不同理论取向。

授权（Authorization），主要指主管将职权或职责授给下属，并责令其负责管理性或事务性工作。该理论于 20 世纪 50—60 年代从管理学中产生，主要针对大公司中等级制度弊端和管理效率低下问题而提出（Linda Honold，1997）。目前，这一理论主要被运用于企业管理与行政管理中。在科层化的管理体系中，权威是自上而下建立的。因此，下级权力利需由上级授予才能获得，并且下级只获得了这项权利的使用权，所有权仍然由上级掌握（Philippe Aghion and Jean Tirole，1997）。以此而论，授权具有三个方面的显著特点（见表 5-2）：其一，上下级之间权力的实质不平等，授权并没有使权力发生实质性转移，因此，授权双方具有连带关系而不独立，下级权力使用造成的影响将由上下级共担。其二，授权的动力主要来自于上级，也即权力的拥有者。其三，授权是一个自上而下的单向过程。尽管授权理论是基于科层组织内部而言，具有特殊性，但在流动人口研究中却得到了广泛运用（蔡禾，2009；熊光清，2012；江立华、张红霞，2015）。户籍制度等改革都具有授权的相应特点，都是国家自上而下将权利覆盖至流动人口的单方授予过程，都针对流动人口存在的权利不平等问题。所不同的是，流动人口的授权过程使权利发生了实质性转移，也即权利从户籍人口扩展至了流动人口。

赋权（Empowerment），也被称为赋能、增权、充权、充能、授能等。该理论从社区研究中逐渐兴起并被拓展到其他领域中（比如管理、新闻传媒等），其立足于改变行为主体在权利关系不均衡状态下的被动局面，围绕权利、能力的扩充，使个体、组织机构或社区掌握自己的生活，提升其自我管理能力（J. Rappaport，1984）。该理论具有三个特点：其一，赋权的重点在于通过赋能以获得增权。权利与能力是相互联系在一起的，但权利需要通过拥有一定能力才能实现。因此，弱势群体的问题并不在于无权利，而是怎样把权利体现出来，其中权利的使用能力是关键，主要表现为一种集学习、参与、合作为一体的过程或机制（J. Rappaport，1984；M. A. Zimmerman，1995）。其二，赋权的力量主要来自第三方。由于各主体之间的权利本质上是相对均衡的，因此，赋权的重点在于对一些潜在权利的激活。而这种力量难以从具有竞争性的权利主体之间获得，需要第三方力量的介入。其三，赋权的过程是由内而外产生的。由于赋权不是权利的让渡，因此不是一个自上而下的过程。相反，弱势群体能力的提升，使赋权表现为一个由内而外的过程。这个过程作用于个体、组织和社区，并逐渐具备权利表达与行使的能力，在形式上使权利关系相对均衡。正因赋权的这一系列特征，使得开展赋权活动需要借助于一定的专业力量，一种懂得在何时、何地、何事、如何介入的力量。赋权理论在流动人口研究中得到一定程度的运用，但又存在一些分化。一些研究者从赋权的本义出发，强调在流动人口工作中，要注重流动人口资源扩建、能力提升，从而增强他们的利益表达能力和影响力（顾江霞，2010；罗天莹、连静燕，2012）。另一些研究者将赋权的过程理解为流动人口权利资格的取得过程，而非权利的展现过程（孙伟中，2013）。因此，它更接近于授权。还有一些研究者结合中国发展的现实，将赋权作为主体能动性调动与权利获取的双向过程（操家齐，2012；张志胜，2017），即既注重权利的增加，又注重权利的使用。

表 5-2　授权、赋权与争权的特点对比

理论取向	权利关系性质	动力来源	权利关系变更途径
授权	实质不平等	权利拥有者（党委政府）	自上而下
赋权	表现不平等	外部力量（第三方）	由内而外
争权	实质不平等	权利缺失者（弱势群体）	自下而上

争权（Fight for power），即"权利争取"。其尚未形成一个相对完整、独立的理论。目前可以将其追溯至"抗争政治"（Contentious Politics）理论中，"它指的是这样一些互动，在其中，行动者提出一些影响他人利益或为共同利益或共同计划而导向协同努力的要求；政府则作为所提要求的对象、要求提出者抑或第三方介入其中"（蒂利，2010: 203）。其主要目的在于寻求存在于大量政

治斗争中的因果关系，发现其中的作用机制，并归纳抗争的模式（蒂利，2010：1）。该理论认为，在权利关系失衡情况下，由于掌权者造成对权利缺失者的侵害，因而会出现由弱势群体通过主动表达、自身努力以获得相应权利的社会现象。因此，权利争取也相应具有三方面特点：其一，权利关系上存在实质性不平等；其二，权利关系调整的动力来源于权利缺失者自身；其三，权利关系变更的途径为自下而上。苏黛瑞（2009）首先提出了流动人口的权利争取问题，并指出即使在市场化进程中，权利也不会轻易降临于政治社区体制之外的流动人口，尽管他们中的一些人采取了某种应对方式，但根本上仍没改变现有的权利关系。另有许多研究从抗争的角度提出了流动人口争取权利中的不同表现（蔡禾等，2009；刘林平、雍昕，2014；郑欣、章译文，2016）。

户籍制度改革的过程，是一个变革旧制度、建构新制度的过程。以上三种理论取向，为理解这个过程中的流动人口权利塑造提供了一些判断。第一，行为主体的意识与行为表现成为观察流动人口的有力视角。三种理论中，研究者将分析的重点落在权利关系塑造的动力源上，以此透视现实权利关系及变动空间。在授权理论中权利拥有者愿意自觉让渡权利，追求不同主体之间的权利均衡；在赋权理论中第三方力量崛起，成为推动流动人口能力增长的真实存在；在争权理论中流动人口具有维护和争取自身权利的意愿和自觉。相比各行动主体，权利关系性质才应是这些理论分析的基础。但研究者并未予以讨论，这或许与将户籍制度置于何种背景下认识有关。仅就户籍制度本身而言，其确实造成了一种实质性的不平等关系。因此，既然权利关系性质是在一个由行动者定义的空间来认识，那么从行动者主体进行审视就更具优势。同样，这一点也适用于户籍制度改革后的流动人口权利关系的分析。

第二，确立一个多主体的审视视角。既然流动人口的权利状况是由各相关主体所塑造和定义的，这意味着仅从某一主体进行审视是存在偏颇的。现有研究从不同主体切入分析，所获得的结论是相异的甚至冲突的，这事实上也反映了其中所存在的问题。因此，为使分析更贴近现实，这就需要建立一个多主体的审视视角。并且，在多主体审视下，一方面在分析某一主体时会关涉与其他主体之间的互动关系，但另一方面行动主体之间的互动建构并不是必然的，在缺乏对等关系、信息对称、主体意识和意愿等情况下，又会表现出一定的独立性。

第三，行动主体具有多面性。尽管研究者选择从某一主体审视流动人口的权利，但对于这些主体的认识并不是单一和固定的。研究者根据不同的类型、情境，最终获得了不同的发现，一些与这些权利理论相一致，一些则并不吻合。这都意味着，同样需要将行动主体的多面性纳入审视中。这样，在流动人口权利塑造中，就形成了一种多样化的主体视角。

第四，权利塑造的重点在地方。权利理论注意到权利塑造具有方向性，包括授权理论的自上而下、赋权理论的由内而外、争权理论的自下而上的权利关系塑造途径。但是，受多元主体视角的影响，这些关系会形成一个交集，并表现在实践中。本节将这个交集定位于市域范围，这一方面与行动主体之间有更直接的接触有关，另一方面也与户籍制度改革后，国家层面的刚性制度约束已转向地方具体权利塑造有关（Chan & Buckingham, 2008）。

三、主体面向、权力塑造与内在逻辑

从 1997 年放开小城镇落户限制开始，我国的户籍制度改革逐渐采取了一种分类的、差别化的改革策略，目前要求全面放开建制镇和小城市落户限制，有序放开中等城市落户限制，合理确定大城市落户条件和严格控制特大城市人口规模。以此对照，本节选取的个案 J 市，属于要求有序开放落户限制的中等城市（城区人口 50 万 ~100 万）。这为观察流动人口权利状况提供了一个宏观背景。

J 市是位于长三角核心区的一个地级城市。2017 年底，J 市有户籍人口 352 万，登记流动人口 287 万，是一个流入人口数量较多的城市。2014 年，J 市作为 Z 省第一批推进居住证制度改革试点地区进行了试运行。2016 年，J 市政府根据所属 Z 省出台的《流动人口居住登记条例》（以下简称《条例》），正式推出了《J 市人民政府办公室关于做好新型居住证制度实施工作的意见》（以下简称《意见》），全面启动了居住证管理制度。

（一）制度变革与弹性权力空间

在《条例》中，Z 省将县级以上人民政府作为流动人口居住登记和服务管理的主体，要求其建立健全相应各项制度，保障相应工作所需经费与人员。同时强调流动人口合法权益是受到法律保护的，要求将流动人口服务管理工作纳入国民经济和社会发展规划中，逐步实现基本公共服务均等化。这就意味着，Z省将保障流动人口合法权益的要求下到了县级以上人民政府，并由其承担其间所产生的成本。对此，J市一方面降低了申领居住证的要求，即只要在居住地居住半年以上，符合有合法稳定就业、合法稳定住所、连续就读条件之一即可，显示获取这种（市民）资格的容易度；另一方面明确赋予了居住证持有人可享有6项基本公共服务和7项便利，逐步享受职业教育资助、就业扶持、住房保障、养老服务、社会福利、社会救助等公共服务。而其余各地、各部门制定的有关为新居民提供公共服务和便利的政策需经J市流动人口管理服务工作领导小组办公室审核同意。这一系列规定，在扩充了市民资格所关涉的资源内容时，又为其发展成为完整的市民权利提供了一个弹性的空间，也即在非正式授意下可享有各项权利及相关资源。

显然，J市的制度变革已在较大程度上为流动人口提供了平等享有权利的机会。同时，J市政府依然掌控着授予流动人口完整权利的权力，但是这种权力的实现具有非正式性（由领导小组办公室审核同意），不仅对各地和各部门的强制性较弱，同时也为流动人口积极争取权利提供了可能性。质言之，无论是J市政府和各地各部门进行授权，流动人口主动争取权利，还是流动人口充分行使现有权利都具有行动空间。

（二）主体面向与权利塑造

面对J市制度变革中形成的弹性权力空间，不同主体展现出了不同的意识与行为，并塑造着流动人口的权利状况。

1. 行政分割与多元化授权

《条例》提出了一个总体要求和基本任务，具体由J市政府负责统筹推进地方的户籍制度改革——居住证管理制度。这使得J市在担负相应责任的同时，需单独承担改革过程中的一系列成本，主要表现在两方面：第一，资源容量成本。2017年J市总人口为630万，人口密度达到1609人/平方千米，大大超出了专家为J市论证的539万总人口和1185人/平方千米的人口密度上限。此外，随着社会保障水平和统筹层次的提高，流入地政府需要负担实有人口的公共服务。

因此，这加大了 J 市的公共服务压力。以子女就学为例，2017 年在 J 市就读的流动人口子女为 13.2 万人，以年生均补助一万元计算，需要 13 亿元的财政投入。而如果以接纳、安置流动人口的成本计算，则需要 20 万 ~25 万元 / 人。第二，维持社会稳定成本。流动人口在 J 市的分布并不均衡，其中超过 1/3 的外来人口集聚在 16 个镇（街道）、206 个村（社区），人口倒挂现象突出，其中最高比例达到了 1:300。这种人口结构反转，使群体之间的冲突压力增大，且流动人口的刑事犯罪率居高不下（占总案件的 80%）。此外，改革也容易使 J 市成为长三角地区的政策"洼地"，形成流动人口"吸纳效应"，进一步增加资源和稳定方面的压力。作为一方区域的主管，J 市主要领导需要考虑这些成本对本地居民经济生活造成的影响，以及由此对其政绩带来的影响。因此，J 市政府在按照上级要求实施更具开放性的流动人口制度时，努力寻求对改革成本的控制：一方面开放适度的权利，以及部分受限制的权利，减少与权利相关联的资源投入；另一方面加大产业转型升级力度，以机械化生产替代人力生产的方式，达到减控流动人口规模的目的。由此可见，在国家提供的国民待遇缺失的情况下，限制流动人口及其权利成为地方主管"自利自保"的自然选择（陈映芳，2005；吴开亚、张力，2010）。但与以往直接限制流动人口进入本地劳动力市场（谢桂华，2007）、为流动人口在城市生活制造困难（王春光，2001）、剥夺流动人口在城市中的权利（郑广怀，2005）等方式不同，J 市政府只能在开放市民权利过程中，选择一种更为间接和隐蔽的权利排斥策略和对各下属单位、部门的潜在要求。

《意见》的颁布，对外释放了一个开放市民权利的正式信号。尽管 J 市政府有意对流动人口进行减控，但仅通过流动人口管理服务工作领导小组办公室的审核同意，已难以达到在各地、各部门中全面贯彻其意图的目的。因此，这为 J 市各地、各部门提供了自由裁量空间。他们权衡所掌握的资源、工作创新需求、工作绩效、外部社会压力等因素，分别做出了放任、排斥、吸纳等多种行为选择。对于流动人口管理部门而言，流动人口的增长，客观上增加了管理部门的任务，包括户籍管理转为居住证管理等在内的工作量显著增长，一些重要节点的维稳责任加重，而管理手段却受到了较多限制，服务回报依然比较低（流动人口管理部门在政府各专职部门中地位还是较低）。这些都共同造成了流动人口管理部门对于减控流动人口数量的积极性上升。正是在他们努力向 J 市主管领导反映后，减控流动人口的意见被市主管领导接受（前述 J 市政府所遇到的问题，正是流动人口管理部门所提供）。与地方政府和直接管理部门的总体导向不一定相同，其他非直接管理部门在权衡上级条线要求、地方隐性意图、社会总体需求时，形成了不同的态度和做法。比如，在 2018 年 J 市的一次内部小型咨政交流会上，发改委、经信委等部门都表示，流动人口的增减并未引起他们的关注，也未融入工作目标中。这一情况引起了流动人口管理部门领导的不满，认为他们对流动人口问题的忽视，将会给 J 市的发展带来诸多挑战。除此以外，另一些如计生委、文化局、民政局、教育局、残联、妇联等等服务部门，都在上级的要求下将流动人口纳入了全市统一服务中，开展面向流动人口的服务活动。比如，2017 年文化局启动了一项以各镇、街道为主体的文化创新项目，其中 X 街道的创新项目是"新居民文化融合项目"，试图通过向流动人口宣传、介绍 J 市地方文化，组织流动人口参与地方文化活动，开展流动人口的文化服务等方式，促进流动人口融入当地生活。类似的服务活动在有关民生服务部门中都或多或少存在，显示了对流动人口的某种开放性。与此同时，这些部门在一些领域又继续限制流动人口，其中最常见的是各部门在招录非正式职员时仍然沿用"本市户籍"的要求，他们给出的解释是"本市户籍的人可以用方言沟通，有利于服务的开展，并且这些人员也更稳定"。

与城市之间存在竞争、城市内各部门之间存在分化不同，对于直面流动人口的社区与村干部而言，他们普遍认为基层对流动人口的态度和认识都是一视同仁的，并将各类服务向流动人口同等开放，比如公共文化活动设施使用、公共活动的参与（如假期学生兴趣班）、公共服务（如健康检查）等。然而，他们的认识与实际是存在差异的，社区内的一些服务仍然只面向本地（户籍）人口，比如在 Y 社区内为 60 岁及以上老年人提供的一周一次理发服务；在 Y 社区和 Z 社区，非缴费性社会保障（如低保）都尚未有流动人口获得。对于这些利益的处理方式，社区干部普遍视为理所当然，Y 社区书记认为"本地居民在这生活了那么长时间了，那肯定还是要（与流动人口）有所区别的"。由此可见，在村、社区中，流动人口所能享有的权利嵌入在了社会关系中，并被一种具有自我保护性的地方文化所塑造。权利所关涉资源的盈亏状况经由这种地方文化的折射，以不同形式映照在流动人口身上，使得权利有限度地授予了流动人口。

综合以上各方面，政府在户籍制度改革进程中的授权行为具有多元性。这一局面的形成，与分散、分层的行政体制是紧密相关的。尽管从理论上看，按照科层制所设置的行政体制，是理性化的结果（韦伯，2010: 332），但在现实运行中，依然会面临"权威体制与有效治理"之间的矛盾（周雪光，2011）。当地方政府要贯彻一种意图而又缺乏有效的手段和途径时，行政分割下的多元化需求就会在各种逻辑下展现出来。政府亦在此过程中呈现出多种面貌，包括剥夺型（郑广怀，2005）、自利型（吴开亚、张力，2010）、应付型（刘林平、郭志坚，2004）、接纳型（陈景云、刘志光，2013）等。

2. 自我排斥与权利维系

尽管 J 市的居住证制度实施中存在一个弹性权力空间，但这并未带来流动人口自身的积极争取行为。总体而言，J 市的流动人口对 J 市政府、本地居民表现较为友善，对 J 市的认同度也很高[①]，很少出现激烈的个体和群体行为。偶尔出现的一些维权行为主要集中于经济领域，比如讨薪、市场准入等，且方式也比较温和。2015—2017 年 3 年间，J 市仅发生了两起由"80 后"流动人口为主的较有影响的讨薪事件（集体爬上楼顶，以跳楼表达权利）。[②]更多的情况是，在政府进行城市整治（如整顿流动摊贩、占道经营、群租等现象）中，流动人口会做一些委婉的申诉和抵制（比如口头交涉、持续原有行为、对管理部门投诉和"讨说法"等），但在城市管理规范化日益提升的过程中，最终都做出妥协和得到疏导。比如在 C 社区中，流动人口对在农贸市场中经营权的不平等、社区居住中的财产安全保障不到位等，分别向当地报社、市长热线投诉过，但也仅限于投诉，并未采取进一步的抗争行为。在这些零星的权利表达中，2017年前后出现了一种新的现象，一些流动人口利用重要维稳节点地方政府风险控制需要，以配合稳定所付出的成本为理由，要挟政府给予赔偿。比如 J 市一些流动人口种植大户，在一些安保节点（需要对交通、运输等进行管制），联合向地方政府要求远高于其损失的经济补偿，仅 2017 年就发生了 7 起。相比这些

① 根据 2014 年国家流动人口动态监测数据显示，J 市流动人口认为：本地人愿意接受自己成为其中的一员（占92.0%），否认本地人不喜欢自己（占91.2%）、看不起自己（占92.2%）、不愿和自己做邻居（占87.0%）。

② 这两起事件被人民网、澎湃、新浪等多家主流媒体报道。

利益受损下的维权行为，流动人口对于一些本地居民享有的利益（如前述的非缴费社会福利等），也主要抱持着"这是本地人的"心态。

已有研究表明，长期的城乡二元结构及其制度安排，已经成为一种观念而被流动人口内化和接受（陈映芳，2005；赵晔琴，2008），甚至产生了对流入地市民身份的自我拒斥（陈黎，2010）。尽管有一些流动人口采取了抗争行为，但基本是在利益受损情况下的被动反应（蔡禾等，2009），而非针对权利的、增益性的主动争取。因此，他们并没有因其经济地位低而表现出不满情绪，反而在社会安全感、社会公平感、对地方政府工作的满意度等方面高于城市人（李培林、李炜，2007）。显然，这些状况在 J 市的居住证制度实行中都基本被延续了下来。即使 J 市的新生代流动人口也已占多数（2014 年 J 市"80 后"流动人口 [①] 已占全部流动人口的 6 成以上）[②]，但他们的行为表现并未有明显变化，对这种权利状况具有较高的接受度。同时，J 市发生的两起较为激进的讨薪事件、几起过度的权益诉求行为、一些委婉和有限度的申诉行为，都是针对经济权益受损而采取的抗争。这表明，J 市流动人口对自身权益的争取，既没有走出经济利益的范畴，也没有走出"受损—抗争"的被动模式，呈现出对自身权利处境有限度的调整努力。尽管一些流动人口利用地方政府对于追求稳定的谈判弱点，寻求超出自身损失以外的利益补偿，但这种谋求短期收益的行为并不利于权利关系向着良性方向发展，根本上还是将自身置于地方权力结构以外的"自我排斥"。

3. 行动规制与赋权缺失

在权利关系发展中，流动人口权利意识的生成、发展、维护和实现均依赖于其组织化（秦阿琳、徐永祥，2014）。但是，无论是外部服务型组织，尤其是维权型社会组织（余章宝、杨淑娣，2011；丁开杰，2013；许怡，2014），还是自组织，均发展缓慢。J 市城区从 2012 年开始培育社会组织，至 2017 年共培育了 5 批次 42 家社会组织。但其很少主要服务于流动人口，更没有以流动人口赋权为目标。个别服务于流动人口劳资矛盾的社会组织，或者被挡在了申

[①]　研究者将新生代流动人口的代际时间划分至 20 世纪 80 年代以后出生的人（王春光，2010）。

[②]　已有研究认为，新生代流动人口在权利意识上明显增强，并表现出更为积极的权利争取行为（王春光，2001；谭深，2004；卢秉利、匡立波，2007；许传新、许若兰，2007）。

请培育的大门之外，或者在培育中被重塑了目标。以 2015 年 J 市财政资金购买社会组织公益性服务项目和 2018 年市级福利彩票公益资金资助社会组织创投项目看，受资助的 57 个项目中，没有一个是针对流动人口的。而在流动人口自组织方面，虽然许多流动人口集聚区都推行了流动人口自我管理，但这些组织形式松散，并没有获得合法和正式身份。

总体上看，由于涉及有关稳定问题，社会组织和流动人口自组织的发展空间都比较有限，其组织意图、服务对象、服务内容等都在谋求自身发展中被地方政府有意识地改造和规制着，难以对流动人口的权利关系形成有力的影响。而事实上，这些内容并不在户籍制度的变革范围内，更少引起关注。

四、流动人口的权利变动与解释

（一）流动人口的权利变动

关于户籍制度改革对流动人口权利的影响，现有研究存在两种主要观点：一种如文前所述持积极、肯定的态度；另一种则持批评和否定态度，或者认为户籍制度改革对实现流动人口的市民化没有实质意义，改革只是换了一种形式在继续维护着户籍制度的特权和不平等（周庆智，2018），或者认为户籍制度受地方权力自主性和原住民利益偏向的挤压，出现了政策失效局面（袁方成、康红军，2018）。与这两种观点不同，本节通过以上对 J 市主要相关主体及其面向的分析可见，户籍制度改革为流动人口释放的权力空间，被各主体塑造，出现了一个权利总体松动和开放的局面，但是也依然面临权利碎片化、隐性化的问题。这都将使流动人口的平权过程面临新的挑战。

1. 从相对排斥转向总体开放

在原户籍制管理体系下，社会权利被捆绑于户籍制度中，通过对身份获取的刚性限制与管理，使得社会权利亦相对封闭，而流动人口的权利由此被这一制度所整体分隔和排斥。随着户籍制度改革的推进，附着于户籍制度之上的各种权利获得释放，这客观上为流动人口创造了一个平等、一致的权利空间。从 J 市的实践看，在上下、内外共同作用下，流动人口权利已不再简单受地方政府某一层面、某一部门意志所决定。尽管 J 市政府有一个总体意见，但这并不是最终作用于流动人口的真实力量。即使在同一项内容上，由于不同层级和不同部门之间态度和认识的差异，给流动人口带来的体验和影响也完全不同。因此，地方政府内部要构筑起一个统一排外的意志和做法已较为困难。与此同时，J 市流动人口能利用一些时机博弈成功，也展现了其依靠自身力量争取权利的可能性，这也预示着一种刚性权利结构松动所带来的变化。但遗憾的是，政府以外的主体在这种开放局面中的作为偏少，没有很好发挥出自下而上的力量。

2. 从整体脱离转向碎片化获取

社会权利被统一集中于户籍制度进行管理所带来的另一个结果就是，权利关系具有相对完整性和统一性。一旦获得流入地户籍身份，即意味着取得了相应的全部权利资格（附着于户籍制度上的权利）。这种由户籍制所带来的社会权利的整体性，放大了户籍人口与流动人口之间的权利差距。从理论上看，户籍制度改革在破除制度壁垒的同时，将全面打开权利的闸门。因此，现有研究也认为基于公共服务供给的流动人口权利建构，正从破碎转向完整（唐亚林、郭林，2019）。与此不同，在 J 市的实践中可见，随着居住证的实施，附着于户籍制度上的各项权利正被剥离、并掌握于不同部门和不同政府层级中（J 市的市政府、流动人口管理部门、经济部门、文化社会服务部门、一线准政府等），而不再表现为集中控制。这为各部门、各层级在面对流动人口时提供了更大的自由裁量权，使市民权出现了碎片化（赵力涛，2014），也即流动人口在不同空间、不同时间、不同内容、不同对象中，能不同程度地获得政府所赋予的市民权利。这种权利尽管不完整，甚至存在矛盾，却改善了流动人口在流入地的处境，给予了他们平等进入地方的机会，具有积极的一面。

3. 从显性关系转变为隐性关系

在户籍制度制约下，流动人口在权利结构中所处的不利局面是显性的。这种显性包括清晰的、不平等的地位，具体的、直观的权利指涉，可识别的、根本性的问题根源等等。这些都为变革现有制度、解决这一问题提供了明确指向。然而，当启用居住证管理后，流动人口在权利结构中的位置从显性转向了隐性。一方面，户籍制度的变革客观上消除了塑造并展现流动人口权利状况的直观要素。缺少户籍制度这一总体参照对象，已较难准确判断流动人口在权利结构中的位置和状况，也较难识别各种现象背后的问题症结。另一方面，随着市民权的碎片化，不同权力部门对流动人口采取的自由裁量行为，使流动人口的权利状况具有较大的变动性，难以被清楚辨识，从而出现了一些部门采取一种与户籍人口区别对待的临时性措施（王梦怡、彭华民，2019）。

（二）流动人口权利变动的理论解释

本节在运用权力理论进行分析的同时，也对该理论的三种取向进行了检视，并对流动人口的权利塑造提出了一些新解释。

1. 弹性权力空间

总体上看，外部环境为授权、赋权和争权理论都提供了解释的空间。尽管J市作为一个中等城市并不能代表所有情况，但是至少表明了在国家统一意志、要求与地方承担成本、责任之间，可能存在着一种张力。无论是特大城市、大城市、中等城市还是小城市，这种张力会表现为一个弹性权利空间的产生，是地方应对国家要求的策略性调整需要。弹性权力空间是一个权利的正式性程度低（一般是非制度性的）、容易产生变化的范围。从J市的情况看，它既可能出现在制度规定中（如居住证实施意见），也可能在制度的实施中（如部门执行中的差异性），甚至在制度实施以外（如寻求市场化的方式进行流动人口减控）。因此，这既可能具有权利的实质不平等，也可能是形式上的不平等，表明授权、赋权和争权的理论预设成立之可能。并且，这也为不同主体通过行动塑造和定义这个空间提供了可能。

2. 主体的在场与缺席

从主体切入看，权利理论中同样存在着一个基本理论判断，即主体在场。无论是授权、赋权还是争权，都是依靠不同主体的意识和积极行动才能得以实现。授权理论认为依靠户籍制度，决定市民权利开放范围的权力始终掌握在地方政府手中，因此流动人口权利的改变必然需要依靠政府的主动作为，其中的难题即在于政府如何才能突破自我维护（吴开亚、张力，2010）的内在机制，将政府的强势在场转变为积极因素。这一判断在本节的案例中得到了支持，地方政府显然在应对流动人口现象中是自觉自为的，尽管自上而下给予了其种种压力，但是其意图和选取应对手段的用意依然显而易见。争权理论主要受"剥夺理论"影响，认为流动人口在流入地中的不平等权利地位，必然会使他们产生一种"被剥夺感"或"不公平感"（李强，2004），由此塑造了他们对于获取自身权利的主体意识，并采取积极的行动。这一理论判断在两种情况下似乎得到了支持，一种情况是在流动人口现有利益受到侵害时，呈现出"利益受损—抗争"式的主体在场（蔡禾等，2009）；另一种情况是在流动人口的代际更替中，因新一代流动人口权利意识增长而出现的主体在场（李培林、田丰，2011）。然而，这一判断并未在此部分中得到有力体现，至少代际更替带来的影响并不明显。一些利益受损下的抗争行为既委婉也不持久，有的甚至走向了进一步的"自我排斥"（陈黎，2010）。因此，可以说争权理论对流动人口的自觉自为判断还是值得进一步观察的。赋权理论的基本认识是，组织化是群体发展的普遍现象，无论是流动人口自组织还是外部组织介入，都会是一个自然过程。与此同时，组织是理性化的结果，它们能形成超脱于个体之上的更高追求，从而会将提升流动人口能力、并使其充分运用权力作为组织行动的目标。然而，这种认识与其说是理论预设，不如说是理论目标。大量的研究都表明，各类为流动人口赋权的组织，基本都面临着各种各样的行动规制（余章宝、杨淑娣，2011；秦阿琳、徐永祥，2014）。本节的案例也支持了这一结论，社会组织在流动人口权利塑造中总体是缺席的，它们自身也还面临着权利缺失的问题。

3. 授权的作用机制

由争权、赋权理论的行为主体缺席可见，户籍制度改革中的权利塑造主要还是由政府授予所决定的。但是对于政府授权中的作用机制，现有研究又持不同的观点。其中工具性观点认为，户籍制度从建立时就是为维护社会秩序服务的（陈永金、张力，2004），改革后其又承担着维护地方稳定、人才甄选（F. L. Wang, 2004）和劳动力市场保护（蔡昉等，2001）等功能，因此，户籍制度在调控这些事务中所发挥的作用，决定着地方政府授权的积极性和行为。资源约束规则认为，户籍制度从根本上塑造了城乡、区域之间的福利落差，而消除户籍壁垒后的福利成本就需要地方政府来承担。因此，地方政府所掌握资源与需支出成本之间的比照情况，成为他们授权行为的决定因素（高翔，2015）。但是这些观点很难解释不同研究中所显现出的政府的多面性现象。本节的研究表明，由于地方政府内部存在的行政分割，使得流动人口对于地方政府产生的影响和意义是不同的，一些部门视其为麻烦和负担，一些部门将其看作竞争者，一些部门把他们作为工作创新的依靠，还有一些部门并未引起关注等等。在户籍制度所具有的刚性约束较强时，行政分割所产生的影响并不明显。但一旦户籍制度松动，就为各部门自主行动提供了条件。尤其是在流动人口及其组织缺席的情况下，各部门的意志更容易得到流露。当流动人口是政府部门的一种麻烦时，他们被排斥；能为工作带来创新、增彩时，被积极接纳；与工作无直接相关性时，则被放任。

五、余 论

总体而言，户籍制度改革的实质性深化，已大大改变了流动人口在大部分城市落户极其困难的局面。在理论上，流动人口只要愿意，即已拥有了获取市民权利的合法途径。因此，对于流动人口的研究也出现了从权利视角向意愿视角转变的趋势。意愿视角的潜在认识是，随着户籍制度的取消，流动人口市民化的重点已不在于权利的制度化排斥，而在于其本身是否愿意向城市迁居，在于流动人口接受市民权利的意愿。2012—2017 年间，知网收录的流动人口"迁居意愿"相关主题文献数量快速增长（2012 年 4 篇，2013 年 7 篇，2014 年 9 篇，2015 年 15 篇，2016 年 17 篇，2017 年 30 篇），由此也可见一斑。但是，从本节的分析看，流动人口的权利问题并未消散。甚至，如若再进一步追问，这将会是一个更加宏大的课题。

显然，改革的持续推进（包括户籍制度改革、劳动力市场改革、国有企业改革、社会保障体制改革、住房与土地制度改革等等），使得原来仅仅依靠户籍制度（行政机制）来确证个体所享有权利状况的局面日益发生变化，市场机制和社会机制在其中发挥的作用不断增长。因此，一些学者认为，户籍制度在塑造和决定流动人口权利中的作用已不重要（Zhan & Hopkins, 2011）或已不是决定性因素（王小章，2009），主张对市民权利进行重新审视，从而在提升和扩充整体市民权利的过程中，连同城市户籍居民一起，真正实现权利获取。与此同时，户籍制度所造成的权利分化不仅存在于户籍类别上（农业与非农业），也存在于户籍地区上（本地与非本地）（李骏、顾燕峰，2011；谢桂华，2012）。随着一些地方经济持续发展，地方政府用以投入福利的资源日渐宽裕，这使得他们在提供给辖区农民相应的同等市民待遇上变得积极。本地农业户籍人口进城不仅较少受到排斥，甚至还是被鼓励的（政府可以获得更多土地指标以及更高的城镇化率等）。因此，户籍制度所造成的权利分割更多转向了是"本地"户籍还是"非本地"户籍上。这些都预示着，流动人口的权利问题已指向了更为一般的国民权利问题。由此产生了对一种跳出户籍制度之外的"大权利观"的呼唤，并也将使授权、赋权和争权理论显现出新的洞察和解释力。

社区建设依托：
公共事务

CHAPTER 6

————————

　　社区的建设与发展离不开各类主体的介入与投入。但是，这些主体的行动与互动并不是凭空进行的，而是存在具体依托：社区公共事务。社区是个体居住、生活、出行、养老、社交等的主要空间，因此囊括了大部分公共事务。围绕这些事务，一方面产生了各类社会问题，另一方面促使国家将治理的重心下沉至城乡社区。本章在前几章对不同主体进行讨论的基础上，针对社区中的公共事务展开分析。毫无疑问，社区公共事务并不是社区建设中的主体，但其性质和特征深刻地建构着社区各行动者的行为。

————————

第一节　社区公共事务与集体行动 [①]

一、公共事务的形式抽象

公共事务的运转、变动和维持是现代社会科学关注的一项重要议题，吸引了包括行政学、政治学、经济学、社会学等多学科的研究。一方面，它是在与私人事务区分中所确立的一个领域，是"为了满足社会全体或大多数成员需要，体现他们的公共利益，让他们共同受益的那类事务"（周义程，2007），因此，其涉及群体权益且难以私有化。同时，公共事务涵盖的范围比较广，小到小区事务，大到国家、国际事务都属于这一范畴。另一方面，公共事务又有难以克服的难题——集体行动困境。因此，这些牵涉到群体权益的事务都面临没落的境况，难以持续、有效地为公众带来福祉。并且，由于找不到合适的解决途径，由这些公共事务所带来的个体或群体冲突也较难调和。

在对这一问题的研究中，公共事务在研究和争论中逐渐走向统一、规范，实现了形式化的抽象。它的特性集中表现为：（1）公共性。这些事务都涉及一个以上的主体（周义程，2007），而这些主体的边界可能是清晰的，也可能是模糊的。（2）非排他性。[②] 一些人在使用或者处置这些事务时不能排除另一些人的使用或处置。（3）非竞争性。增加一人对它的享用时并不导致成本的增加（斯

---

① 本节已发表于《党政论坛》2014年第11期，原文题目为"社区公共事务及集体行动再认识"。

② 奥尔森在《集体行动的逻辑》一书中强调了公共物品或集体物品的非排他性，即任何物品，如果被集团中的任何人消费了，"它就不能不被那一集团中的其他人消费"，并且"实现了任一公共目标或满足了任一公共利益就意味着已经向那一集团提供了一件公共的或集体的物品"。

蒂格利茨，2000），而这种增加的成本是相对于其他享用者而言的。（4）权责不明性。多个主体对公共事务的使用权或处置权是不明确的。（5）资源有限性。公共事务总是蕴含着对各相关主体有价值的资源或有利的因素。同时，这些资源是有限的，在超出一定限度后将归于无有。正是公共事务的这些特性，使得它的存续出现了一系列的难题，包括"搭便车问题"（萨缪尔森，1954；奥尔森，1965）、"囚徒困境"（Dawes，1973）以及"公地悲剧"（哈丁，1968）。这些发现共同围绕公共事务管理中的一个核心问题——集体行动困境，当一群理性的个体出于个体利益的盘算而采取或不采取行动时，往往造成"凡是属于最多数人的公共事务常常是最少受人照顾的事务"（亚里士多德，1983：48）的现象。

关于公共事务及其难题的形式抽象，是在对话和交流中逐渐形成的认识，其目标是寻找通用、可行的公共事务管理方式，其理论观点是建立在一系列的假设和判断基础上的。并且，这些假设和判断也成为争论的焦点。

第一，公共事务是可以清晰分割的。这一逻辑体现在众多研究中，研究者大多视被研究的公共事务是单一的，比如哈丁所描述的"牧场"、奥尔森所描述的"工会"、奥斯特罗姆所描述的"公共池塘"等。为此，奥斯特罗姆（2000）提出了一系列克服公共事务治理难题的对策措施，其中，她强调为保证公共事务治理的成效，首先要对公共的边界、范围进行清晰界定。在她看来，每一件公共事务都是能够明确界分的，包括其资源范围、相关主体等等。

第二，公共事务的特性是同质的。除公共事务的"公—私"维度以外，经典研究较少关注、分析公共事务本身的特性。因此，尽管分析的对象不同，但哈丁、奥尔森和奥斯特罗姆等讨论的核心都是公共事务与集体行动问题。这提高了理论的抽象层次，也被广泛运用于解释各类公共事务中。

第三，个体是理性且同质的。在形式化公共事务中，个体被假定是同质的，即群体内的成员都是理性且自利的，他们之间可以相互替代。在研究者看来，公共事务治理难题的根本是理性个体的私心与公共事务的公共性之间的矛盾。因此，个体的理性计算与自利是造成群体行动困境的重要原因。奥尔森指出，集体行动困境就是围绕"个体的理性为何无法实现集体的理性"而产生的。

二、社区公共事务的实践分异

社区是一个随着我国改革开放逐渐兴起的新兴空间，许多新生事物不断出现（比如物业管理），许多关系尚未理顺（比如居委会和业主委员会）。然而，研究者在运用经典治理理论解决这些问题时，却始终难以获得良好的效果。因此，这些理论的适用性成为研究者需要关注的重要问题。对此，笔者根据这几年在社区内的实践、观察，分别选取了四类有代表性的事务进行描述比较。

（一）菜场管理

事务描述： 菜市场管理是城市管理中的普遍难题之一。政府设立菜市场，为菜贩提供摊位供其经营。但是，一到上市时间，拥有摊位的菜贩纷纷将菜拿到菜市场以外的周围马路边摆摊经营。这一过程中，菜贩的菜价并无多大变化，同时顾客数量也无增减，只是在一定程度上方便了顾客购买。可是摊贩的行为却影响了交通和马路边的卫生，并且还影响了市容和市貌（主要是政府的理解）。因此，城管承担了驱赶菜贩回到菜市场内按规矩经营的任务。但由于缺乏明确和有效的惩罚措施，菜贩们并不惧怕城管的驱赶，最终形成了城管和菜贩之间的"追逐游戏"：城管在场则菜贩规矩经营，城管不在场则恢复马路经营。

如果将菜市场管理按照形式化公共事务的标准表述，则表现为：菜贩们围绕农贸市场所包含的空间资源所展开的相互争夺过程，其中的相关主体是菜贩；事务范围是农贸市场所包含的空间资源（及客流），这些空间中一些位置相对有利、一些位置相对不利；其表现出来的集体行动困境则是菜贩们围绕有限的公共空间资源而相互争夺。而事实上，社区内菜市场管理所表现出来的特点与这一标准化表述有较大差异，首先，该事务的主体中，除了菜贩以外，还包括城管；事务范围包括菜市场管理和农贸市场周围的马路管理，其资源也包括菜市场和外部马路的空间区位资源（包括相应的客流）。其次，其行动困境表现为菜贩们对农贸市场周围的空间资源的争夺，以及他们与城管之间围绕这一空间资源而展开的博弈（非对等的策略性博弈）。

（二）动拆迁管理

事务描述：在城市化进程中，旧城区改造是其中一项重要内容。因此，对动拆迁的管理问题变得突出。在这一事务中，政府希望成片盘活城市空间资源，居民要求改善居住条件（在许多动迁基地的前期意愿征询中，希望动迁的居民比例普遍都较高）。但是，在具体实施过程中，为了提高动迁效率，政府一般委托动拆迁公司负责动迁工作，公司在任务进度（动迁量）的指挥下，重点关注动迁成本和动迁进度，对政策的把握相对自由，没有保证政策上的一视同仁。居民在寻求补偿时怕吃亏，因此出现漫天要价的局面；许多居民为了能尽可能多获得补偿，把就业、教育、救助等问题都作为获得补偿理由提出；还有一些居民觉得自己获得的补偿少了，出现出尔反尔的现象，推翻原有协议、要求更多补偿等。面对高昂的动迁成本，一方面政府可用于旧区改造的资源有限，希望尽可能节约成本；另一方面政府推动旧区改造，发展城区经济的冲动很大。这造成居民与政府在动拆迁中的矛盾与冲突，阻碍了对这一事务的治理。

按照标准化公共事务表述，旧区改造中的动拆迁应该表现为：被动迁居民和地产开发公司围绕由住房动迁、土地空间调整而带来的总体资源进行争夺，其中的相关主体是被动迁居民和地产开发商，被动迁居民付出了住房和相关空间资源，地产开发商付出了资本；事务范围是住房补偿（居民住房及其相关的土地、空间），资源主要为土地；其中的集体行动困境是居民与开发商之间的博弈关系以及居民相互之间的"搭便车"倾向。但是，在现实生活中，往往由政府替代开发商先进行土地收储，因此，动拆迁问题与理论之间有较大差别。首先，相关主体是被动迁居民、政府及政府委托的动迁公司，被动迁居民付出住房和相关空间、公共服务资源，政府付出旧区改造资金（包括住房补偿、居民生活改善经费、委托经费），动迁公司付出运作和管理成本；其次，公共事务的范围包括住房补偿、住房保障、生活救助、就业、教育等（陈国强等，2011）；最后，其集体行动困境表现为居民的"搭便车"行为和"过度占有"行为，政府与居民之间的博弈行为（其中还伴随动迁公司的利益最大化行为）。

（三）物业管理

事务描述：在物业管理中涉及的公共事务非常广泛，因此，表现出的矛盾和难题也很多。就目前情况看，有一类问题尤为突出，即当业主们的公共权益受到实际或假想的侵犯时，他们就会与这些对象进行斗争。比如，在小区公共事务中，业主和开发商之间的矛盾，一般多出现于楼房交割时期，由于开发商不按事先承诺的内容为业主提供私人和公共产品，促使居民为了维护公共权益采取行动；业主们和物业公司之间的矛盾，许多情况下与开发商相交错，由于开发商完成楼盘开发后，事先自行委托物业公司进行管理，存在利益连带关系，一些物业公司出现服务不到位、侵吞业主公共财产的行为（这也包括那些由业主委员会自行选聘的物业公司出现这类行为），使得后期成立的业主委员会要求与其解聘，但这些物业公司会以各种不正当的方式与业主进行对抗；而这些工作主要由业主委员会带领全体业主管理小区物业相关事务；业主与政府之间的矛盾往往多出现在政府在提供更大范围的公共事务时与小区小范围的公共利益不一致时，业主们为了维护自身利益而与政府产生冲突。

小区物业管理的内容比较繁杂，一般只要涉及小区范围内的事务（除纯粹私人事务以外）都属于这一范畴。按照形式化公共事务的表述，物业管理表现为：小区业主对小区内的公共事务（物业）进行管理的过程中，出现大家都争夺公共资源，而不采取维护行为的现象。其中的主体是业主，事务范围是小区物业（小区公共资源，包括资金、房屋、绿地、设施等），对该事务的治理困境主要是业主中存在"过度占有"（陈国强，2011）和"搭便车"行为。

根据这种表述，目前小区物业管理的表现是对集体行动困境的一种克服，因为业主们通过自治组织联合起来对公共事务进行维护，克服了"搭便车"行为。其中既可能是发挥了小团体的作用（奥尔森，1967），也可能是出于外部压力，但这并没有最终解决物业管理问题。开发商、物业公司或者政府与小区业主围绕小区公共资源展开斗争，其中业主们更多是对自身资源的维护，而其余主体是对业主公共资源的侵犯。因此，在物业管理中，公共事务的范围与形式化表述相一致，但是由于外部主体的介入，相关主体扩大了，不再仅仅局限于小区业主。同时，物业管理中的难题也表现为业主们维护公共权益（事实与想象）的努力与外部侵犯行为之间的博弈、对抗。

（四）养老服务

事务描述： 在我国东北部沿海地区，日益严峻的老龄化问题使养老压力越来越大。其中由于独生子女政策效应的显现，传统家庭养老服务日益艰难。因此，一边是不断增长的养老服务需求，另一边则是逐渐萎缩的养老服务供给。在这种情况下，"社会化养老"成为缓解这一矛盾的突破口。但是，"社会化养老"最终仍然主要是政府一方的努力，社会成员并没有投入养老服务的供给中。

社区内的养老服务是最接近形式化公共事务的表述的：在需要众多社会成员相互支持、提供养老服务的时候，他们却都在等待他人采取行动，自己则在坐享其成，最终没人付出努力而使养老服务难以为继。

从以上四类社区事务与形式化理论之间的比较可以发现，两者之间确实存在着较大差异。围绕这些差异，现有研究已从不同维度对这一理论展开了批评和完善。Russell Hardin（1981: 22）认为奥尔森的理论是建立在理性人假设之上的，而忽略了超理性行为（extra-rational behavior）的存在，降低了理论的解释力。另一些研究者注意到公共事务性质的差别。杨立华（2007）指出公共事务存在生产、交易和消费三个层面的差别，而"搭便车"行为主要出现在生产环节，"过度占有"行为主要出现在消费环节（焦未然，2007）。熊易寒（2008）通过对城乡社区事务的比较也发现，农村社区事务具有分配性功能，城市社区事务则仅仅只有维持性功能，两者对居民参与行为的生成作用是不同的。此外，杨逢银等（2012）对杭州一个运河综保工程的个案研究发现，这一事务不仅分属多个行政主管部门，同时还涉及众多沿岸主体，进而形成错综复杂的利益纠葛关系。

赵鼎新（2006）认为这些批评是不恰当的，它们混淆了经验与形式模型之间的差异，形式概括对揭示事物的本质具有重要的作用，但并不能直接用来揭示或预测经验现象。这一方面因为模型本身经过抽象，已经无法全面反映现象的复杂性；另一方面因为中国的微观社会具有自身的运转特点[①]，是基于其他国家经验归纳的理论所不能解释的。这些观点尽管维持了形式理论的地位，却始终无法解决一个现实问题：理论无法用于解释和解决社区治理中的问题。因此，

---

① 这一点是众多致力于社会学"本土化"研究的学者所强调的，包括历史、文化的差异。

基于社区实际，对社区公共事务及其集体行动进行中观层面[①]的分析变得必要。

三、社区公共事务及集体行动再认识

对公共事务的研究，其主要目的在于维护公共事务的存续与发展，并保障各主体从中能获得持续、公平的资源。但事实上，这却成为研究者一直追逐但始终无法得以实现的目标。在这一过程中，研究者不断对公共事务维持难题进行解析，试图对此做出诊断，以便能找出"药方"。其中，公共事务主体特点、行动结构、资源特点等都成为分析这一问题的关注点。

依循以上内容，可以对社区公共事务的特点进行重新梳理。根据表6-1的归纳，主要表现为以下几方面：

表 6-1　部分社区公共事务及其特点

主要公共事务	菜场管理	动拆迁管理	物业管理	养老服务
公共事务特点	范畴多元且较难分割	范畴多元且较难分割	范畴单一	范畴单一
资源特点	资源现存，内外部资源并存	资源不确定，内外部资源并存	资源现存，仅内部资源	资源不确定，仅内部资源
相关主体	内部行动者、外部行动者	内部行动者、外部行动者	内部行动者、外部行动者	内部行动者
行动困境	群体成员争夺公共事务的外部资源	群体成员争夺多项公共事务的混合资源	外部行动者争夺公共事务的资源	群体成员出现"搭便车"行为
结果表现	外部资源受损(交通、卫生问题)	资源供给断裂，每项公共事务难以维系	内部资源受损(小区公共资源)	公共资源得不到维持

第一，公共事务范畴多元。奥斯特洛姆在治理公共事务的对策中提出要明确公共事务的范围。这是对公共事务进行治理的先在条件。如果公共事务的范围不明确，会使得相应的对策失去针对性，从而降低制度的有效性。这可以作为形式化公共事务治理的对策。在实践过程中，尽管一些公共事务的范畴比较单一，但另一些公共事务的范围并不能进行清晰的划分，表现为多种公共事务错综复杂地交织在一起。在此无法对造成这一现象的原因进行详尽分析，但是，

---

① 在社会理论中，存在宏观、中观和微观三种层面。宏观理论强调在整体上对社会变迁的解释，中观理论强调对某一领域现象的解释，微观理论强调对具体问题的解释。因此，公共事务治理及其集体行动理论更多表现在中观层面。

由于作为公共事务主体的特殊性，多个相关公共事务容易被融合多重角色的个体相衔接，并受个体判断的影响而难以区分，比如在动拆迁过程中，个体将动拆迁补偿作为改善生活的机会，因此把就业、救助、教育等事务都纳入其中。所以，在实践过程中，政府探索出"数砖头＋托底保障"的政策并行用于动拆迁这一事务中，针对的是住房补偿与救助两类事务。

第二，内外部资源共存。社区公共事务所包含的资源是分化的，其中一些资源是现存的，而一些资源是根据相关行动者的行动所决定的，因此，公共事务的资源会因生产、交易、消费等不同环节而存在差异（杨立华，2007）。除此以外，受公共事务范畴的影响，这些相关资源也可以分为内部资源与外部资源。其中，内部资源是围绕这一事务形式范围内的资源，比如菜市场管理中农贸市场所辖的空间。外部资源是形式化公共事务以外所涉及的资源，比如菜市场管理中的马路。而这两种资源是共同存在于这一公共事务过程中的，尽管外部资源不隶属于该事务，但是在现实中，它们却介入到事务的运作过程中，构成该事务的一部分。

第三，内外部行动者并存。以形式化公共事务为参照，社区公共事务中的相关行动者也可以分为内部行动者和外部行动者。其中，内部行动者是与形式化公共事务相关的利益主体，并且与形式化公共事务、内部资源相一致，是必然存在的。外部行动者是形式化公共事务以外的行动者，但他们与外部事务、资源并不是直接相关。结合前面两个特点，在社区公共事务中，大致形成一个附着在形式化公共事务周围的扩大的事务形态，并共同影响着该事务的运转。

第四，集体行动困境。社区公共事务中的行动困境并不是突出表现在成员之间的"搭便车"行为、"博弈"行为或"过度占有"行为。或许这类行为同样也存在于形式化公共事务内部，但是它不是社区公共事务运转的焦点困境。从前面对几类事务的描述中，可以大致发现，其核心问题表现为形式化事务内部行动者与外部行动者之间的一种资源争夺行为。这种资源争夺行为以另一方资源受损的方式使自己获益。因此，它事实上是一种侵占与反侵占的对抗行为，也即两类有着不同利益取向的群体之间的对抗，尽管从表面上看，这些事务最终也表现为公共资源受损，但这与形式化公共事务中所出现的具有共同利益取向的同一类人之间的集体行动困境已经不是同一个问题。

综合以上 4 个方面，可以大致判断，社区公共事务与一般意义的公共事务（形式化公共事务）是不同的。尽管两者最终都表现为公共事务受损，但在事务性质和特点上却相差甚远。简而言之，形式化公共事务是围绕某一公共资源所形成的其内部成员之间的利益、关系及行动结构，即对于某一具有公共资源的事务，其利益主体出于理性的计算，采取或不采取某种行动而构成的一种关系模式。现实社区中的公共事务则是围绕某些公共资源所形成的内外部成员之间的利益、关系及行动结构，即对于某些公共资源，由于外部行动者的侵入行为而产生的内外部行动者之间的一种关系模式。因此，目前我们所面对的现实生活中的公共事务，并不像经形式化抽象后的公共事务那样边界清晰、主体明确，它们很多时与外部有着千丝万缕的关系，并且这种关系最终还决定着该事务本身的发展状况。

第二节　城市动拆迁：作为公共事务的分析 [①]

一、问题及其来源

改革开放几十年来，中国走的是一条城市经济道路，而这种模式的背后是不断呈现的城市及城乡固有格局打破后的空间重塑和利益再分配，住房动拆迁由此成为政府工作中的难题，同时也是社区内众多社会矛盾的根源。为破解这一难题，学界和政府分别从学理和实践上进行了很多探索，并形成了两种取向：一是建构主义视角，主要在"如何平衡各种权利关系，保障动拆迁顺利进行"的命题下展开探讨，动拆迁是分析的前置条件，公平性、公正性和效率（谢甫成、牛建平，2005；赵春容、赵万民、谭少华，2008）是问题的核心。该视角更多关注动拆迁中的利益分配及实现方法（张泓铭、贺耀祖，2005；施建刚、李梨花，2009），以促进城市空间再生产，兼顾各方的利益合理分配为目标。二是批判

---

① 本节已发表于《学海》2011 年第 4 期。

主义视角，试图在更高层次上对动拆迁本身重新审视，进而质疑城市开发的正当性和合理性（陈映芳，2008）。该视角强调，在城市公共空间的重构与再生产过程中，被拆迁个体的权利从一开始就被排除在外，因此在具体实践中虽通过各种方式弥合了开发与道义上的裂痕，最终却造成个体因缺乏基本的、对等的博弈条件（陈映芳，2006）而采取策略性和非理性的抗争。

以上两种视角，前者更多强调动拆迁矛盾的私人性，落脚点在协调被拆迁个体与政府及开发商之间的私人利益关系，后者更多从价值层面把城市作为公共空间，落脚点是动拆迁行为的合法性建构。但是这两种分析路径在现实层面都遭遇了尴尬。一方面，各种力图解决动拆迁矛盾的措施并没有起到有效的作用，动拆迁中的规则失灵、合约不稳定以及居民之间不断攀比的补偿需求等等复杂问题，已经远远超出基于市场化理性计算所能解决的范畴。另一方面，在将公共问题置于价值批判的理念分析中时，却仍然无法绕开居民"既盼动迁、又怕动迁"的矛盾心态，同时也无法阻挡目前的城市开发势头。因此，为了进一步探讨我国城市动拆迁中仍然遭遇的各种难题，本节试图综合以上两方面的思路，舍弃私人利益关系的分析框架，从公共事务分析角度探寻动拆迁问题的解决之道。

二、动拆迁作为公共事务的理论想象

将动拆迁作为公共事务进行分析，其中的焦点问题在于，动拆迁如何可以作为一项公共事务来看待？动拆迁中的问题是否与公共事务管理中的难题具有相同特点？换言之，首先需要对动拆迁现象做理论上的分析定位。

（一）动拆迁作为公共事务的特征

根据公共事务[①]所具有的公共性、非排他性、非竞争性、权责不明性和资源有限性等特征，对动拆迁行为进行衡量后可发现它所具有的公共事务属性。（1）用于动拆迁的补偿资源既来自土地增值收益[②]，也来自政府的公共财政投

---

① 公共选择理论将公共事务区别于公共物品，为了便于分析，此处对此不做区分，意指动拆迁这一事务及其所包含的物品，并且也指向具有相应的公共利益。

② 土地增值部分包括绝对地租增值、级差地租增值和垄断地租增值三个部分（王郁，2008）。

入，而这些资源实际上是对所有利益相关人开放的，被动迁居民、开发商、政府都包含在内。（2）在动拆迁势在必行的前提下，补偿资源在利益相关人之间的排他性受到限制，各方都可多占多得。（3）补偿资源在被动迁居民之间不存在竞争性，某一居民获取更多的补偿资源，并不增加其他居民的成本或减少他们的收益，因此居民"漫天要价"并不直接带来道德压力。（4）动拆迁补偿从"点人头""点砖头"到"砖头＋人头＋友情操作"，缺乏稳定的标准（陈映芳，2008），意味着各相关人在补偿资源的分配与占有上的权利和责任是不明确的。（5）动拆迁蕴含着一系列资源变化，但不论是由动拆迁释放出的土地资源增值，还是政府用于改善居民居住条件的财政转移支付，其总量都是有限度的。

（二）动拆迁过程中的公共事务困境

但凡公共事务，都会遭遇"搭便车"行为（奥尔森，1995）、"囚徒困境"（Dawes，1973）、"公地悲剧"（Hardin，1968）等管理难题。这些难题的共同焦点是"凡是属于最多数人的公共事务常常是最少受人照顾的事务"（亚里士多德，1983），但由于公共事务存在生产、交易和消费三个层面的差别（杨立华，2007），其管理困境在具体表现方式上还是存在一些差异。在此主要关注"搭便车"行为和"公地悲剧"中的过度占有行为。"搭便车"行为强调在公共事务中，由于众多主体对事务利益的享有是非排他性的，因而可能出现没有一人为公共利益采取行动，最终导致公共事务没落，或者出现某一个体争取到了利益，其他个体要求利益均沾。过度占有行为指向另一层面的集体行动难题，即由于公共事务本身是一个资源集合体，缺乏明确的权责归属和监督机制，可能导致各主体的滥取，最终使公共事务本身资源枯竭。以上两种行为，前者标示公共事务在供给环节上存在的困境，后者突出公共事务在分配环节上存在的困境（焦未然，2007）。

具体到动拆迁中，理性居民的"搭便车"行为表现为被动迁居民可以争取获得由其中任一居民争取而来的更高补偿标准，从而推翻原有的补偿协议。在动拆迁过程中，"搭便车"的期待会使居民尽量缓签补偿协议。在动拆迁结束后，"搭便车"行为往往表现为居民为攀比更高的补偿标准而上访。这种反复正是动迁的结果一直难以向所有被动迁居民公开的原因。过度占有行为表现为，居民希望最大限度改善生活条件，政府希望最大限度获取土地出让收益、推进城市发展，开发商希望最大限度保证商业利益。这种多占多得的逻辑促使居民和政府（或开发商）之间展开资源争夺，居民的"漫天要价"、假离婚、空挂户口等都不过是由此衍生出来的策略性手段，当政府和开发商的利益底线被最终触及，便会引致"强迁"一类的激烈冲突。在这里，由于政府理论上代表公共利益，动拆迁作为公共事务的过度占有困境主要外显在居民身上。

这两种行为交织在一起，共同构筑了动拆迁问题的复杂性。首先，动迁过程中产生的公共资源催生了居民的过度占有行为，而快速增长的房价和难以评估的被动迁居民的无形损失（如环境、服务以及交通条件等），更强化了这种行为倾向。其次，动拆迁过程中的"搭便车"形成了一种居民之间互不排斥的行为导向，使补偿规则和标准处于不断被推翻和调整的压力中。这种压力最终指向政府，形成动拆迁过程中难以调和的矛盾。

（三）公共事务的治理之道

化解公共事务中存在的难题，核心在于如何构筑一种可促进公共事务收益的集体理性行动。为此，"以强有力的中央集权或者彻底的私有化来解决公共事务的悲剧"（毛寿龙，2010）是被广泛运用的两种策略。但在具体实践中，它们却都各自遭遇政府失灵和市场失灵的问题（李水金，2003）。因而以奥斯特罗姆为代表的研究者提出自组织理论，作为第三条道路而广受推崇。该理论认识到，个体理性是受很多因素影响的，只要能建构一种合理、有效的制度规范，就能调动个体自觉的联合行动，将"竞争性成本收益"行为方式向"合作—收益"行为方式转变（雷晓康、席恒，2006），由此形成了以下两方面的核心观点。

1. 形成集体选择的制度规范

这是众多研究者争论的焦点，大致可以归纳出三方面内容。一是制度及规则的认同。奥斯特罗姆（2000）认为，公共事务的解决依赖于"绝大多数受操作规则影响的个人应该能够参与对操作规则的修改"，因此可通过集体成员对公共事务的利益表达来塑造群体选择的规则，最终通过增强认同使规则得以实践。二是增强公共事务与群体成员的关联度。奥尔森（1995：41）认为，大集团或潜在集团中出现集体行动困境是因为缺少对个体付出的激励，因而需要一种"独立的或选择性激励"才能促使集团中的个体都采取行动。其中遵循的逻辑是通过群体成员与公共事务之间的收益差，增强公共事务与部分群体成员利益的关联程度，从而促成对公共事务的有效治理。三是提高公共事务主体间的相互监督。奥斯特罗姆（2000）基于对自主治理成功案例的研究指出，许多自主设计的治理规则既能增强组织成员相互监督的积极性，又能使监督成本变得很低，这可限制对公共事务的过度占有。奥尔森（1995）的"小集团治理"理论也认为小规模团体有利于成员之间彼此掌握信息，实现相互监督，从而避免"搭便车"行为。这三个方面从不同的途径实现公共事务的治理，但最终依赖于制度安排。

2. 公共事务及其主体的明确化

这是一个常被忽略的问题，却是自主治理理论的前置条件，因为清晰界定公共事务的属性及主体是使制度规范达到效果的必要条件。这意味着，一要有清晰的公共事务边界。奥斯特罗姆（2000）发现，要有效解决对公共事务的过度占有问题，就要明确公共物品的外延，使公共事务的资源或者影响范围变得清晰、单一，因为这将有利于各利益相关人获得更明确的行为指向，同时有助于确定该事务关涉的所有成员。二要明确相关主体的范围。奥斯特罗姆（2000：144）强调，在公共事务中必须确定能"提取一定资源单位的个人或家庭"。换言之，要明确的不仅是主体范围，还包括主体的单位（即个体、群体或组织）。而奥尔森（1995）的"小集团治理"理论要求更高，不仅要有清晰的主体边界，还应使各主体之间彼此认识。

三、动拆迁的实证分析

Y区是上海中心城区之一，自20世纪90年代以来，面临的旧城改造任务一直十分繁重。仅"十一五"期间，全市计划旧改400万平方米，Y区就占了61万平方米。针对动拆迁中遭遇的实践问题，Y区政府做了很多探索，其中有的取得了比较好的效果，但是一些难题仍然存在。下面将用公共事务治理的相关理论分析这些成功的尝试和存在的难题，以发现动拆迁作为公共事务的运作逻辑及问题解决的出路。

（一）动拆迁的成效：集体行动规则建构

为了顺利完成动拆迁任务，Y区在"十一五"期间推出了多项开创性措施，收到良好成效。这里以其中两项为例进行分析。

1. "阳光动迁"政策

2004年，上海市中环线东段工程开工建设，Y区的X浜、P浜两处需要动迁。这两个地方地势较低，住房以棚户居多，生活不便，居民普遍希望动迁。但当真的面临动迁时，不少人又怕动迁人员随意拿捏政策，使自己在补偿中吃亏。针对这种情况，Y区摸索出一套"阳光动迁"工作机制，具体包括：动迁方案听居民意见，动迁政策向居民交底，动迁过程由居民监督。在具体执行中实行"六公开"，即每家每户的评估单价公开、每家每户人口与面积公开、所有动迁房源公开、特困对象照顾名单公开、动迁居民签约情况公开、速迁户的奖励条件公开。该政策在居民中引起了热烈反响，一度出现排队签约的场面。2005年，作为全市五大旧改地块中最大的地块，P西块旧区改造正式启动。该地块共涉及街坊14个，总用地面积约0.33平方千米，居民1.6万余户，其中旧里以下房屋占75%以上。这次动迁在总结经验的基础上，对"阳光动迁"机制做进一步完善，由原来的"六公开"扩展为"十公开"，增加拆迁补偿方案及市场评估单价公开、评估单位及负责人情况公开、评估鉴定机构情况公开、拆迁公司及负责人情况公开。在居民最为关心的评估环节上，P西块基地采取的做法是由居民自己投票在3家评估公司中选取一家，结果居民的投票率超过92%。同时，动迁指挥部将动迁政策的承诺公开上墙，接受居民监督。指挥部还引入保险公司进行担保，如果动迁公司违反承诺，前后补偿标准不一，则由保险公司先行赔付。这些措施取得了极好的效果。

"阳光动迁"政策针对的是居民担心动拆迁规则不合理，从而造成自己在补偿过程中吃亏。这种吃亏具有两层含义：一是在与其他居民比较中的一种被剥夺感，即居民之间没有按照统一的标准进行分配；二是居民遭受的损失高于其所获得的补偿。这些担忧会阻碍居民采取合作行动，出现观望或者调整自己行动策略的现象，从而延长动迁过程或造成动迁矛盾。"阳光动迁"政策较好地解决了这一问题，其运作逻辑在于两个方面：

一方面，"阳光动迁"政策有效增强了居民对规则的认同[①]，从而驱使他们能较快采取合作行动。它通过将动迁规则和过程公开，让居民了解到整个规则的内容、参与方、运作和预期等相关信息，从而提高了居民对规则执行的认识和信心。同时，通过居民投票选择评估公司的方式，让居民集体决定有利于公共利益最大化（同时也是私人利益最大化）的实现途径。居民的选择构成了规则的一部分，自然提高了居民对规则的信任和接受程度。最后，为了确保这一规则体系的稳定性，引入第三方担保降低居民配合规则执行所造成的风险，有效增强了规则对居民的可预期性。

另一方面，"阳光动迁"政策有效地发挥了居民之间互相监督的作用，降低了政策实施中带来的外部影响。居民对政策的认同是需要维护的，为此应避免实际操作中潜规则的介入，使大家都无"便车"可搭。"十公开"正是在这个意义上有效地维护了动迁规则体系的运转，特别是这些政策涵盖了动迁过程的所有环节，包括了前期的评估、中期的签约以及后期的安置，大大方便了居民进行全面监督。从监督更有利于个体共同遵守规则的角度看，它既可以限制他人的"搭便车"行为，也可以通过主体对规则的认同而取消自己的"搭便车"行为。

2. 集体搬迁奖

2009 年，P 西块二期旧区改造启动。为了进一步推动动拆迁顺利进行，形成一定范围内整体搬迁的合力，Y 区首创整体签约搬迁奖励机制。在 P 西块二期，1761 个产权户被按"产"划分成 64 "块" 172 个"组"。每组包括 10 个左右的产权户，如在规定时间内全部签约并完成搬迁，就能拿到"小组整体签约搬迁奖"；每块包含 3 个左右的组，如在规定时间内全部签约并在约定时间内完成搬迁，即可获得"块整体签约搬迁奖"。而如果在"组"或"块"范围内有一个产权户没有在规定时间内签约搬迁，则该"组"或"块"内所有成员都不能得到奖励。该政策出台后，不少居民不仅自己提前签约，还带动了其他居民一起签约。比如，L 是其所在"组"中第一家签约的。签约后，每次看到还未

[①] 柯武刚、史漫飞（2000：373）将社会秩序和公共政策的规则认同问题表述为"必须就集体表决的规则和程序达成一致"。

签约的邻居，他都会走上前去，把自己的动迁情况说给别人听："我都签了，你也不要搏了，赶紧签约，好拿集体奖！"后来，加入劝说行列的居民逐渐增多。最终，L 所在组里的 10 家产权户都赶在奖期内签了约。"我们就在拆迁基地的院子里，当场拿到了每产 2 万元的集体奖。"

显然，"集体搬迁奖"极大地提高了动迁成效。它利用邻里之间相互"做工作"替代动迁工作人员挨户劝说的方式，推进动迁工作。这种方式固然存在以集体意志压迫个体意愿的嫌疑，但从公共治理的角度看，其运作机理具有借鉴意义。"集体搬迁奖"将公共事务的公共性在一个小范围（"组"和"块"）内加以强化，从而改变了将居民住房作为一个私人问题对待的惯常做法，把居民之间的部分利益连接在了一起。

这项措施能促使居民为公共利益而相互劝说，这一点至关重要。奥尔森认为，在群体内不能有效共享信息的情况下，可以通过"选择性激励"增进行动者参与公共事务的治理。"选择性激励"以利益差别化的方式，增强部分行动者与公共事务之间的连接紧密度，从而强化他们的利益，使他们主动采取行动。"集体搬迁奖"正是通过居民在公共事务中的个体利益明晰化的方式达到作用。但不同的是，这项措施是在小范围内将个体利益明晰化，它确定的"组"和"块"的规模更方便居民相互联合，因此具有将"小集团治理"理论和"选择性激励"理论综合运用的效果。

上面两项措施能取得成效，关键在于它们不再仅仅针对居民个体，转而把动拆迁作为公共事务并较好地解决了其中的管理难题。尽管在制度建构上，居民并没发挥太多作用，但在制度执行中，注重了从居民角度增强认同，维护制度的稳定性、权威性和公共性，从而有效降低了居民心理预期的不确定性，提高了居民参与制度维护的主动性。

（二）动拆迁中之未尽事宜：公共事务的模糊性

现实中，旧区改造涉及的问题混合了多重复杂因素，远远超出了住房补偿。Y 区在动拆迁过程中采取了针对不同问题设计不同策略的方式，其典型是"动迁与帮困相分离"。

2005 年，Y 区在 P 西块一期旧区改造中，将市场化运作的住房补偿与救助性运作的帮困工作相分离。前者以动迁公司作为操作主体，后者以街道和民政部门作为操作主体。以 2009 年 P 西块二期 Z 家庭为例。Z 家庭包括老夫妻外加儿子一家 3 口共 5 个人，挤在 13.4 平方米的二层后楼里面生活。该家庭得到的补偿包括两部分。（1）住房面积货币补偿款部分：（属公房的被拆除房屋的房地产市场评估单价 ×80％＋价格补贴）× 被拆除房屋的建筑面积。即（13433元 / 平方米 ×80％＋ 641.75）＝ 13.4＝ 152601.20 元。其中价格补贴的计算方法为：被拆除房屋的市场评估单价高于本基地最低补偿单价 8000 元 / 平方米的，价格补贴＝（本基地最低补偿单价 ×2－市场评估单价）× 价格补贴系数，即（8000 元 ×2－ 13433 元）×25％＝ 641.75 元。（2）保障托底补贴部分：被认定为保障托底补贴对象的居民，如在 3 人以内，一个人的 40 平方米，两个人的 55 平方米，三个人的 70 平方米；如超过 3 人，每增加 1 人增加 20 平方米。计算出来的总面积与原住房建筑面积之间的差额面积，按异地配套商品房平均单价 5000 元 / 平方米给予货币补贴。Z 家被认定保障人口 5 人，即（110－13.4）×5000 元＝ 483000 元。最低补偿单价补贴：（被拆迁房屋的市场评估单价 ×25％－价格补贴）× 被拆除房屋的建筑面积，即（13433 元 ×25％－641.75 元）×13.4＝ 36401.10 元。

住房补偿和住房保障是两个截然不同的问题。首先，资源范围不同。在理论上，住房补偿的资源来自土地出让及土地增值，资源的范围在于动迁地块内所有居民根据市场价格可能获得的土地出让和增值回报。住房保障的资源来自政府财政投入，资源范围在于政府根据居住困难家庭补贴标准投入的财政资金。其次，参与资源分配的主体不同。在住房补偿中，所有被动迁居民、政府和开发商都是土地出让和增值所得的主体（王浪、李保峰，2004），居民只是其中补偿资源的主体。在住房保障中，只有那些符合保障标准的被动迁居民才是参与资源分配的主体。最后，运作方式不一样。住房补偿基于市场机制而运作，住房保障基于公共道义而运作。做出这些区分，有助于澄清不同公共事务的范围及主体，增强治理的针对性。

Y 区将住房补偿与住房保障相分离，因为厘清了受益主体和运作方式而取得了一定的效果。但是它对公共事务的边界（即资源范围）并没有做区分。比如，P 西块一期的改造资金共 20 亿元，其中市地产集团投入 90％，区财政投入

10%，另外有实物房源 6 处 3269 套，总面积 25 万平方米等，它们共同构成了住房补偿和住房保障的资源，而两者的边界并不清晰。这将导致不同主体以不同的缘由把两种不同的资源混同起来展开无限制的争夺，弱化各公共事务范围内规则对集体行动问题的规范。下面以某一动拆迁失败案例做进一步阐述。

案例 A：居民 Q 某，原有住房面积为 40.35 平方米，有一个女儿在大学读书。Q 某自己患有肝病，长期身体不好，单位经济效益又差，妻子则长期无业，因此家庭生活比较困难，被街道认定为特困家庭。动迁开始后，2007 年初，有关动迁公司依照政策标准提出了安置方案，给该户居民 Y 区 S 路二室户的住房一套，或者货币补偿款 43 万元。但 Q 某认为，自己身体不好，原有的住房较为宽敞，采光、通风条件都较好，对自己的身体恢复有利，而且住房位置离上班地点近，步行仅需十来分钟，而动迁公司给予的 S 路安置房则不具备上述有利条件，如果以货币补偿款在工作地点附近购置住房，43 万元又是远远不够的。同时，家庭经济条件差，妻子没有工作，Q 女儿读大学也需要不少的费用。因此，Q 要求给予 B 路二室一厅 70 平方米的产权房一套，再补贴装修费，折合总价值近 70 万元。最终协议无法达成。

把 Q 某家庭的补偿要求与补偿依据情况整理见表 6-2，其补偿依据实际包含四项内容：40.35 平方米的住房及相关便利、家庭经济困难、妻子没有工作、女儿读大学费用。而动拆迁公司提出的补偿方案只能依据其中第一项，这与 Q 某的补偿要求落差很大。

表 6-2　Q 某家庭住房补偿情况明细

补偿依据	所属问题	Q 某补偿要求	动迁公司补偿方案
40.35 平方米住房及无形资产损失	住房补偿	B 路二室一厅 70 平方米产权房一套及装修费	Y 区 S 路二室户的住房一套或货币补偿款 43 万元
家庭生活困难	救助		
女主人无业	就业		
女儿读大学费用	教育		

家庭生活困难、妻子没有工作、女儿读大学费用能否作为增加动拆迁补偿的理由？从道义上看，帮助弱势群体改善居住及生活条件是必要的，而这也是政府旧区改造的一个初衷。但是，救助、就业和教育显然与住房补偿分属不同

的公共事务，它们分别对应于不同的公共资源，牵涉不同的相关主体。根据前面的分析，如果公共问题的边界不清、主体不明，那么有关治理规则将难以克服集体行动困境。因此，如果将这三项内容纳入动拆迁补偿，最终将不利于所有问题的解决。住房补偿的规则是恒定的，只能以住房面积作为最主要的衡量标准。一旦有其他因素介入为此设定的公共资源的争夺，不仅原有的规则被打破，统一的标准也难以建立。各居民都可以以其他事务为借口，争取对住房补偿资源的过度占有。如果有一人成功，则其他居民的"搭便车"行为又将接踵而至。如此，各种问题相互交织，显然无法找到最终解决方案。

由此可以解释，为什么动拆迁中很多居民会经常改变主意，甚至在动迁结束后还有一些居民去维权，因为补偿资源的边界不清晰，过度占有行为就可以一直持续。由于各类公共问题的边界不清晰，借以要求获得补偿的依据也可以错位。这就共同造成了原有运转良好且针对动拆迁问题本身的制度设计效力下降。

四、结　论

将动拆迁作为公共事务进行分析，为认识这个问题提供了一个新的视角。由此可以理解为什么一些制度能够较好地发挥作用，而另一些措施却达不到应有的效果；为什么一些居民会经常变卦，乃至"漫天要价"。本节的分析还只是在理想假设下重点关注被动迁居民的行为，如果考虑到城市改造过程中政府既作为公共利益代言人又具有自身逐利性的微妙角色，动拆迁问题将变得更为复杂。仅就本节的分析而言，至少可以提供以下两方面的认识。

第一，动拆迁问题的实质是公共事务治理中普遍存在的集体行动困境，突出表现为居民的"搭便车"行为和过度占有行为。因此，解决动拆迁问题也就是要消除这两类行为。在 Y 区动拆迁工作中，"阳光动迁"政策有效地构建了一个群体共同认同、共同信任、共同遵守的规则体系。由于动拆迁是一项公共事务，居民之间并不是彼此独立地与政府构成交换关系，它的非排他性与非竞争性可以促使居民之间相互关联，形成一种间接利益相关关系。这种利益相关关系可能促成居民的"搭便车"心理，使他们害怕在动拆迁过程中吃亏，但通过"阳光动迁"政策的规则建构，能够消除居民个体心理预期的不确定性，固定居民在动拆迁过程中的行为模式。

"集体搬迁奖"强化了动拆迁事务的公共性，将居民个体之间的间接利益关系部分转化为直接利益关系，提高了居民的集体行动意愿和能力。在公共事务的管理中，松散的成员间利益关系会阻碍通过相互监督及协作来维护共同利益。奥尔森的"选择性激励"利用激励源的"非集体性"（蒋文能，2009）强化一些成员对公共事务的责任和利益，从而提高集体行动的能力。"集体搬迁奖"遵从这一逻辑，但以层级性的公共利益将居民组织在一起，运用激励源的公共性、连接性促进成员协调行动。因此，通过"激励"的方式解决集体行动困境，关键在于公共利益在群体内的分配方式如何能有效激发群体成员的规范行动，选择性激励和明晰性、连接性的激励方式都可以作为其中的选择方案。

第二，公共事务中的制度规范需要在一个相对明晰的公共事务边界及其主体范围内才能发挥作用。这种认识在自组织理论中并没有被强调，以致常常被忽视。Y区动拆迁的失败案例表明，公共事务如果边界不清晰、成员不明确，会造成集体行动的不稳定演化，特别是某一公共事务范围内的个体行动会延伸到另一公共事务内部，导致各公共事务内部规范失灵，从而无法有效克服集体行动困境。在城市动拆迁中，一些原本设计良好的规则体系，却不能在一些居民中起到很好的作用，原因在于如下两点：一是动拆迁所涉及的资源范围不明晰，导致居民对公共利益的诉求难以找到边界；二是动迁补偿与其他事务没有区分，从而不能有针对性地建立行动规则，造成各种其他缘由作为调整动迁交易的依据进入行动中。最终，这两点都将引致居民的过度占有行为。

上述观点对进一步推进旧区改造、解决动拆迁中的矛盾具有参考意义。目前，旧区改造常以公平、新城市理念、现代化作为价值资源（陈映芳，2009），由此形成了论述旧区改造和城市开发正当性的三种依据，即改善住房条件、改善城市环境、促进城市发展。其中的逻辑是，旧区改造的正当性越充分，就越能获得居民的理解和支持，从而越容易推动动拆迁工作。但是，城市开发的正当性并不能替代被动迁居民的理性需求，过多且不明晰的价值依据反而会给动拆迁工作带来困境。从表6-3可见，三项旧区改造依据中分别包含着不同的公共事务，而这些公共事务的资源内容以及主体范围各异。根据前面的分析，如果其各自的资源内容和主体边界不明确，就会为某一公共事务的相关主体越界多占其他公共事务的资源提供通道，从而造成治理公共事务的制度规范失灵。因此，在城市动拆迁管理中，需要谨慎使用各种正当性依据，特别是当某一资源（比如土地开发所形成的收益）内涵不清晰时，更应对此引起警惕。即使在推进旧区改造时使用了多重正当性依据，也应进一步区分其各自对应的公共事务，并依据各相关资源和主体，分别建构不同的规则体系。

表6-3　城市旧区改造中众多公共事务分析

价值资源	改造依据	公共事务	资源内容	相关主体
公平	改善住房条件	住房保障	公共财政	按标准住房困难家庭
	改善生活条件	就业服务	公共政策	失业人员
		社会救助	公共财政	按标准生活困难家庭
		其他	其他	其他
现代化	促进城市发展	住房补偿	地租（级差地租）	政府、居民、开发商
新城市理念	改善城市环境	城市环境	交通、绿化等	全体市民

参考文献

中文类：

阿兰纳·伯兰德、朱健刚：《公众参与与社区公共空间的生产——对绿色社区
　建设的个案研究》，《社会学研究》2007 年第 4 期。

埃哈尔·费埃德伯格：《权力与规则——组织行动的动力》，张月译，上海人
　民出版社，2005.

埃里克·霍弗：《狂热分子：码头工人哲学家的沉思录》，梁永安译，广西师
　范大学出版社，2008。

埃莉诺·奥斯特罗姆：《公共事物的治理之道》，余逊达、陈旭东译，上海三
　联书店，2000。

安培培：《山西省流动人口生存发展状况的分析与思考》，《经济问题》2017
　年第 12 期。

彼得·布劳，马歇尔·梅耶：《现代社会中的科层制》，马戎、时宪明、邱泽奇译，
　学林出版社，2001。

毕监武：《社团革命——中国社团发展的经济学分析》，山东人民出版社，
　2003。

布劳：《社会生活中的交换与权力》，孙非、张黎勤译，华夏出版社，1988。

蔡昉、都阳、王美艳：《户籍制度与劳动力市场保护》，《经济研究》2009 年
　第 12 期。

蔡禾、李超海、冯建华：《利益受损农民工的利益抗争行为研究——基于珠三
　角企业的调查》，《社会学研究》2009 年第 1 期。

蔡禾：《行政赋权与劳动赋权：农民工权利变迁的制度文本分析》，《开放时代》
　2009 年第 6 期。

蔡群等：《走近农民工》，《江苏农村经济》2007 年第 9 期。

操家齐：《合力赋权：富士康后危机时代农民工权益保障动力来源的一个解释
　框架》，《青年研究》2012 年第 3 期。

曹志刚：《城市社区综合服务中心：一种实践策略》，《社会工作》2013 年第 6 期。

查尔斯·蒂利、西德尼·塔罗：《抗争政治》，李义中译，译林出版社，
　2010。

查尔斯·赖特·米尔斯：《权力精英》，许荣、王崑译，南京大学出版社，

2004。

晁流：《社区自治中的利益博弈——以南京"中青园"为例》，《社会》2004年第4期。

陈桂香、杨进军：《成都市社区参与的现状与制约因素分析》，《西南民族大学学报（人文社科版）》2004年第9期。

陈国强、马西恒：《城市动拆迁：作为公共事务的分析》，《学海》2011年第4期。

陈国强：《利益明晰与社区参与——两个案例的比较分析》，《二十一世纪》2014年8月号。

陈捷、卢春龙：《共通性社会资本与特定性社会资本——社会资本与中国的城市基层治理》，《社会学研究》2009年第6期。

陈景云、刘志光：《流动人口积分制管理的效果分析——以深圳市为例》，《中国人口科学》2013年第6期。

陈黎：《外来工社会排斥感探析：基于社会网络的视角》，《社会》2010年第4期。

陈鹏：《城市社区治理：基本模式及其治理绩效——以四个商品房社区为例》，《社会学研究》2016年第3期。

陈鹏：《公民权社会学的先声——读T.H.马歇尔〈公民权与社会阶级〉》，《社会学研究》2008年第4期。

陈颀、吴毅：《群体性事件的情感逻辑——以DH事件为核心案例及其延伸分析》，《社会》2014年第1期。

陈涛、谢家彪：《混合型抗争——当前农民环境抗争的一个解释框架》，《社会学研究》2016年第3期。

陈天祥、杨婷：《城市社区治理：角色迷失及其根源——以H市为例》，《中国人民大学学报》2011年第3期。

陈伟东、张大维：《社区事务分类治理：体制环境与流程再造》，《社会主义研究》2009年第1期。

陈伟东、张大维：《选聘分离：社区治理转型与管理体制创新——以宜昌市伍家岗为研究个案》，《当代世界与社会主义》2008年第3期。

陈伟东：《"转代理"：转型期低收入社区居委会自我"减负"的行为模式》，《社会主义研究》2005年第4期。

陈伟东：《城市基层社会管理体制变迁：单位管理模式转向社区治理模式——武汉市江汉区社区建设目标模式、制度创新及可行性研究》，《理论月刊》2000年第12期。

陈伟东：《论社区建设的中国道路》，《学习与实践》2013年第2期。

陈文、黄卫平：《城市社区业主维权：现状、成因与对策》，《中州学刊》2009年第3期。

陈映芳：《"农民工"：制度安排与身份认同》，《社会学研究》2005 年第 3 期。

陈映芳：《城市开发的正当性危机与合理性空间》，《社会学研究》2008 年第 3 期。

陈映芳：《行动力与制度限制：都市运动中的中产阶层》，《社会学研究》
　　2006 年第 4 期。

陈映芳：《行动者的道德资源动员与中国社会兴起的逻辑》，《社会学研究》
　　2010 年第 4 期。

陈映芳等：《都市大开发——空间生产的政治社会学》，上海古籍出版社，2009。

陈永金、张力：《中国户籍制度改革和城乡人口迁移》，《中国劳动经济学》
　　2004 年第 1 期。

成伯清：《社会建设的情感维度——从社群主义的观点看》，《南京社会科学》
　　2011 年第 1 期。

程玮：《社区自治居民参与度调查与心理影响因素分析——以广东城市社区为
　　例》，《湖北经济学院学报》2010 年第 3 期。

戴维·赫尔德：《民主的模式》，燕继荣等译，中央编译出版社，2008。

邓莉雅、王金红：《中国 NGO 生存与发展的制约因素》，《社会学研究》
　　2004 年第 2 期。

邓伟志、陆春萍：《合作主义模式下民间组织的培育和发展》，《南京社会科学》
　　2006 年第 11 期。

邓伟志：《社会组织与政府改革》，《学习时报》2005 年第 296 期。

邓秀华：《农民工政治参与的主要类型分析》，《江西社会科学》2012 年第 1 期。

邓正来：《市民社会理论的研究》，中国政法大学出版社，2002。

狄金华、钟涨宝：《变迁中的基层治理资源及其治理绩效——基于鄂西南河村
　　黑地的分析》，《社会》2014 年第 1 期。

狄金华、钟涨宝：《从主体到规则的转向：中国传统农村的基层治理研究》，《社
　　会学研究》2014 年第 5 期。

丁开杰：《农民工社会服务的第三方供给研究》，《中共杭州市委党校学报》
　　2013 年第 2 期。

丁元竹：《社区与社区建设：理论、实践与方向》，《学习与实践》2007 年第
　　1 期。

董海军：《"作为武器的弱者身份"：农民维权抗争的底层政治》，《社会》
　　2008 年第 4 期。

杜赞奇：《文化、权力与国家：1900—1942 年的华北农村》，江苏人民出版社，
　　1996。

樊佩佩：《从群体性制度排斥到个体性市场排斥：农业转移人口城市定居意愿
　　的影响因素研究》，《山东社会科学》2016 年第 4 期。

樊香兰、马丽：《切实关注进城农民工子女教育问题》，《中国农业教育》2008 年第 4 期。

范明林、程金：《城市社区建设中政府与非政府组织互动关系的建立和演变——对华爱社和尚思社区中心的个案研究》，《社会》2005 年第 5 期。

范明林、程金：《核心组织的架空：强政府下社团运作分析——对 H 市 Y 社团的个案研究》，《社会》2007 年第 5 期。

范明林：《非政府组织与政府的互动关系——给予法团主义和市民社会视角的比较个案研究》，《社会学研究》2010 年第 3 期。

方涛：《中国农民工社会权利状况考察报告——基于社会排斥视角的分析》，《延边大学学报》2008 年第 2 期。

斐迪南·滕尼斯：《共同体与社会：纯粹社会学的基本概念》，林荣远译，商务印书馆，1999。

费孝通：《对上海社区建设的一点思考——在"组织与体制：上海社区发展理论研讨会"上的讲话》，《社会学研究》2002 年第 4 期。

费孝通：《费孝通全集（2000—2004）》（第 17 卷），内蒙古人民出版社，2009。

费孝通：《乡土重建》，岳麓书社，2012。

冯巨章：《利益集团与集体行动：一个文献述评》，《财经科学》2006 年第 4 期。

高春芽：《选择性激励与利益集团的形成机制——奥尔森"副产品"理论批判》，《云南行政学院学报》2009 年第 1 期。

高文书：《进城农民工就业状况及收入影响因素分析——以北京、石家庄、沈阳、无锡和东莞为例》，《中国农村经济》2006 年第 1 期。

高翔：《地方政府控制落户的行为逻辑及其制度基础》，《浙江大学学报（人文社会科学版）》2015 年第 5 期。

耿敬、姚华：《行政权力的生产与再生产——以上海市 J 居委会直选过程为个案》，《社会学研究》2011 年第 3 期。

龚文海：《农民工医疗保险：模式比较与制度创新——基于 11 个城市的政策考察》，《人口研究》2009 年第 4 期。

古斯塔夫·勒庞：《乌合之众：大众心理研究》，冯克利译，中央编译出版社，2000。

顾江霞：《自我赋权视角下的农民工社区教育》，《山西师大学报（社会科学版）》2010 年第 3 期。

顾昕、王旭：《从国家主义到法团主义——中国市场转型过程中国家与专业团体关系的演变》，《社会学研究》2005 年第 2 期。

管兵：《维权行动和基层民主参与——以 B 市商品房业主为例》，《社会》2010 年第 5 期。

桂勇、崔之余：《行政化进程中的城市居委会体制变迁——对上海的个案研究》，《华中理工大学学报（社会科学版）》2000年第3期。

桂勇、黄荣贵：《城市社区：共同体还是"互不相关的邻里"》，《华中师范大学学报（人文社会科学版）》2006年第6期。

桂勇：《邻里政治：城市基层的权力操作策略与国家—社会的粘连模式》，《社会》2007年第6期。

郭静、杨洪玲、刘凌琳、邵飞：《流动人口基本公共卫生服务知晓率及影响因素分析》，《中国公共卫生》2018年第4期。

郭圣莉：《加入核心团队——社区选举的合意机制及其运作基础分析》，《公共行政评论》2010年第1期。

郭伟和：《街道公共体制改革和国家意志的柔性控制——对黄宗智"国家和社会的第三领域"理论的扩展》，《开放时代》2010年第2期。

韩志明：《公民抗争行动与治理体系的碎片化——对于闹大现象的描述与解释》，《人文杂志》2012年第3期。

汉娜·阿伦特：《公共领域与私人领域》，载旺晖、陈燕谷主编《文化与公共性》，生活·读书·新知三联书店，1998。

何海兵：《我国城市基层社会管理体制的变迁：从单位制、街居制到社区制》，《管理世界》2003年第6期。

何艳玲、蔡禾：《中国城市基层自治组织的"内卷化"及其成因》，《中山大学学报（社会科学版）》2005年第5期。

和经纬：《在资源与制度之间：农民工草根NGO的生存策略——以珠三角农民工维权NGO为例》，《社会》2009年第6期。

亨利希·库诺：《马克思的历史、社会和国家学说：马克思的社会学的基本要点》，袁志英译，上海译文出版社，2018。

胡荣：《社会资本与城市居民的政治参与》，《社会学研究》2008年第5期。

华尔德：《共产党社会的新传统主义——中国工业中的工作环境和权力结构》，牛津大学出版社，1996。

华莱士（R. Wallace）：《现代社会学交换理论的基本命题》，费涓洪译，金炎校，《国外社会科学文摘》1985年第7期。

黄光国等：《"面子"：中国人的权力游戏》，中国人民大学出版社，2004。

黄浩明：《非营利组织战略管理》，中国人民大学出版社，2003。

黄俊尧：《"服务下乡"的再思考——农村社区服务中心诸问题探讨》，《浙江学刊》2014年第3期。

黄荣贵、桂勇：《集体性社会资本对社区参与的影响》，《社会》2011年第6期。

黄玉捷：《社区整合：社会整合的重要方面》，《河南社会科学》1997年第4期。

黄宗智:《中国的"公共领域"与"市民社会"？——国家与社会间的第三领域》,载邓正来、杰弗里·亚历山大主编《国家与市民社会——一种社会理论的研究路径》,上海人民出版社,2005。

吉·缪勒主编《社会运动理论的前沿领域》,北京大学出版社,2002。

江华、张建民、周莹:《利益契合:转型期中国国家与社会关系的一个分析框架——以行业组织政策参与为案例》,《社会学研究》2011年第3期。

江立华、胡杰成:《社会排斥与农民工地位的边缘化》,《华中科技大学学报(社会科学版)》2006年第6期。

江立华、张红霞:《权利赋予与城市秩序建构:流动人口治理向度分析》,《河北学刊》2015年第5期。

姜爱林、任志儒:《网格化城市管理模式研究》,《现代城市研究》2007年第2期。

蒋文能:《搭便车、集体行动与国家兴衰——奥尔森集体行动理论述评》,《学术论坛》2009年第11期。

焦未然:《分配问题对提供公共物品的影响》,《云南社会科学》2007年第2期。

金桥:《基层权力运作的逻辑——上海社区实地研究》,《社会》2010年第3期。

卡尔·波兰尼:《巨变:当代政治与经济的起源》,黄树民译,社会科学文献出版社,2013。

柯武刚、史漫飞:《制度经济学:社会秩序与公共政策》,商务印书馆,2000。

克兰德尔曼斯:《抗议的社会建构和多组织场域》,载艾尔东·莫里斯、卡洛尔·麦克拉吉·穆勒:《社会运动理论的前沿领域》,刘能译,北京大学出版社,2002。

克罗戴特、拉法耶:《组织社会学》,安延译,社会科学文献出版社,2000。

雷晓康、席恒:《合作收益与公共治理》,《西北大学学报(哲学社会科学版)》2006年第6期。

黎熙元、陈福平:《社区论辩:转型期中国城市社区的形态转变》,《社会学研究》2008年第2期。

李敢、徐建牛:《"横向罅隙":政府部门间的合作困境——基于D县"三块地"统筹推进改革的案例分析》,《天赋新论》2019年第5期。

李浩昇:《善待与接纳:对昆山市农民工市民化经验的解读》,《人口研究》2008年第6期。

李辉:《社会报酬与中国城市社区积极分子——上海市S社区楼组长群体的个案研究》,《社会》2008年第1期。

李建斌、李寒:《转型期我国城市社区自治的参与不足:困境与突破》,《江西社会科学》2005年第6期。

李剑宏：《中国能否孕育出真正意义上的社会组织》，《城市管理》2003年第5期。

李景鹏：《后全能主义时代：国家与社会合作共治的公共管理》，《中国行政管理》2011年第2期。

李俊、顾燕峰：《中国城市劳动力市场中的户籍分层》，《社会学研究》2011年第2期。

李骏：《城市街区空间的组织特征：国家—社会关系视角》，《上海交通大学学报（哲学社会科学版）》2006年第2期。

李培林、李炜：《近年来农民工的经济状况和社会态度》，《中国社会科学》2010年第1期。

李培林、李炜：《农民工在中国转型中的经济地位和社会态度》，《社会学研究》2007年第3期。

李培林、田丰：《中国新生代农民工：社会态度和行为选择》，《社会》2011年第3期。

李强、葛天任：《社区的碎片化——Y市社区建设与城市社会治理的实证研究》，《学术界》2013年第12期。

李强、唐壮：《城市农民工与城市中的非正规就业》，《社会学研究》2002年第6期。

李强：《社会学的"剥夺"理论与我国农民工问题》，《学术界》2004年第4期。

李水金：《公共事物治理的困境及其克服》，《四川行政学院学报》2003年第6期。

李松林、李世杰：《建立和完善我国NGO监督机制——基于"多元共治"模式的构想》，《云南行政学院学报》2006年第2期。

李新伟、石玲：《城市农民工的基本权益保障研究》，《人口学刊》2006年第2期。

李艳萍、曲建英、刘桂华：《论国家与社会互动关系中的社会组织》，《山东省农业管理干部学院学报》2004年第5期。

李颖：《社区公共服务"一站式"模式探索——以泰州市HL区CD街道为例》，《新经济》2014年第8期。

李友梅：《基层社区组织的实际生活方式——对上海康健社区实地调查的初步认识》，《社会学研究》2002年第4期。

李祖佩：《"新代理人"：项目进村中的村治主体研究》，《社会》2016年第3期。

梁伟发：《建设镇街综治信访维稳中心 创新基层社会矛盾化解机制》，《求是》2010年第1期。

梁雄军、阮峥、林云、刘平青：《农民工自我维权的方式与机理研究——以浙闽津3省（市）1550个个体样本为例》，《新疆农垦经济》2008年第9期。

林尚立：《社区：中国政治建设的战略性空间》，《毛泽东邓小平理论研究》

2002 年第 2 期。

林尚立：《社区民主与治理：案例研究》，社会科学文献出版社，2003。

刘畅：《制度排斥与城市农民工的社会保障问题》，《社会福利》2003 年第 7 期。

刘春荣：《另类的邻里动员：关键群众和社区选举的实践》，载赵汀阳主编《年度学术 2007》，中国人民大学出版社，2007。

刘春荣：《选举动员的框架整合——银杏居委会换届选举个案研究》，《社会》2010 年第 1 期。

刘林平、郭志坚：《企业性质、政府缺位、集体协商与外来女工的权益保障》，《社会学研究》2004 年第 6 期。

刘林平、雍昕：《宿舍劳动体制、计件制、权益侵害与农民工的剥削感——基于珠三角问卷数据的分析》，《华东理工大学学报（社会科学版）》2014 年第 2 期。

刘能：《怨恨解释、动员结构和理性选择——有关中国都市地区集体行动发生可能性的分析》，《开放时代》2004 年第 4 期。

刘圣中：《从私人性到公共性——公共权力的两重属性及其归宿》，《浙江学刊》2003 年第 2 期。

刘威：《"行动者"的缺席抑或复归——街区邻里政治研究的日常生活转向与方法论自觉》，《南京社会科学》2010 年第 7 期。

刘威：《街区邻里政治的动员路径与二重维度——以社区居委会为中心的分析》，《浙江社会科学》2010 年第 4 期。

刘岩、刘威：《从"公民参与"到"群众参与"——转型期城市社区参与的范式转换与实践逻辑》，《浙江社会科学》2008 年第 1 期。

刘玉博、向明勋、李永珍：《上海市闵行区推进流动人口基本公共服务均等化研究》，《上海经济研究》2011 年第 11 期。

卢秉利、匡立波：《农民工：亦工亦农的新阶层》，《社会主义研究》2007 年第 1 期。

卢福营、戴冰洁：《减负导向的基层社会治理整治——以浙江省江山市"村（社区）工作准入制"为例》，《学习与探索》2015 年第 5 期。

卢汉龙、李骏：《社区建设的历史、现状与未来》，《学习与实践》2005 年第 11 期。

卢汉龙：《单位与社区：中国城市社会生活的组织重建》，《社会科学》1999 年第 2 期。

罗伯特·帕特南：《独自打保龄——美国社区的衰落与复兴》，刘波、祝乃娟、张孜异、林挺进、郑寰译，北京大学出版社，2011。

罗伯特·帕特南：《使民主运转起来》，王列、赖海榕译，江西人民出版社，

2001。

罗纳德·伯特：《结构洞：竞争的社会结构》，任敏、李璐、林虹译，格致出版社，2008。

罗天莹、连静燕：《农民工利益表达中 NGO 的作用机制及局限性——基于赋权理论和"珠三角"的考察》，《湖南农业大学学报（社会科学版）》2012 年第 4 期。

马丁·阿尔布劳：《全球时代：超越现代性之外的国家和社会》，高湘泽、冯玲译，商务印书馆，2001。

马克斯·韦伯：《经济与社会》（第一卷），阎克文译，上海人民出版社，2010。

马卫红、黄沁蕾、桂勇：《上海市居民社区参与意愿影响因素分析》，《社会》2000 年第 6 期。

曼瑟尔·奥尔森：《集体行动的逻辑》，陈郁、郭宇峰、李崇新译，上海人民出版社，1995。

毛寿龙：《公共事务的治理之道》，《江苏行政学院院报》2010 年第 1 期。

孟天广、马全军：《社会资本与公民参与意识的关系研究——基于全国代表性样本的实证分析》，《中国行政管理》2011 年第 3 期。

潘柄涛：《社会资本与居民社区参与——基于深圳 3 个村改居社区的实证分析》，《学习与实践》2009 年第 6 期。

潘鸿雁、陈国强：《农民工社会权的结构性变动——基于对 S 市社会服务的微观考察》，《甘肃理论学刊》2014 年第 2 期。

潘鸿雁：《基层群众自治的实践探索与思考——基于对上海市三会制度的考察》，《新疆社会科学》2011 年第 3 期。

彭希哲、郭秀云：《权利回归与制度重构——对城市流动人口管理模式创新的思考》，《人口研究》2007 年第 4 期。

皮埃尔·布迪厄、华康德：《实践与反思：反思社会学引导》，李猛、李康译，中央编译出版社，2004。

秦阿琳、徐永祥：《农民工权利意识的生产与再生产——一个社会组织化的视角》，《华东理工大学学报（社会科学版）》2014 年第 5 期。

秦洪源、付建军：《法团主义视角下地方政府培育社会组织的逻辑、过程和影响——以成都市 W 街道社会组织培育实践为例》，《社会主义研究》2013 年第 6 期。

秦晖：《传统十论——本土社会的制度、文化及其变革》，复旦大学出版社，2004。

邱莉莉：《俄罗斯社区》，中国社会出版社，2004。

裴斌：《"乡贤治村"与村民自治的发展走向》，《甘肃社会科学》2016 年第 2 期。

《人口研究》编辑部：《户籍制度 50 年》，《人口研究》2008 年第 1 期。

任焰、潘毅：《跨国劳动过程的空间政治：全球化时代的宿舍劳动体制》，《社会学研究》2006 年第 4 期。

R.E. 帕克、E.N. 伯吉斯、R.D. 麦肯齐：《城市社会学——芝加哥学派城市研究》，宋俊岭、郑也夫译，商务印书馆，2012。

申建林、蒋天鹏：《从代议走向参与——卡罗尔·佩特曼对参与式民主的追求》，《广西大学学报（哲学社会科学版）》2012 年第 6 期。

申瑞峰：《"新乡绅治理"模式的政经逻辑》，《人民论坛》2009 年第 2 期。

沈毅：《社会整合与社区整合》，《天府新论》2007 年第 4 期。

沈原：《社会的生产》，《社会》2007 年第 2 期。

沈原：《又一个三十年？转型社会学视野下的社会建设》，《社会》2008 年第 3 期。

施建刚、李梨花：《旧区改造利益相关者利益冲突及协调对策》，《中国房地产》2009 年第 9 期。

石发勇：《城市社区民主建设与制度性约束：上海市居委会改革个案研究》，《社会》2005 年第 2 期。

石发勇：《社会资本的属性及其在集体行动中的运作逻辑——以一个维权运动个案为例》，《学海》2008 年第 3 期。

石发勇：《业主委员会、准派系政治与基层治理——以一个上海街区为例》，《社会学研究》2010 年第 3 期。

斯蒂格利茨：《经济学》，黄险峰、张帆译，中国人民大学出版社，2000。

宋时歌：《权力转换的延迟效应——对社会主义国家向市场转变过程中的精英再生与循环的一种解释》，《社会学研究》1998 年第 3 期。

苏黛瑞：《在中国城市中争取公民权》，王春光、单丽卿译，浙江人民出版社，2009。

苏昕：《中国城市新移民的公民权研究》，社会科学文献出版社，2013。

孙立平、晋军、何江穗、毕向阳：《动员与参与——第三部门募捐机制个案研究》，浙江人民出版社，1999。

孙立平：《"过程—事件分析"与对当代中国农村社会生活的洞察》，载王汉生、杨善华主编《农村基层政权运行与村民自治》，中国社会科学出版社，2001。

孙立平：《科举制：一种精英再生产的机制》，《战略与管理》1996 年第 5 期。

孙璐：《利益、认同、制度安排——论城市居民社区参与的影响因素》，《云南社会科学》2006 年第 5 期。

孙伟中：《从"个体赋权"迈向"集体赋权"与"个体赋能"：21 世纪以来中

国农民工劳动权益保护路径反思》，《华东理工大学学报（社会科学版）》
2013 年第 2 期。

孙小林：《撤销街道办的铜陵实验》，《决策探索（上半月）》2011 年第 11 期。

孙中民：《从非制度化到制度化——农民工政治参与模式的变迁》，《江西社
会科学》2007 年第 4 期。

T.H. 马歇尔、安东尼·吉登斯：《公民身份与社会阶级》，郭忠华、刘训练译，
江苏人民出版社，2008。

谭深：《家庭策略，还是个人自主？——农村劳动力外出决策模式的性别分析》，
《浙江学刊》2004 年第 5 期。

谭深：《农村流动人口的"半城市化"问题研究》，《社会学研究》2006 年第 5 期。

唐灿：《性骚扰：城市外来女民工的双重身份与歧视》，《社会学研究》1996
年第 4 期。

唐文玉、马西恒：《去政治的自主性：民办社会组织的生存策略》，《浙江社
会科学》2011 年第 10 期。

唐亚林、郭林：《公共服务视角下超大城市外来人口公民权利的建构之道》，《理
论探讨》2019 年第 4 期。

陶庆：《合法性的时空转换——以南方市富街草根民间商会为例》，《社会》
2008 年第 4 期。

特纳：《霍曼斯的交换理论》，潘大谓、王洁译，《国外社会科学文摘》1987
年第 9 期。

田丰：《城市工人与农民工的收入差距研究》，《社会学研究》2010 年第 2 期。

田凯：《组织外形化：非协调约束下的组织运作》，《社会学研究》2004 年第 4 期。

田中重好、朱安新：《中国社会结构变动和社会性调节机制的弱化》，《学习
与探索》2010 年第 4 期。

涂纪亮：《意向性理论的几个问题》，《中国社会科学》1991 年第 4 期。

托克维尔：《论美国的民主》（上下卷），董果良译，商务印书馆，1988。

托马斯·海贝勒、君特·舒耕德：《从群众到公民——中国的政治参与》，张
文红译，中央编译出版社，2009。

W. 理查德·斯科特：《制度与组织——思想观念与物质利益》，姚伟、王黎芳译，
中国人民大学出版社，2010。

W. 理查德·斯科特：《组织理论：理性、自然和开放系统》，黄洋、李霞、申薇、
席侃译，华夏出版社，2002。

汪大海、孔德宏编译：《世界范围内的社区发展》，中国社会出版社，2005。

王春福：《公民身份与城市外来人口公共服务的供给——基于杭州市外来人口
调查的分析》，《浙江社会科学》2010 年第 11 期。

王春光：《新生代农村流动人口的社会认同与城乡融合的关系》，《社会学研究》2001 年第 3 期。

王春光：《新生代农民工城市融入进程及问题的社会学分析》，《青年探索》2010 年第 3 期。

王飞：《社会组织依托城市社区促进农民工市民化分析——以绵阳市与"小小鸟"为个案》，《福建农林大学学报（哲学社会科学版）》2015 年第 2 期。

王国勤：《当前中国"集体行动"研究述评》，《学术界》2007 年第 5 期。

王国勤：《社会网络视野下的集体行动——以林镇"群体性事件"为例》，《开放时代》2011 年第 2 期。

王海宁、陈媛媛：《城市外来人口劳动福利获得歧视分析》，《中国人口科学》2010 年第 2 期。

王汉生、吴莹：《基层社会中"看得见"与"看不见"的国家——发生在一个商品房小区中的几个故事》，《社会学研究》2011 年第 1 期。

王建民：《社会转型中的象征二元结构——以农民工群体为中心的微观权力分析》，《社会》2008 年第 2 期。

王浪、李保峰：《旧城改造的公众参与——武汉同丰社区个案研究》，《规划师》2004 年第 8 期。

王梦怡、彭华民：《地域与户籍身份：城市困境儿童的福利排斥》，《河海大学学报（哲学社会科学版）》2019 年第 4 期。

王名、陶传进：《中国民间组织的现状与相关政策建议》，《中国行政管理》2004 年第 1 期。

王思斌：《体制改革中的城市社区建设的理论分析》，《北京大学学报》2000 年第 5 期。

王小章、冯婷：《城市居民的社区参与意愿——对 H 市的一项问卷调查分析》，《浙江社会科学》2004 年第 4 期。

王小章、冯婷：《从身份壁垒到市场性门槛：农民工政策 40 年》，《浙江社会科学》2018 年第 1 期。

王小章、王志强：《从"社区"到"脱域的共同体"——现代性视野下的社区和社区建设》，《学术论坛》2003 年第 6 期。

王小章：《从"生存"到"承认"：公民权视野下的农民工问题》，《社会学研究》2009 年第 1 期。

王小章：《中古城市与近代公民权的起源：韦伯城市社会学的遗产》，《社会学研究》2007 年第 3 期。

王小章：《走向承认：浙江省城市农民工公民权发展的社会学研究》，浙江大学出版社，2010。

王星：《"居站分离"实践与城市基层社会管理创新》，《学海》2012 年第 3 期。

王亚亚：《乡土情结的嬗变与农民工市民化的身份认同》，《辽东学院学报（社会科学版）》2009 年第 2 期。

王颖：《"社区"危机：合法组织身份的缺失》，《南京社会科学》2012 年第 10 期。

王颖：《民主自治：社区建设的核心》，《唯实》2003 年第 Z1 期。

王颖：《社区，公民民主素养的培育基地》，《唯实》2004 年第 S1 期。

王永益：《社会资本的普遍主义精神与我国城市社区认同性整合》，《南京理工大学学报》2011 年第 3 期。

王瑜、仝志辉：《转型抗争：从社会转型的视角理解近阶段中国农民抗争》，《中国农业大学学报》2012 年第 4 期。

王郁：《开发利益公共还原理论与制度实践的发展——基于美英日三国城市规划管理制度的比较研究》，《城市规划学刊》2008 年第 6 期。

王珍宝：《当前我国城市社区参与研究述评》，《社会》2003 年第 9 期。

韦伯：《社会学的基本概念》，顾忠华译，广西师范大学出版社，2005。

维尔弗雷多·帕累托：《精英的兴衰》，刘北成译，上海人民出版社，2003。

文军：《个体化社会的来临与包容性社会政策的建构》，《社会科学》2012 年第 1 期。

吴光芸、杨龙：《超越集体行动的困境：社会资本与制度分析》，《东南学术》2006 年第 3 期。

吴开亚、张力：《发展主义政府与城市落户门槛：关于户籍制度改革的反思》，《社会学研究》2010 年第 6 期。

吴炜、朱力：《宿舍劳动体制对农民工权益的影响分析——以江苏省为例》，《中国人口研究》2011 年第 4 期。

吴永红：《非对称性依赖结构下的居委会及其行动策略》，载《2010 年中国社会学年会——社会建设的理论与实践：本土化的探索论文集》，2010。

吴长青：《英雄伦理与抗争行动的持续性：以鲁西农民抗争积极分子为例》，《社会》2013 年第 5 期。

夏建中：《现代西方城市社区研究的主要理论与方法》，《燕山大学学报（哲学社会科学版）》2000 年第 2 期。

向德平：《社区组织行政化：表现、原因及对策分析》，《学海》2006 年第 3 期。

项飙：《跨越边界的社区：北京"浙江村"的生活史》，生活·读书·新知三联书店，2000。

肖林：《"'社区'研究"与"社区研究"——近年来我国城市社区研究述评》，《社会学研究》2011 年第 4 期。

肖艳：《治理视角下的和谐社区建设》，《福建论坛（人文社会科学版）》

2007 年第 9 期。

肖瑛：《"反身性"研究的若干问题辨析》，《国外社会科学》2005 年第 2 期。

肖瑛：《法人团体：一种"总体的社会组织"的想象——涂尔干的社会团结思想研究》，《社会》2008 年第 2 期。

肖瑛：《复调社会及其生产——以 civil society 的三种汉译法为基础》，《社会学研究》2010 年第 3 期。

谢安民、陈振宇、周培珍：《农民工政治参与的行政吸纳——以柳市镇"以外调外"制度为例》，载《浙江省党校系统"建设物质富裕精神富有现代化浙江"理论研讨会论文集》，2012。

谢芳：《美国社区》，中国社会出版社，2004。

谢甫成、牛建平：《效率与公平：城市房屋拆迁的价值选择》，《重庆建筑大学学报》2005 年第 2 期。

谢桂华：《农民工与城市劳动力市场》，《社会学研究》2007 年第 5 期。

谢桂华：《中国流动人口的人力资本回报与社会融合》，《中国社会科学》2012 年第 4 期。

谢建社、牛喜霞、谢宇：《流动农民工随迁子女教育问题研究》，《中国人口科学》2011 年第 1 期。

熊光清：《从限权到平权：流动人口管理政策演变》，《社会科学研究》2012 年第 6 期。

熊易寒：《社区选举：在政治冷漠与高投票率之间》，《社会》2008 年第 3 期。

徐安琪：《夫妻权力和妇女家庭地位的评价指标：反思与检讨》，《社会学研究》2005 年第 4 期。

徐茂明：《江南士绅与江南社会（1368—1911 年）》，商务印书馆，2006。

徐琴、王春苏：《论城市社区居委会自治性的成长——对南京市 L 社区议事园几个实践案例的考察》，《城市观察》2013 年第 6 期。

徐宇珊：《服务型治理：社区服务中心参与社区治理的角色与路径》，《社会科学》2016 年第 10 期。

许传新、许若兰：《新生代农民工与城市居民社会距离实证研究》，《人口与经济》2007 年第 5 期。

许婷：《法团主义：政府与社会组织的关系模式选择》，《中共浙江省委党校学报》2006 年第 4 期。

许叶萍、石秀印：《地方剥夺：观察农民工现象的东方视角》，《学海》2011 年第 1 期。

许怡：《社会服务走向赋权还是去权？——赋权视角下对两类劳工服务组织的比较研究》，《华东理工大学学报（社会科学版）》2014 年第 1 期。

亚里斯多德：《政治学》，吴寿彭译，商务印书馆，1983。

严新明、童星：《从自然和社会层面看农民工的劳动保护剂社会保障》，《南京大学学报》2007 年第 6 期。

阎云翔：《礼物的流动——一个中国村庄中的互惠原则与社会网络》，李放春、刘瑜译，上海人民出版社，2000。

阎云翔：《中国社会的个体化》，上海译文出版社，2012。

杨爱平、余雁鸿：《选择性应付：社区居委会行动逻辑的组织分析——以 G 市 L 社区为例》，《社会学研究》2012 年第 4 期。

杨代福：《我国城市社区网格化管理创新扩散现状与机理分析》，《青海社会科学》2013 年第 6 期。

杨逢银、胡平、邢乐勤：《公共食物复合治理的载体、实践及其走势分析——以杭州运河综保工程为例》，《中国行政管理》2012 年第 3 期。

杨贵华：《转换居民的社区参与方式，提升居民的自组织参与能力》，《复旦学报》2009 年第 1 期。

杨立华：《构建多元协作性社区治理机制解决集体行动困境——一个"产品—制度"分析（PIA）框架》，《公共管理学报》2007 年第 2 期。

杨敏：《公民参与、群众参与与社区参与》，《社会》2005 年第 5 期。

杨敏：《作为国家治理单元的社区——对城市社区建设运动过程中居民社区参与和社区认知的个案研究》，《社会学研究》2007 年第 4 期。

姚华、王亚南：《社区自治：自主性空间的缺失与居民参与的困境——以上海市 J 居委会"议行分设"的实践过程为个案》，《社会科学战线》2010 年第 8 期。

叶南客、陈金城：《我国"三社联动"的模式选择与策略研究》，《南京社会科学》2010 年第 12 期。

叶南客：《中国城市居民社区参与的历程与体制创新》，《江海学刊》2001 年第 5 期。

应星：《"气"与中国乡村集体行动的再生产》，《开放时代》2007 年第 6 期。

应星：《"气场"与群体性事件的发生机制——两个个案的比较》，《社会学研究》2009 年第 6 期。

尤根·哈贝马斯：《"公共领域"、"公共领域的社会结构"》，载旺晖、陈燕谷主编《文化与公共性》，生活·读书·新知三联书店，1998。

于建嵘：《当前我国群体性事件的主要类型及其基本特征》，《中国政法大学学报》2009 年第 6 期。

于建嵘：《集体行动的原动力机制研究——基于 H 县农民维权抗争的考察》，《学海》2006 年第 2 期。

于建嵘：《破解"政绩共同体"的行为逻辑》，《廉政文化研究》2011年第1期。

于乐锋、谭丽：《居委会状况的实证研究——对上海市杨浦区的调查分析》，《学术探索》2007年第1期。

于显洋：《形式化与合法性——城市社区基层制度结构的变动及功能解释》，《江苏行政学院学报》2008年第1期。

余章宝、杨淑娣：《我国农民工维权NGO现状及困境——以珠三角地区为例》，《东南学术》2011年第1期。

元永浩：《怀特海形而上学的核心范畴——现实的存在者》，《吉林大学社会科学学报》2006年第1期。

袁方成、康红军：《"张弛之间"：地方落户政策因何失效？》，《中国行政管理》2018年第1期。

原新、韩靓：《多重分割视角下外来人口就业与收入歧视分析》，《人口研究》2009年第1期。

约翰·W.金登（John W.Kingdon）：《议程、备选方案与公共政策》，丁煌、方兴译，中国人民大学出版社，2004。

岳经纶、屈恒：《非政府组织与农民工权益的维护——以番禺打工族文书处理服务部为个案》，《中山大学学报（社会科学版）》2007年第3期。

詹国彬：《论第三部门的发展与政府改革之间的互动》，《宁波大学学报（人文科学版）》2007年第2期。

詹姆斯·C.斯科特：《弱者的武器》，郑广怀、张敏、何江穗译，译林出版社，2007。

詹姆斯·科尔曼：《社会理论的基础（上、中、下）》，邓方译，社会科学文献出版社，1992。

张福建：《参与和公民精神的养成——密尔〈代议政府论〉的一种解读》，载许纪霖主编《公共性与公民观》，江苏人民出版社，2006。

张海东、杨城晨：《住房与城市居民的阶层认同——基于北京、上海、广州的研究》，《社会学研究》2017年第5期。

张鸿铭、贺耀祖：《城市房屋拆迁若干问题探讨》，《中国房地产》2005年第5期。

张晖、何文炯：《进城、流动与保障——农民工社会保障问题研究综述》，《浙江大学学报》2007年第2期。

张紧跟、庄文嘉：《非正式政治：一个草根NGO的行动策略——以广州业主委员会联谊会筹备委员会为例》，《社会学研究》2008年第2期。

张紧跟：《从结构论争到行动分析：海外中国NGO研究述评》，《社会》2012年第3期。

张克中、贺雪峰：《社区参与、集体行动与新农村建设》，《经济学家》2011

年第 1 期。

张磊：《业主维权运动：产生原因及动员机制——对北京市几个小区个案的考查》，《社会学研究》2005 年第 6 期。

张鹏：《城市里的陌生人：中国流动人口的空间、权力与社会网络重构》，袁长庚译，江苏人民出版社，2014。

张民巍：《社区制度的培育与规则的形成——从几个案例考察城市社区权力的形成方式》，《北京联合大学学报（人文社会科学版）》2004 年第 4 期。

张赛林：《差别选票的背后：街区控制与社区选举——以济南市 L 社区居委会换届选举为个案》，《内蒙古社会科学》2009 年第 6 期。

张尚仁：《“社会组织”的含义、功能与类型》，《云南民族大学学报（哲学社会科学版）》2004 年第 2 期。

张晓杰、耿国阶、孙萍：《政治机会结构理论述评》，《天津行政学院学报》2013 年第 2 期。

张秀兰、徐月宾：《我国社会福利社会化的目标及途径探讨》，《江苏社会科学》2006 年第 2 期。

张喧：《日本社区》，中国社会出版社，2007。

张学东：《“日常生活”的理论嬗变及其对社会管理的“隐喻”——基于社会学理论的梳理与思考》，《广西社会科学》2014 年第 2 期。

张友庭：《污名化情境及其应对策略：流动人口的城市适应及其社区变迁的个案研究》，《社会》2008 年第 4 期。

张志胜：《赋权与增能：新生代农民工“半城镇化”到“再城镇化”》，《宁夏社会科学》2017 年第 2 期。

张钟汝、范明林、王拓涵：《国家法团主义视域下政府与非政府组织的互动关系研究》，《社会》2009 年第 4 期。

张仲礼：《中国绅士研究》，上海人民出版社，2008。

章元、高汉：《城市二元劳动力市场对农民工的户籍与地域歧视——以上海市为例》，《中国人口科学》2011 年第 5 期。

赵春容、赵万民、谭少华：《我国旧城改造中利益分配矛盾及对策研究》，《西南科技大学学报（哲学社会科学版）》2008 年第 3 期。

赵鼎新：《集体行动、搭便车理论与形式社会学方法》，《社会学研究》2006 年第 1 期。

赵力涛：《保障流动人口权利须创新社会政策》，《探索与争鸣》2014 年第 1 期。

赵孟营：《组织格局：抽象社会中的社会组织》，《北京师范大学学报（社会科学版）》2006 年第 2 期。

赵文词：《五代美国社会学者对中国国家与社会关系的研究》，载涂肇庆、林益民主编《改革开放与中国社会：西方社会学文献述评》，牛津大学出版社，1999。

赵修义、朱贻庭：《权利、利益和权力》，《毛泽东邓小平理论研究》2004年第5期。

赵晔琴：《"居住权"与市民待遇：城市改造中的"第四方群体"》，《社会学研究》2008年第2期。

赵晔琴：《农民工：日常生活中的身份建构与空间型构》，《社会》2007年第6期。

郑丹丹、杨善华：《夫妻关系"定势"与权力策略》，《社会学研究》2003年第4期。

郑广怀、孙中伟：《劳动法执行中的"次标准"——基于2006—2010年对珠江三角洲农民工的调查》，《社会科学》2011年第12期。

郑广怀：《伤残农民工：无法被赋权的群体》，《社会学研究》2005年第3期。

郑辉、李路路：《中国城市的精英代际转化与阶层再生产》，《社会学研究》2009年第6期。

郑欣、章译文：《"消费式融入"：新生代农民工的城市生活实践及其抗争——基于长三角地区的实证研究》，《中国地质大学学报（社会科学版）》2016年第1期。

中华人民共和国国务院新闻办公室：《2012年中国人权事业的进展》，人民出版社，2013。

《中国民政》编辑部：《"三社联动"如何"联"如何"动"？》，《中国民政》2015年第12期。

《中国民政》编辑部：《关于建立评议会、协调会、听证会制度的指导意见》，《中国民政》2001年第11期。

周黎安：《行政发包制：一种混合治理形态》，《文化纵横》2015年第1期。

周黎安：《行政发包制》，《社会》2014年第6期。

周黎安：《中国地方官员的晋升锦标赛模式研究》，《经济研究》2007年第7期。

周庆智：《中国城市的权利二元结构——城市化地区居民权利结构分析》，《学海》2018年第1期。

周雪光：《基层政府间的"共谋现象"——一个政府行为的制度逻辑》，《社会学研究》2008年第6期。

周雪光：《权威体制与有效治理：当代中国国家治理的制度逻辑》，《开放时代》2011年第10期。

周雪光：《中国国家治理的制度逻辑：一个组织学研究》，上海：上海三联书店，2017。

周雪光：《组织社会学十讲》，社会科学出版社，2003。

周义程：《公共利益、公共事务和公共事业的概念界说》，《南京社会科学》
　　2007 年第 1 期。

朱东恺、施国庆：《城市建设征地和拆迁中的利益关系分析》，《城市发展研究》
　　2004 年第 3 期。

朱海龙、周春发：《社会排斥与社会认同——农民工社会政策调整的影响研究》，
　　《湖南师范大学社会科学学报》2008 年第 6 期。

朱健刚：《城市街区的权利变迁：强国家与强社会模式——对一个街区权力结
　　构的分析》，《战略与管理》1997 年第 4 期。

朱健刚：《以理抗争：都市集体行动的策略——以广州南园的业主维权为例》，
　　《社会》2011 年第 3 期。

朱天义：《精准扶贫中乡村治理精英对国家与社会的衔接研究——江西省 XS
　　县的实践分析》，《社会主义研究》2016 年第 5 期。

庄文嘉：《跨越国家赋予的权利？对广州市业主抗争的个案研究》，《社会》
　　2011 年第 3 期。

邹谠：《二十世纪中国政治：从宏观历史和微观行动的角度看》，牛津大学出版社，
　　1994。

邹树彬：《住宅小区中的民主——城市业主维权行动的兴起及其影响》，载唐娟：
　　《城市社区业主委员会发展研究》，重庆出版社，2005。

英文类：

Bian, Yanjie. "Bringing Strong Ties Back in: Indirect Ties, Network Bridges, and Job
　　Searches in China ".American Sociological Review,3 (1997):366-385.

Chan, A. "Revolution or Corporatism? Workers and Trade Unions in Post-Mao
　　China", The Australian Journal of China Affairs, 29(1993):31-61.

Chan, K. W., Buckingham ,W. "Is China Abolishing the Hukou System?", The
　　China Quarterly, 195(2008):582-606.

David, P.A. "Clio and the Economics of QWERTY". American Economic Review,2
　　（1985）：332.

Dawes,R.M. "The Commons Dilemma Game: An N-Person Mixed—Motive
　　Game with a Dominating Strategy for Defection". ORI Research Bulletin,13
　　（1973）:1-12.

Floyd,Hunter. Community Power Structure: A Study of Decision Makers（Chapel
　　Hill:The University of North Carolina Press,1969）.

Francis, L. K. Hsu. China Enters the Machine Age(Harvard: Harvard University

Press,1944).

Granovetter, Mark. "The Strength of Weak Ties". American Journal of Sociology,6 (1973):1360-1380.

Hardin,G. "The Tragedy of the Commons". Science,162 (1968):1243-1248.

Honold, L. "A Review of the Literature on Employee Empowerment", Empowerment in Organizations, 4(1997):202-212.

Honold,Linda. "A Review of the Literature on Employee Empowerment". Empowerment in Organizations,4 (1997):202-212.

James,D. & Daniel,R. Koldyk. "The Shequ Experiment: Grassroots Political Reform in Urban China". Journal of Contemporary China, 13(1997):747-777.

Jasper,James M. "Emotions and Social Movements: Twenty Years of Theory and Research". Annual Review of Sociology,37 (2011):285-302.

Kevin,J. O'Brien & Li,Lianjiang. "Selective Policy Implementation in Rural China", Comparative Politics, 2(1999):167-186.

Li,Qiang. "Policy Issues Concerning the Informal Employment of Rural-Urban Migrants in China", Social Sciences in China,4 (2003):124-135.

Louis,Wirth. "Urbanism as a Way of Life", American Journal of Sociology,1 (1938) :1-24.

McCarthy,John & Zald, Mayer. "Resource Mobilization and Social Movement: A Partial Theory". American Journal of Sociology,6 (1977):1212-1241.

Michael,G Burton & John,Higley. "Invitation to Elite Theory".Edited by G. William,Domhoff & Thomas, R. Dye. Power Elites in Organizations（Newbury Park: Sage Publication,1987）.

Philippe, A. & Tirole, J. "Formal and Real Authority in Organizations", Journal of Political Economy ,1 (1997):1-29.

Philippe,Aghion & Tirole,Jean. "Formal and Real Authority in Organizations", Journal of Political Economy , 1(1997):1-29.

PreDoctoral dissertation, Harvard University, Cambridge, 2003.

Ralf,Dahrendorf.Class and Class Conflict in Industrial Society（Palo Arto: Stanford University Press,1959）.

Rappaport, J. "Studies in Empowerment: Introduction to the Issue". Prevention in Human Services, 3, 2-3（1984）: 3, 1-7.

Read,B.L.State,Social Networks and Citizens in China Urban Neighborhoods. PreDoctoral dissertation, Harvard University, Cambridge, 2003.

Robert,D. Putnam. "The Prosperous Community: Social Capital and Public Life",

American Prospect ,13 (1993):35-42.

Robert,S. Magill & Terry, N. Clark. "Community Power and Decision Making: Recent Research and Its Policy Implications", Social Service Review, 1(1975):33-45.

Russell,Hardin. Collective Action(Baltimore: The Johns Hopkins University Press,1981).

Tarrow,Sidney. Power in Movement:Social Movements and Contentious Politics(Cambridge:Cambridge University Press,1998).

Terry, N. Clark. Community Power and Policy Outputs: A Review of Urban Research(Beverly Hills: Sage Publications, 1973).

Turner,Jonathan H. "Human Emotions: A Sociological Theory", The Taylor & Francis e-Library, 6(2007),accessed February 28, 2022, doi:10.4324/9780203961278 .

Wan,Xiangdong. "Migrant Workers and Informal Employment", Social Sciences in China,3 (2008):187-200.

Wang, F. L. "Reformed Migration Control and New Targeted People:China's Hukou System in the 2000s", The China Quarterly, 177(2004):115-132.

Wang,Dewen ,Cai,Fang & Zhang,Guoqing. "Factors Influencing Migrant Workers' Employment and Earnings——The Role of Education and Training", Social Sciences in China,3 (2010):123-145.

White, Gordon. "Prospects for Civil Society in China: A Case Study of Xiaoshan City", The Australian Journal of Chinese Affairs,29(1993):63-87.

Xu, Feng. "Building community in Postsocialist China: Towards Local Democratic Governance?" Paper presented at the Annual Meeting of CPSA, University of Western Ontario, 2005:2-4.

Zhan, S. H. & Hopkins, J. "What Determines Migrant Workers' Life Chances in Contemporary China? Hukou, Social Exclusion, and the Market", Modern China, 3(2011):243-285.

Zimmerman, M.A. "Psychological Empowerment: Issues and Illustrations". American Journal of Community Psychology,23 (1995):581-600.